Marlies Lange – Arthur Gesswein (Bruder Alexi)

# Kelch aus Gottes Hand

Felsenverlag · Friedberg

© 1977 by Underground Evangelism, Los Angeles
© 1977 der deutschsprachigen Ausgabe: Felsenverlag GmbH
1. Ausgabe 1977
Umschlaggestaltung: Egon Schwartz
Druck: Buch- und Offsetdruck W. Bechstein KG, Wetzlar
Herausgegeben in Verbindung mit der Christlichen
Ostmission E.V., Friedberg, Hessen
Printed in Germany

# 1

WO IST DENN DEIN GOTT?

Es war um die Mittagszeit herum. Die Augustsonne brannte auf unser kleines Häuschen herab, und die Luft schien in der Hitze des Tages stillzustehen. Ich war froh, daß ich heute nicht zur Ziegelei mußte, wo ich als Schlosser arbeitete, denn ich hatte am letzten Sonntag Dienst gehabt. Natürlich wäre mir der Sonntag als Ruhetag lieber gewesen, da wir uns dann immer zum Gottesdienst versammelten, aber leider ließ es sich nicht immer einrichten.

Ich liebte unsere Versammlungen sehr, denn sie waren lebendig und vom Geist Gottes erfüllt. Es ist mir heute noch so gegenwärtig, als wenn es erst gestern gewesen wäre, wie wir zusammen sangen, beteten und das Wort Gottes hörten, aber auch, wie einer dem anderen ein Trost war, indem wir davon erzählten, was wir in den vergangenen Tagen mit Jesus erlebt hatten.

Eine wunderbare brüderliche Liebe verband uns, die uns zu einer großen Familie machte. Es war die Liebe Jesu, die mehr Zusammengehörigkeit verlieh, als alle irdischen Blutsbande es je vermocht hätten.

Gewiß, die Regierung beobachtete uns mit Argwohn und ziemlichem Unwillen, denn der lebendige Glaube an Gott paßt nun einmal nicht in die kommunistische Ideologie.

Ich kann mich noch erinnern, wie wir in der Schule von Lenin lernten. Seine Vorstellungen von Freiheit, Gleichheit, Brüderlichkeit waren schon beeindruckend, aber ich spürte bald, es waren nur Worte. Die Wirklichkeit bestand aus Haß und Knechtschaft. Wie konnte es auch anders sein, denn auch dieser Ausspruch stammt von ihm:

„Jeder Glaube an Gott ist ein unaussprechlicher
Greuel, der gefährlichste Greuel überhaupt, die
abscheulichste Seuche."

Ich fragte mich bald, wie kann es wahre Freiheit, Gleichheit und Brüderlichkeit geben ohne Liebe?

Und ich spürte bald, hier besteht ein Konflikt, bei dem es keine Kompromisse gibt.

Wenn in unserer Gemeinde alles nur alte Leute gewesen wären, hätte man vielleicht noch ein Auge zugedrückt. Aber es gab viele junge Menschen hier, die von den unerfüllten Idealen des Kommunismus enttäuscht waren. Sie waren innerlich leer geblieben und suchten nach der Wahrheit.

Sie wollten Licht, Wahrheit und einen Sinn für ihr Leben, aber sie konnten ihn im Kommunismus nicht finden. Hier war nur Leere. Doch in der Gemeinde unter dem Wort Gottes fanden sie, wonach sie suchten.

Das war wahrscheinlich auch der Grund, weshalb uns immer wieder die Registrierung unserer Kirche verweigert wurde. Immer gab es ein neues Hindernis. Wir sollten für eine Zulassung mindestens 20 Mitglieder haben. Das war kein großes Problem, denn die hatten wir schon zusammen. Es mußte außerdem ein Haus für die Versammlungen da sein. Dann war es nicht vorschriftsmäßig gebaut, und man stellte fest, daß es nicht auf dem richtigen Platz stand, und so ging es weiter und weiter. Wir waren schon recht entmutigt. Dann eines Tages erhielten wir einen Brief aus Moskau, der für den Fall einer Registrierung die Anordnungen enthielt, die dann zu befolgen waren: Danach sollte die Anwesenheit von Kindern beim Gottesdienst verboten sein, Jugendliche unter 18 Jahren dürften nicht getauft werden, und „ungesunder missionarischer Tendenzen" hatte man sich zu enthalten.

Es waren viele Dinge, die sich nicht mit dem Wort Gottes und unserem Gewissen vereinbaren ließen. Wenn es so war, was hatte eine Registration dann noch für einen Sinn? Und so hatten wir unsere Bemühungen aufgegeben. Es war in gewisser Weise traurig, wir wollten tun, was die Regierung verlangte, doch wir konnten es nicht, weil wir damit Gottes Gesetz verletzt hätten.

So haben wir uns denn weiter versammelt, wie wir es bisher getan hatten.

Eines Tages aber rief mich der Direktor der Ziegelei zu sich ins Zimmer und sagte:

„Arthur, ich muß mit dir reden. Du bist ein guter Arbeiter. Ich vertraue dir, und ich möchte dich nicht verlieren. Hör mal, jemand vom MGB[1] hat mich gerade angerufen. Es soll eine letzte Warnung sein. Wenn du nicht mit den Versammlungen aufhörst, wirst du von der Masse isoliert werden."

Ich wußte, was es bedeutet, von der Masse isoliert zu werden: Es beudeutete Gefängnis und Verbannung.

„Herr Direktor, ich kann doch nicht einfach aufhören und meinen Glauben verleugnen", wagte ich bescheiden, aber bestimmt zu sagen.

„Bitte Arthur, denk doch an mich und deine Familie. Du kannst ja ruhig mit deiner Frau zu Hause beten, wenn es keiner sieht, aber du mußt ja nicht unbedingt zu anderen von diesem Jesus sprechen. Ist es dir nicht klar, daß du ins Gefängnis kommst, wenn du so weitermachst? Du tust mir leid, Arthur. Bedenke doch, in was du dich da einläßt."

Ich wußte, er hatte recht, von seinem Standpunkt wenigstens. Doch ich hatte einen Herrn, der noch über dem Direktor der Ziegelei stand, über der kommunistischen Partei, ja, über allen politischen Systemen der Welt. Und Er hatte das letzte Wort über mein Leben zu sprechen. Ich mußte tun, was Sein Wille war:

„Gehet hin und lehret alle Völker..."

Wie konnte ich da still sein?

So stand ich nur da und konnte nicht viel sagen, wenigstens nichts, was ihn beruhigt hätte. Kopfschüttelnd und dann mit einer dringlichen Ermahnung schickte er mich wieder an meinen Arbeitsplatz zurück.

Ja, das war vor wenigen Tagen. Wie lange würde es wohl noch dauern, bis es soweit war?

Vor mir im Schatten spielte Nelli, mein kleines zweijähriges Töchterchen. Sie buk mit großer Geschäftigkeit kleine Kuchen aus feuchter Erde und bestreute sie mit hellem Zuckersand, den sie in einer kleinen bunten Schachtel hatte.

„Papa, hier, Kuchen!" rief sie freudestrahlend.

„Für dich!"

„Oh, wie ist der aber gut geworden", lobte ich anerkennend.

„Wollen wir ihn gleich essen?"

Und wir taten, als würden wir ein Stück nach dem anderen mit großem Appetit verzehren...

Ach, kleine Nelli, wie lange wirst du noch deinen Papa haben...? Nein, nicht daran denken. Der Tag war zu schön, um traurigen Gedanken nachzuhängen.

Ein wunderbarer Duft von Olgas köstlicher Gemüsesuppe drang durch das offene Fenster und auch der Geruch von frisch gebackenen caikas, den kleinen weißen Brötchen, die ich für mein Leben gern aß.

Bald würden wir ihre liebe Stimme hören, die uns zum Essen rief.

„Hallo, Arthur", riefen da auf einmal meine Nachbarn und ließen mich aufhorchen, „guck mal, was der Postbote uns gebracht hat." Und sie schwenkten, indem sie auf mich zugelaufen kamen, aufgeregt einen Brief durch die Luft.

„Hast du nicht ein bißchen Zeit, ihn uns vorzulesen?"

Ja, solch ein Brief, dazu noch aus Deutschland, war schließlich ein Ereignis, was nicht alle Tage vorkam.

„Zeig mal her", rief ich. Die Freude hatte mich bereits angesteckt.

Erwartungsvoll sahen sie mich an, und ich begann:
„Lieber Walter und liebe Frieda..."

Sie waren ganz gefangen von den Worten. Sogar Nelli hörte mit ihrer Backerei auf. Ab und zu nickten sie zustimmend und man spürte, wie sie ganz darin vertieft waren, sich genau alles vorzustellen, wovon der Briefschreiber erzählte.

Plötzlich, wir bemerkten es alle zu gleicher Zeit, sahen wir vier unbekannte Männer auf uns zukommen. Wir sahen uns an. Vergessen waren Deutschland, Verwandte, alles andere. Der Brief war auf einmal unwichtig geworden. Sie steuerten geradewegs auf uns zu. Jeder von uns wußte sofort, was es zu bedeuten hatte, obwohl wir sie noch nie vorher gesehen hatten. So warteten wir hilflos, was jetzt geschehen würde.

„Wir haben den Befehl, das Haus hier zu durchsuchen", sagte einer von ihnen in barschem Ton.

„Wer von Ihnen ist Arthur Gesswein?"

„Ich bin's", sagte ich und erhob mich.

„Sie sind verhaftet! Halten Sie sich bereit!"

Verhaftet! Wie ein Schwert ging dieses Wort durch mich hindurch. Zwar gelang es mir, äußerlich ruhig zu erscheinen, aber es war, als würde sich eine Lähmung über meinen ganzen Körper ausbreiten. Ich fühlte es von der Kehle bis hinunter in die Knie.

Es war soweit. Mein Magen krampfte sich zusammen.

Ja, es war Wirklichkeit. Die Stunde war gekommen, vor der ich mich letztenendes doch gefürchtet, aber worauf der Herr mich schon seit einiger Zeit vorbereitet hatte.

Während sie sich daran machten, das Haus nach verdächtigem Material zu durchsuchen, mußte ich unwillkürlich an meinen Vater denken, der auf die gleiche Weise verhaftet wurde. Wir haben ihn nie wiedergesehen. Meine Mutter hatte uns davon erzählt, wie tapfer er war, wie er noch mit der Familie gebetet und sie dem Herrn anbefohlen hatte und dann den Weg begann, von dem er nie mehr wiederkehren sollte.

Olga hatte von alledem nichts bemerkt, denn da sie nicht bei guter Gesundheit war und außerdem bald unser zweites Kind erwartete, hatte sie sich gerade für ein paar Minuten in den Schatten hinten im Hof bei unserer kleinen Sommerküche gelegt. Und so sah sie auch nicht, daß sie alles schriftliche Material, was nur irgendwie mit Gott zu tun hatte, Bibel, Gesangbücher, Aufzeichnungen usw. aus dem Haus trugen. Sogar meine Bandura[2] nahmen sie mit.

„Herr Gesswein, folgen Sie uns jetzt", sagten sie in bestimmten Ton.

„Ja, ich bin bereit", erwiderte ich, „aber vorher möchte ich noch mit meiner Frau und meinem Kind zusammen beten."

Wer wußte, ob auch ich den Weg meines Vaters gehen würde. Vielleicht war es das letzte Mal, daß ich meine Familie sah.

Doch sie schrien mich an:

„Du Trottel! Du hast genug in deinem Leben gebetet! Was brauchst du noch zu beten? Außerdem, wo ist denn jetzt dein Gott? Er wird dir doch nicht helfen. Der Staat ist Gott! Und der Staat wird dich bestrafen dafür, daß du zu einem Gott betest, den es gar nicht gibt."

Sie waren wütend geworden, höhnisch und sarkastisch.

„Ohne Gebet gehe ich nicht aus dem Haus", sagte ich ruhig.

„Meine Güte, laßt ihn doch beten", sagte dann ein Armenier und drehte sich um.

Die anderen gaben unwillig nach. Ich ging zu Olga, die immer noch auf dem Bett lag.

„Olga", sagte ich leise, „ich muß jetzt weg.".

Sie wußte sofort, was diese Worte bedeuteten. Und ich konnte sehen, wie die Farbe aus ihrem Gesicht wich.

Nelli war auch bei uns. Obwohl sie nichts verstand, schien sie doch zu spüren, daß etwas Furchtbares geschehen war. Sie fing an zu weinen, und ich nahm sie in meine Arme. Wir weinten alle, als wir uns hinknieten. Auf einem Arm hielt ich Nelli, mit dem anderen umfaßte ich meine Frau, und so übergaben wir uns dem Herrn.

„Herr, Du hast in Deinem Wort gesagt, Du bist der Vater für Witwen und Waisen. Bis jetzt konnte ich für sie sorgen, aber von nun an gebe ich sie in Deine Hände. Hilf auch Olga, wenn ihre Stunde kommt, und stehe ihr und den lieben Kindern bei. Sei auch bei mir, wenn ich jetzt den schweren, unbekannten Weg antrete, den ich gehen muß, und führe Du alles zu einem guten Ende. Herr, Dir wollen wir vertrauen. Amen."

Da schrien sie auch schon nach mir:

„Steh auf, du Dummkopf, du hast genug gebetet."

Eine letzte Umarmung, ein letzter Kuß, und ich mußte gehen.

Ich drehte mich noch einmal um, als ich in das wartende Auto geführt wurde. Da war unser kleines Häuschen, Olga, Nelli, meine Nachbarn, und da waren im Sand Nellis kleine Kuchen, die langsam in der Sonne zerfielen.

# 2

## GLÜCK IN GRÜNWALD UND EINBRUCH DER NACHT

Die schwere Gefängnistür fiel hinter mir zu. Das Geräusch des Schlüssels hatte etwas Grausames, Endgültiges an sich. Schluß, Ende, Schweigen...

Vier dunkle Wände, ein kleines vergittertes Fenster oben unter der Decke. Ein eisernes Bettgestell. Ein hölzernes Nachtgeschirr. Das war alles. Es war das Kellergeschoß des Stadtgefängnisses von Aschchabad, unterhalb des großen MGB-Gebäudes.

Ich war allein. Es schien, als hätte alles nur Minuten gedauert, und doch war ich in einer anderen Welt, so weit von meinem bisherigen Alltag und meinen Lieben entfernt, als hätte ich eine Reise zum Mond gemacht. Nein, ich glaube, es war weiter, denn vom Mond kann man heute schon zurückkehren.

Ich hatte zwar schon Gefangene gesehen, deren ganze traurige, abgestumpfte Existenz nur aus der Hoffnung zu bestehen schien, eines Tages wieder Mensch zu sein, aber zu sehen und es selbst zu erleben, war doch ein gewaltiger Unterschied. Ich hatte zwar damit gerechnet, und doch kam es so plötzlich.

Auf einmal ist das bisherige Leben zu Ende, und doch lebt man weiter. Es ist, als würde man vor einer unsichtbaren Wand stehen. Man weiß, man muß hindurch, ja man ist schon darin gefangen, und doch ist es so dunkel.

So langsam wich die Lähmung aus meinen Gliedern, und meine Gedanken wurden klarer.

Was wohl Olga, Nelli und meine Nachbarn jetzt machten?

Sie waren nur wenige Minuten von hier entfernt und doch so weit weg. Die vier Wände starrten mich an. Es war ganz still, nur ab und zu drang ein Seufzer aus einer anderen Zelle herüber. Da war noch jemand allein, obwohl auch er sicherlich Menschen hatte, die ihn liebten.

Dann, inmitten dieser trostlosen Einsamkeit, angesichts der Ungewissheit des morgigen Tages, erinnerte ich mich der Worte Jesu: „Siehe, ich bin bei euch, alle Tage, bis an der Welt Ende..." (Matth. 28, 20) Welch ein Trost war das für mich! Um Seinetwillen war ich hier, und Er würde auch jetzt in besonderer Weise bei mir sein. Es war wie ein Lichtblick in absoluter Hoffnungslosigkeit.

Lange saß ich da, noch betäubt von allem, was vorgefallen war und klammerte mich an dieses Wort wie ein Ertrinkender nach einem Strohhalm greift.

„Ich werde bei dir sein..."

Ja, bitte, Herr, sei doch bei mir...

Und während ich so dasaß, mußte ich an mein vergangenes Leben denken, Grünwald, Malinowka, Bežow, Deutschland, Krasnowodsk und Aschchabad. Es war turbulent und voller Unruhe gewesen, in dem uns Not und Trübsal nicht erspart geblieben waren. Doch ich weiß heute, daß wir auch in dunklen Stunden von der Liebe Gottes umgeben waren, die wie helle Lichtstrahlen unser Leben immer wieder neu erleuchtete.

Ja, Grünwald in der Ukraine... Das ist lange her.

Es war eine deutsche Kolonie in der Gegend von Žitomir[3], ich kann mich noch genau erinnern.

Meine Eltern hatten sechs Kinder. Da war Ida, meine älteste Schwester, dann kamen David, Hermann, Lydia und meine jüngere Schwester Elsa.

Wir wohnten außerhalb des Dorfes, gleich am Wald. Mein Vater bearbeitete eine eigene Landwirtschaft und besaß gleichzeitig auch eine Schmiede. Wie liebte ich es, ihm zuzusehen, wenn er auf dem Amboß das glühende Eisen bearbeitete oder den Pferden neue Hufeisen schlug.

Es war eine schöne Zeit. Grünwald existiert nicht mehr, aber es war mein erster Eindruck vom Leben überhaupt, und ich liebte es.

Meine Eltern waren beide gläubig und machten auch keinen Hehl aus ihrer Überzeugung. Wir hielten regelmäßig unsere Morgenandachten ab, Vater las uns aus der Bibel vor und erklärte uns Kindern alles, was wir nicht verstanden.

Am Sonntag oder bei anderen Gelegenheiten wurden die Pferde angespannt und wir fuhren zusammen zum Gottesdienst. Oh, was für eine wunderbare Zeit war es für uns Kinder und ich kann mich erinnern, daß selbst Vater und Mutter glücklich aussahen.

Dann kam das Jahr 1936. Und damit sollte sich unser Leben radikal ändern.

Gewiß, jeder hatte die Tatsache akzeptiert, daß unser Regime ein kommunistisches war. Es war ein Teil unseres Lebens, denn die Regierungsstruktur reichte bis in unser kleines Dorf hinein und regulierte unser Leben bis in viele Einzelheiten. Doch wir waren bis jetzt nicht persönlich in negativer Weise davon betroffen. Wir lebten eben unter dieser Macht und wir fügten uns, was auch nicht weiter schwierig war, denn bis jetzt hatte es noch zu keinen Gewissenskonflikten geführt. Dann, eines Tages im August, klopfte es an unsere Tür. Meine Mutter öffnete und sah zwei Männer mit einem Notizbuch in der Hand vor sich stehen.

„Guten Tag. Hier wohnt die Familie Gesswein, nicht wahr?"
„Ja, natürlich", sagte meine Mutter, „was wünschen Sie?"
Vater war inzwischen aufgestanden und hinter sie getreten.

„Wir sind beauftragt, eine Umfrage zu machen, wer in diesem Dorf an Gott glaubt", antwortete der eine von ihnen, offensichtlich der Rangältere.

„Ja, wir glauben an Gott", schaltete sich mein Vater ein.
„Was möchten Sie sonst noch wissen?"
„Oh, gar nichts weiter, das genügt."
Und er machte ein Notiz in seinem Buch.
„Vielen Dank. Auf Wiedersehen."

Dann drehten sie sich um und gingen auf das Hoftor zu. Vater und Mutter sahen sich an. Was hatte das zu bedeuten. Sie sprachen nicht viel mit uns über diesen Vorfall, doch wir spürten, es lag etwas in der Luft.

Es geschah auch immer häufiger, daß wir hörten, daß Kirchen und Versammlungshäuser von den Kommunisten zerstört wurden und nicht nur das, sie bemühten sich, alles zu beseitigen, was irgendwie einen Hinweis auf die Existenz Gottes gab. So passierte es auch immer wieder, daß ein Kreuz am Wegesrand während der Nacht verschwand, weil es die Menschen an etwas erinnerte, was offensichtlich verboten war. Und wir hörten auch immer häufiger, daß Leute wegen ihres Glaubens an Gott nach Sibirien verbannt wurden.

Dunkle Wolken zogen auch für uns am Horizont herauf und schienen unaufhaltsam näherzukommen.

Vater und Mutter versuchten jedoch, sich nichts anmerken zu lassen. Wir lebten deshalb genauso weiter, wie wir es gewohnt waren, lasen die Bibel, fuhren zum Gottesdienst und hatten Gemeinschaft mit anderen Christen. Gott, der Herr, war ein Teil unseres Lebens, und wir konnten unseren Glauben nicht wechseln wie etwas, was die Mode gerade vorschrieb. Er war unser Leben! Die Wochen und Monate gingen vorbei. Der dunkle Ring schloß uns immer mehr ein, doch die Liebe unserer Eltern und die Liebe Gottes erfüllten unser Haus mit Wärme und Licht.

Das Jahr 1937 war fast zu Ende. Draußen war es bitter kalt. Eine dicke Schneedecke lag über den Feldern und hatte auch den Wald in eine Märchenlandschaft verwandelt.

Weihnachten war gerade vorbei. Wir hatten still mit einigen Freunden zusammen die Geburt Jesu Christi gefeiert und nach einem einfachen, aber herzerwärmenden Gottesdienst saßen wir noch gemütlich bei einer kleinen Festmahlzeit zusammen, zu der jeder etwas beigetragen hatte.

Wir konnten uns nicht mehr mit vielen Personen versammeln, da das Aufsehen erregt hätte, denn der Glaube an Gott war unerwünscht und sollte offensichtlich ,,abgeschafft" werden. Inzwischen waren auch fast alle Kirchen zerstört worden, und die, die es nicht waren, wurden durch ein großes Vorhängeschloß und eine eiserne Kette unzugänglich gemacht. Es war sehr ernst geworden. Wir wußten, irgendwann würden sie auch uns zur Verantwortung ziehen.

Ja, es sollte nicht mehr lange dauern, eigentlich waren es nur noch Stunden, bis die Nacht über uns hereinbrach. Es war der dritte Weihnachtstag, als es auf einmal klopfte. Vater öffnete die Tür und sah einige Leute aus dem Nachbardorf vor sich stehen. Wir hatten zwar schon lange gewußt, daß es Kommunisten waren, doch wir hätten nie gedacht, daß sie es sein würden, die mit einem solchen Auftrag kämen.

,,Wir haben den Befehl, Sie zu verhaften", sagten sie zu Vater.

,,Tut uns leid, aber Befehl ist Befehl!"

Vater stand an der Tür. Wie versteinert zuerst.

Konnten es wirklich diese jungen Burschen aus dem Nachbardorf sein, die mit einer solchen Botschaft kamen? Doch sie ließen keine Empfindungen erkennen.

Es war soweit. Mit unbeteiligtem Gesicht, das ganz nach gewissenhafter Pflichterfüllung aussah, gingen sie an ihm vorbei und begannen, ohne von der übrigen Familie Notiz zu nehmen, das Haus zu durchsuchen.

Sie schienen diesmal weniger an Bibeln als an ausländischen Adressen interessiert zu sein. Was wollen die bloß mit solchen Adressen? fragte ich mich mit meinen neun Jahren.

,,Wo habt ihr sie versteckt?" riefen sie ärgerlich.

,,Und wo ist das Gold, das ihr vergraben habt? Gebt es sofort heraus, oder es wird euch schlecht ergehen!"

Wo sollten wir denn jetzt Gold hernehmen, wenn wir so gut wie noch nie welches gesehen hatten?

Natürlich fanden sie nichts, denn wir besaßen nicht, wonach sie suchten.

Schließlich beendeten sie verärgert ihre Bemühungen mit den Worten: ,,Gut, wir haben jetzt nichts gefunden, denn wer weiß, wo so gerissene Leute wie ihr eure Verstecke habt. Aber wir werden es schon herauskriegen! Mach dich fertig, und komm mit!" Vater wußte, daß die bittere Stunde der Trennung gekommen war, und jeder von uns wußte es auch. Der Moment war auf einmal da, und er war überwältigend...

Während die beiden Männer bereits an der Tür standen, sah ich, wie mein Vater die kleine Else auf den Arm nahm, langsam im Zimmer auf und ab ging und dabei leise ein Lied sang. Ich kann mich noch genau an die erste Strophe erinnern:

Nur mit Jesus will ich Pilger wandeln,
Nur mit ihm geh' froh ich ein und aus,
Weg und Ziel find' ich bei keinem andern,
Er allein bringt Heil in Herz und Haus..."

Dann, als das Lied zu Ende war, kniete er nieder. Else war immer noch auf seinem Arm, Mutter kniete sich neben ihn und wir Kinder umringten sie. Und dann betete er mit uns und für uns und befahl uns und sich in die Hände des Herrn. Es waren kurze, aber unvergeßliche Augenblicke der Gemeinschaft mit Gott. Ich werde sie wohl nie vergessen, obwohl es schon so lange her ist.

In aller Eile machte Mutter dann etwas Essen fertig, die Filzstiefel und der Wintermantel wurden geholt, und Vater ging schnell, um sich seine wärmsten Sachen anzuziehen. Da war auch schon der Augenblick des traurigen Abschieds gekommen. Wir weinten alle, als er in den Schlitten stieg, die Pferde anzogen und die Entfernung zwischen uns immer größer wurde.

Wir standen immer noch da, als das Gefährt schon lange um die Ecke verschwunden war. Sie hatten unseren Vater genommen!!

In der ersten Zeit hörten wir nichts über seinen Verbleib. Er hatte eine so große Lücke in unserer Familie hinterlassen, daß jeder nur noch die Hälfte von sich selbst zu sein schien. Mutter weinte viel, und wir Kinder weinten auch.

Dann schließlich, als wir immer noch keine Nachricht hatten, machte Mutter sich eines Tages auf und ging in die 12 km entfernte Kreisstadt, um vielleicht irgendetwas über ihn zu erfahren.

„Ihr Mann ist nicht hier", wurde ihr von dem Beamten dort erklärt. „Er ist nach Žitomir gebracht worden".

Das war nicht nur 12 km sondern 80 km von uns entfernt! Oh, wie gern wären wir die ganze Strecke zu Fuß gelaufen, Tag und Nacht, nur um unseren lieben Vater zu sehen.

Meine Schwester Else war erst vier Jahre alt. Sie verstand noch nicht, warum ihr Papa nicht nach Hause kam, warum die ganze Familie so weinte und alles so anders war.

Dann eines Tages hielt es Mutter nicht länger aus. Sie packte einige Sachen und Lebensmittel in ihre Tasche und machte sich auf den Weg, Vater zu suchen.

Wir Kinder blieben allein. Es war das erstemal in unserem Leben, daß wir ganz auf uns gestellt waren, doch wir hatten nicht die Kraft, mit dem sonst normalen Lebensablauf fortzufahren. Wir existierten mehr als daß wir lebten. Keiner ging zur Schule, niemand heizte den Ofen und kochte eine Mahlzeit. Es war kalt, und wir mußten hungrig gewesen sein. Doch wir saßen nur in unseren Mänteln am Fenster, weinten und hofften, daß Mutter mit Vater die Straße herunterkommen würde. Doch es geschah nichts. Es wurde Nacht und wieder Tag, Nacht und wieder Tag... Endlich, nach fünf Tagen sahen wir eine bekannte Gestalt langsam auf unser Haus zukommen. Es war Mutter, und sie war allein.

Sie sah so erschöpft und verweint aus. Und obwohl wir nichts Gutes ahnten, riefen wir alle durcheinander:

„Mama, hast du den Papa gesehen?"

„Nein", sagte sie müde, „ich habe ihn nicht gesehen."

Und dann sank sie auf einen Stuhl, wo sie uns weinend erzählte, wie es ihr ergangen war.

Sie war nach Žitomir gekommen und hatte auch bald zum Gefängnis gefunden. Doch eine große Menschenmenge war dort schon versammelt. Sie hatte gedacht, sie wäre die Einzige, die sich nach ihrem Mann erkundigen wollte, doch da standen bereits Hunderte von Frauen, alle mit demselben Vorsatz wie sie. Sie hatten ihre Lebensmitteltasche in der Hand oder ein Paket unter dem Arm und warteten auf eine Möglichkeit, sie ihren Männern zu überreichen oder mit ihnen sprechen zu dürfen. So mußte sich denn meine Mutter hinten in die Reihe stellen. Sie sollte nicht lange die Letzte bleiben. Viele kamen noch nach ihr, und alle sahen müde und verweint aus.

Sie standen schweigend, in dicke Mäntel gehüllt, mit wollenen Kopftüchern und dicken Filzstiefeln, und ab und zu durften sie ein paar Zentimeter vorrücken.

Es war ein Bild des Elends. Tränen, Schweigen, Warten und doch alle erfüllt von der Hoffnung, vielleicht Vater, Mann oder Bruder für ein paar Minuten sehen zu können... Mutter stand unter ihnen zwei Tage und zwei Nächte! Es war Frost. Wie wußten, wie kalt es gewesen sein mußte, doch wir hatten wenigstens ein Dach über dem Kopf gehabt, und wir hatten einander. Wie allein und verloren muß sie da gestanden haben, nur unterbrochen von den hoffnungsvollen Momenten, wieder ein paar Zentimeter vorrücken zu dürfen. Endlich, endlich war sie an der Reihe.

„Können Sie mir bitte Näheres über meinen Mann, Samuel Gesswein, sagen? Er ist am 27. Dezember verhaftet worden."

Der Beamte blätterte unbeteiligt in einem Buch, in dem Tausende von Namen zu stehen schienen. Schließlich sah er auf.

„Ihr Mann ist nicht hier. Er wurde verurteilt und auf 10 Jahre ins Arbeitslager geschickt. Wohin, weiß ich auch nicht."

Mutter starrte ihn an, fragend, ob er sich nicht geirrt haben konnte.

„Na, gehen Sie schon! Ich habe Ihnen doch gesagt, ich weiß nicht, wo er ist."

Mutter ging. Sie hielt ihre Lebensmitteltasche fest und ging auf die Tür zu, mit leerem Blick und mit leerem Herzen. Alles um sie her schien zu verschwimmen. Sie ging an der langen Reihe vorbei, und wenn jemand sie fragte, welche Nachricht sie erhalten habe, sie hörte es nicht.

So kam sie nach Hause. Sie sah mehr tot als lebendig aus, nach all den Strapazen und der ausgelöschten Hoffnung. Was sollten wir Kinder tun? Wir versuchten, sie zu trösten und trösteten auch uns gegenseitig. Und auch das muß eine Gabe Gottes sein, wenn man nur einen ganz kleinen Funken Hoffnung hat, daß dieser Funke zu einer Flamme werden kann, in der man Wärme und neue Energie findet.

Nach einer Weile begann Ida, Holz in den Ofen zu schichten. Sie zündete es an und bald wurde es warm, und der Wasserkessel fing an zu summen. Wir spürten jetzt, wie hungrig wir waren, und wie elend sah Mutter aus!

Oh, wie liebten wir sie, und wie froh waren wir, daß wenigstens sie bei uns war. Und in dieser Liebe richteten wir uns gegenseitig auf, immer mit der Hoffnung in unseren Herzen, daß eines Tages alles gut werden würde.

Wir wußten damals noch nicht, daß wir unseren Vater niemals wiedersehen sollten.

# 3

## FREIHEIT, GLEICHHEIT, BRÜDERLICHKEIT?

Seit der Verhaftung meines Vaters war bei uns zu Hause alles anders geworden. Er hinterließ eine große Lücke, denn wir liebten unseren Papa sehr. Mutter mußte jetzt die ganze Verantwortung für sich und uns Kinder allein tragen. Zwar halfen wir ihr, so gut wir konnten, aber es muß unglaublich schwer für sie gewesen sein. Dazu kam noch der Faktor der Ungewißheit: Wo war Vater jetzt? War er im Gefängnis? Machte er gerade eines der gefürchteten Verhöre durch? Wo hatte man ihn hingebracht? Hatte er genug zu essen? War sein Mantel warm genug?

Es war ein Schatten, der dunkel und drückend auf unserem, besonders aber auf Mutters Leben lastete.

Auch in der Schule hatte sich alles geändert. Unser Vater war als „Staatsfeind" abgeholt worden. Ein Staatsfeind zu sein, war eine große Schande und ein Makel, den uns Lehrer wie Schüler bitter fühlen ließen.

Vorwärts! Vorwärts! Einer großen Zukunft entgegen! Das war das Motto. Vorwärts mit Lenin, unserem großen Führer! Freiheit, Gleichheit, Brüderlichkeit, das waren die Parolen, die wir immer wieder hörten und die jeden in Begeisterung zu versetzen schienen.

Ich fragte mich so manches Mal: wo war denn die Freiheit, wenn Tausende von Männern im Gefängnis saßen? Wo waren denn die Liebe und Brüderlichkeit, wenn wir nur Haß praktiziert sahen? Wo war denn die Gleichheit, wenn es offensichtlich doch einen Klassenunterschied gab?

Hier war kein Platz für Gott. Sie sagten, Religion sei altmodisch und nur etwas für alte Frauen, die nicht lesen und schreiben konnten, ein Problem, daß sich mit der Zeit von selber lösen würde.

Ich hatte nie gewußt, daß Gott in der Tat ein so großes Problem sein konnte. Außerdem hatte ich viele gläubige junge Menschen gesehen, die lesen und schreiben konnten, sehr gesunde Ansichten hatten und mir wesentlich sympathischer waren als die, die meinten, keinen Gott zu brauchen.

Außerdem war ich stolz auf Papa, und ich wollte so sein wie er.

Nein, ich hatte keine Zweifel darüber, wer im Recht und wer im Unrecht war. Aber leider mußte ich feststellen, daß die Lehrer und anderen Kinder auch keine Zweifel darüber hatten. Jeder, der an Gott glaubte und dessen Vater deswegen auch noch im Gefängnis war, war ein Staatsfeind. Denn Gott war der Staat!!

Fast alle Kinder trugen das rote Halstuch. Es war noch kein Zwang, doch ein unbedingt erwünschtes Zubehör der Kleidung.

Lenin wurde verehrt als wunderbarer Mensch, Lehrer, ja als Gott, bei dem alles Gute im Leben letztenEndes seinen Ursprung hatte, so daß Lehrer wie Schüler stolz waren, sein Emblem zu tragen.

Es wäre leichter für mich gewesen, wenn ich meinem Vater öffentlich abgesagt hätte, den jungen Pionieren[4] beigetreten wäre, das rote Halstuch getragen und Lenins Parolen und Aussprüche auswendig gelernt und mit Überzeugung vorgetragen hätte. Doch wie konnte ich es? Wie konnte ich denen gleichsein wollen, die meinen Vater verschleppt hatten, deren Schuld es war, daß Mutter so schwer arbeiten mußte und wir so arm waren? Die Lehrer spürten unseren inneren Widerstand gegen den Kommunismus und insbesondere den Atheismus. Wir bekamen schlechte Noten und wurden laufend benachteiligt. Ich bin überzeugt, sie haßten uns. Und dieser Haß übertrug sich auch auf die Kinder.

Wir waren ,,Feinde", und mit Feinden mußte man streng verfahren. Meine Geschwister waren stärker als ich und konnten sich wenigstens wehren, aber ich war ziemlich klein für mein Alter und auch nicht sehr kräftig.

So kam es zum Beispiel nicht nur einmal vor, daß sie mir die Holzpantinen von den Füßen rissen – Schuhe konnten wir uns ja nicht mehr leisten, seit Vater weg war – und sie unauffindbar versteckten, so daß ich manchmal auf Strümpfen durch den Schnee nach Hause laufen mußte.

Sie dachten, es sei ein großartiger Spaß und fanden sich sehr komisch dabei. Sie schienen auch immer etwas Neues zu finden, um uns zu zeigen, daß wir Außenseiter waren, Feinde des großen Sowjetstaates, die man, wenn sie sich nicht änderten, eben so behandeln mußte, wie sie es verdienten.

,,Wo ist denn dein Vater?" riefen sie oft sarkastisch.

,,Dein Vater ist ein Trotzkist[5], und ihr seid auch Trotzkisten!"

Wir haben uns zuerst bei den Lehrern beklagt, doch sie lachten nur und ermutigten die anderen Kinder damit noch, uns unfreundlich zu begegnen.

Wie oft hat uns Mutter in dieser Zeit getröstet. Sie war unsere

Kraft und unsere Stärke, um deretwillen es sich lohnte zu leben.

Ich kann mich noch genau erinnern, wie wir an den langen Winterabenden im Schein der Petroleumlampe zusammen auf der Ofenbank saßen. Es war warm und gemütlich. Mutter saß in der Mitte und wir Kinder an ihrer Seite, und dann erzählte sie uns viel über Jesus. Alle Geschichten, die sie wußte, auch aus dem Alten Testament. Diese Stunden habe ich mein Leben lang nie vergessen, und es war in dieser Zeit, daß ein großes Verlangen in mir erwachte, doch einmal das Land zu sehen, in dem Jesus gewandelt war. Gewiß, Er war nicht mehr da, aber ich stellte es mir als das größte Erlebnis überhaupt vor, die Erde zu betreten, die Sein Fuß berührt hatte.

Mit dem Verschwinden unseres Vaters waren wir nicht nur in der Schule verachtet. Auch im Dorf und in der Umgegend war unser Ansehen gesunken, bei denen wenigstens, die darauf achteten, sehr linientreu zu sein.

So schien es denn auch niemanden besonders aufzuregen, daß in unsere Schmiede eingebrochen und das ganze Werkzeug gestohlen wurde und sich noch ein weiterer Diebstahl ereignete. Wir erfuhren jedesmal, wer die Täter waren. Das erste Mal waren es die beiden Männer, die Vater abgeholt hatten und das andere Mal ein Mann aus unserem eigenen Dorf.

„Wir wollen sie nicht verklagen," sagte Mutter. „Laßt uns Gott die Vergeltung überlassen. Er wird eines Tages über sie richten."

„Mutter", riefen wir Kinder, „es war doch Vaters Schmiede!"

„Ja, es war Vaters Schmiede," sagte sie leise, „wenn er wiederkommt, wird er eine neue aufbauen."

Abends hörten wir, wie sie für die Diebe betete...

Eines Tages, wir waren gerade bei der Kartoffelernte, kam Tante Pauline, Mutters Schwester, herüber. Sie mußte wohl nach ihr geschickt haben.

Mutter war den ganzen Tag über schon so still gewesen, besonders, nachdem der Postbote ihr einen Brief gebracht hatte. Wir wußten nicht, was darin stand, aber soviel war uns klar, es konnte nichts Gutes gewesen sein.

Es dauerte auch nicht lange, nachdem Tante Pauline gekommen war, daß Mutter darüber sprach, was uns alle bedrückte: „Pauline", begann sie zögernd, und wir bemerkten jetzt erst richtig, wie blaß und besorgt sie aussah, „ich habe eine Vorladung von der Geheimpolizei bekommen... Ich muß heute noch hingehen..."

Wie sahen uns alle erschreckt an, dann auf Mutter, die ganz ruhig und gefaßt dastand.

Oh nein, das konnte, das durfte einfach nicht wahr sein! Unsere liebe Mutter, die so tapfer war und uns immer tröstete, wenn wir Kummer hatten!

„Pauline", sagte sie ruhig, „wenn ich heute Abend nicht nach Hause komme, dann nimm doch die Kinder und sorge für sie..."

Da war es um unsere Fassung geschehen. Wir stürzten uns geradezu auf sie, umarmten sie, hielten uns an ihr fest und wollten sie gar nicht wieder loslassen.

„Mutter! Mama! Geh doch nicht..." Doch es mußte sein.

Um uns zu beschäftigen, bestand Tante Pauline darauf, daß wir weiter Kartoffeln ernten sollten. Mechanisch gehorchten wir, und mechanisch taten wir unsere Arbeit. Keiner sprach mehr als unbedingt nötig, und ich glaube, keiner wollte überhaupt denken.

Es wurde Abend, und Mutter kam nicht nach Hause...

Wir saßen wieder am Fenster, weinten und hielten Ausschau nach ihr.

Diesmal war wenigstens Tante Pauline da. Sie tröstete uns, so gut sie konnte und bereitete auch etwas zu essen, doch wir waren nicht hungrig und wollten auch nicht vom Fenster weggehen.

Vor Erschöpfung müssen wir dann wohl doch eingeschlafen sein. Tante Pauline weckte uns nicht, wahrscheinlich, um die unvermeidliche Frage noch etwas länger hinauszuschieben. Es war auch gut so, denn so war es Mutter, die uns weckte.

„Mama! Mama! Du bist wieder da!"

Und wir lachten und weinten alle durcheinander.

„Oh, Mama, wir dachten schon..."

„Was haben sie gesagt?"

„Weshalb mußtest du hinkommen?"

Und Mutter begann zu erzählen, wie sie verhört wurde und wie man ihr gedroht hatte, wenn wir nicht endlich unseren Glauben an Gott aufgeben würden.

Schließlich ließ man sie gehen, aber es war schon spät, und sie war so erschöpft, daß sie auf dem Nachhauseweg in einem Dorf bei Bekannten übernachtete. Die Kreisstadt war ja immerhin 12 km entfernt, und sie mußte den ganzen Weg zu Fuß gehen.

Sie war genauso froh, uns wiederzusehen, wie wir, daß wir unsere liebe Mutter wiederhatten. Und wir lobten und dankten Gott mit Tante Pauline zusammen, daß Er uns vor dem Schlimmsten bewahrt hatte.

Es konnte auch uns Kindern nicht verborgen bleiben, daß die Dinge immer schwieriger wurden, nicht nur für uns, auch die Stimmung im Dorf wurde von Monat zu Monat drückender.

Viele hatten einen geheimen Groll gegen die Regierung, obwohl jeder so tat, als wäre er durchaus von der Notwendigkeit und Korrektheit ihrer Handlungen überzeugt.

Doch fast von jeder Familie war irgendjemand im Gefängnis, entweder, weil er gläubig war oder die Illusionen über das sowjetische System verloren hatte. Sicher, niemand wagte es, offen darüber zu sprechen, aber bereits fehlender Enthusiasmus konnte als antisowjetisch ausgelegt werden.

Bereits seit 10 Jahren, genau so lange, wie ich auf der Welt war, war Joseph Stalin der Führer unseres Staates, und er regierte mit brutaler Strenge. Vieles verstand ich zu dieser Zeit noch nicht, doch später erfuhr ich, was sich auf politischer Ebene abgespielt hatte, und ich begann, die Zusammenhänge zu begreifen.

Vater hatte uns erzählt, daß es bereits zur Zarenzeit so etwas wie eine Geheimpolizei gegeben hatte, die das Land kontrollierte. Es gab viel Ungerechtigkeit, Verbannungen ohne Gerichtsverfahren, zurückgebliebene Familien, die in Not und Elend leben mußten und viel, viel mehr Armut als wir sie kennengelernt hatten.

Als dann dieses Regime durch die Revolution gewaltsam beendet wurde, atmeten Millionen geknechteter Menschen auf. Freiheit, Gleichheit, Brüderlichkeit schienen endlich ein Teil des wirklichen Lebens geworden zu sein.

Doch als Stalin 1929 an die Macht kam, begann er ein solches Polizeisystem einzuführen, das noch weitaus schrecklicher war als alles, was das Volk bisher erlebt hatte.

Gleich zu Anfang begann er, grundlegende kommunistische Ideen in die Wirklichkeit umzusetzen, als er darauf bestand, sämtliches sowjetisches Farmland zu kollektivieren. Das bedeutete das Ende von privater Landwirtschaft und die Übergabe von Farmgebäuden, Werkzeugen, Geräten und Vieh an die Regierung, die von nun an die absolute Kontrolle darüber ausüben würde.

Zuerst lehnten sich die Bauern gegen eine solche Regelung auf - sie kannten Stalin noch nicht und den absoluten Terror, mit dem er seinen Willen durchzusetzen pflegte – und vernichteten ungefähr die Hälfte des sowjetischen Viehbestandes und seiner Produkte. Diese Aktion der Verzweiflung sollte jedoch nicht lange ohne Folgen bleiben. Als Strafe und zur Abschreckung schickte Stalin etwa eine Million Familien in die Verbannung. Und auf Kosten von Millionen Leben lief das Wirtschaftsprogramm weiter...

Dann, während der Dreißiger Jahre verfolgte er das Ziel der Russifizierung des Landes mit dem Erfolg, daß alle Minoritäten unter strenger Kontrolle der Regierung stehen mußten, und so auch wir, denn wir waren zwar sowjetische Staatsangehörige, aber deutscher Abstammung.

Mit am schlimmsten aber waren die großen Säuberungsaktionen, die im Jahre 1935 ihren Anfang nahmen. Er begann damit, zunächst die meisten seiner alten bolschewistischen Mitkämpfer ermorden zu lassen, alle, die für seine ungeheure Machtstellung eine Drohung bedeuteten. Doch nicht nur die, auch Tausende von anderen Parteimitgliedern und Offiziere der Armee wurden hingerichtet. Und es war anschließend niemand mehr da, der in irgendeiner Weise eine Opposition zu ihm bilden konnte. Er war unumschränkter Herrscher geworden, Herr über Leben und Tod in Rußland.

Doch auch das einfache Volk blieb nicht verschont. Während dieser Aktionen, in denen das Land von allen antikommunistischen Elementen gesäubert werden sollte, wurden Millionen Menschen hingerichtet oder in Arbeitslager geschickt. Furcht und Terror verbreiteten sich im ganzen Land, besonders, als die örtlichen Parteiorgane die Leute aufforderten, ihre Nachbarn und Freunde zu beobachten und alles Verdächtige zu melden. Sogar Kinder wurden in der Schule dazu angehalten, ihre Eltern nach ihren politischen Ansichten zu fragen und sie gegebenenfalls zu denunzieren.

Aus unserem Dorf ist nur ein einziger Mann zurückgekommen. Es war mein Onkel. Die anderen sind verschollen...

Die Kollektivierung des gesamten sowjetischen Farmlandes schien langsamer voranzugehen, als Stalin es gerne gesehen hätte. Aber es ging unaufhaltsam vorwärts, und jetzt gab es auch für die Ukraine keinen Aufschub mehr.

Eines Tages erhielten alle Einwohner unseres Dorfes die Nachricht, sich auf dieses große Wirtschaftsprogramm vorzubereiten. Es sollte sofort in Angriff genommen werden. Das bedeutete auch für jeden von uns: Aufgabe von Feld, Hof, Vieh und Ställen und allem, was dazugehörte. Das einzige, was wir laut dieser Verfügung behalten durften, war unser Haus, aber auch dieses sollte abgerissen und an einem anderen Ort wieder aufgebaut werden, der für diese Kolchose vorgesehen war. In unserem Falle war das Nachbardorf als geeignetster Platz für die Kolchosenansiedlung ausersehen worden, und um den Beginn einer neuen Landwirtschaftsepoche vollständig zu machen, hieß es jetzt Komsomolsk. Es wurde ein ganz neuer Ort. Straßen wurden angelegt, Häuser wurden in Teilen hinübertransportiert und wieder aufgerichtet. Aus den alten Scheunen und Viehunterkünften wurden die Kolchosenställe gebaut, und die Felder der Bauern wurden in Riesenackerflächen umgewandelt, die jetzt gemeinsam mit den Geräten, die von nun an Staatseigentum waren, bearbeitet werden sollten. Die Leute in unserem Dorf begannen sich darauf vorzubereiten.

Es war irgendwie auch ein Abschied von unserer kleinen deutschen Volkstumsinsel, denn von nun an würden wir mit Ukrainern zusammenleben.

Mutter schien merkwürdigerweise keine Anstalten für die Umsiedlung zu machen.

Schließlich kam sie mit der Sprache heraus:

,,Ich möchte nicht nach Komsomolsk," sagte sie. ,,Ich glaube, es wird dort noch schwerer für uns sein als hier".

Wir Kinder wußten, hier wohnten die Männer, die Vater abgeholt hatten und viele, die es ebenfalls ohne Skrupel an ihrer Stelle getan hätten. Es war in der Tat ein superkommunistisches Dorf.

,,Wir wollen versuchen, nach Malinowka zu gehen", erklärte uns Mutter deshalb.

,,Dort wird auch eine Kolchose gegründet. Ich glaube, es wird besser für uns alle sein. Es ist 20 km von hier entfernt, also nahe genug, daß wir nicht zu weit weg müssen und weit genug, daß wir vielleicht einen neuen Anfang machen können".

Malinowka...

# 4

## NEUER ANFANG IN MALINOWKA
## UND NEUER ANFANG MIT GOTT

Wir begannen unseren Umzug heimlich, denn der Direktor von Komsomolsk legte Wert darauf, alle Deutschen in seiner Kolchose aufzunehmen. Sie hatten den Ruf, gute zuverlässige Arbeiter zu sein, und da er letztenendes für die Sollerfüllung verantwortlich war, wachte er mit Adleraugen darüber, daß nicht etwa jemand auf eine Konkurrenzkolchose abwanderte.

Es konnte ihm deshalb auch nicht lange verborgen bleiben, daß wir unsere Sachen in die entgegengesetzte Richtung transportierten, und er drohte Mutter mit allen möglichen Folgen. Doch sie hatte schon vorher mit dieser Möglichkeit gerechnet und sich deshalb eine Bescheinigung von Malinowka besorgt, aus der hervorging, daß wir bereits dort als Mitglieder aufgenommen waren. Und da alle Kolchosen offiziell gleichwertig sind, war ihm damit der Wind aus den Segeln genommen.

Es war ein langer, langsamer Abschied von Grünwald, im Sommer 1940. Man ließ weder uns noch den anderen Dorfbewohnern genügend Zeit, denn innerhalb weniger Tage nach dem Erlaß mußte sich bereits jeder zur Arbeit melden. Das bedeutete für alle einen anstrengenden Tag und dann anstelle eines Feierabends weitere schwere Stunden körperlicher Arbeit, in denen die Häuser abgerissen, hinübertransportiert und wieder aufgebaut werden mußten.

Jede Familie hatte dazu ein Stück Land von 300 qm erhalten, gerade groß genug für das Haus und ein kleines Gärtchen. Wenn doch nur Vater zu Hause gewesen wäre! Er hätte gewußt, wie man ein Haus sorgfältig auseinandernimmt und wieder aufbaut. Ich muß heute noch meine Mutter bewundern, wie sie mit allem fertig wurde.

Tante Adina, Mutters andere Schwester, kam auch mit nach Malinowka. Onkel Karl, ihr Mann, war am selben Tag verhaftet worden wie mein Vater, und vielleicht war es deshalb, daß wir so sehr miteinander verbunden waren. Wir beschlossen daher, in Zukunft zusammenzuwohnen, unser Haus zu verkaufen und Tante Adinas gemeinsam hinüber zu transportieren.

Eigentlich war es nur dem Mann aus Malinowka zu verdanken,

dem wir unser Haus verkauft hatten, daß wir überhaupt dort aufgenommen wurden.

So brauchten wir uns nur um ein Haus zu kümmern, denn er überführte das andere selbst. Aber es war Arbeit genug für zwei Frauen und ein paar Kinder.

Die ganze Umsiedlung dauerte bei den meisten Leuten ein oder auch zwei Jahre. Man kann es sich schwer vorstellen, aber die Verhältnisse waren ja ganz anders als wir es hier im Westen gewohnt sind.

Da Tante Adina schon älter war, Mutter sich aber bald zur Arbeit auf der Kolchose melden mußte, blieb sie zunächst noch in Grünwald, während Mutter mit uns nach Malinowka ging. Hier wohnten wir zunächst in einer notdürftigen Unterkunft, die nur aus Brettern zusammengeschlagen war. Die Fenster wurden mit Decken zugehängt, und einen richtigen Fußboden hatten wir auch nicht. Doch es war ja Sommer, und wir hatten ein Dach über dem Kopf.

An Schulunterricht für uns Kinder war jetzt nicht zu denken. Ich hütete das Vieh, um etwas Geld zu verdienen, Mutter arbeitete den ganzen Tag auf dem Feld und mußte sich nach Feierabend oder an Wochenenden darum kümmern, daß unser Haus wieder aufgebaut wurde. Während es oben abgetragen wurde, wohnte Tante Adina noch unten im Keller. Erst, als es Winter wurde und der Bau weiter fortgeschritten war, zog auch sie zu uns.

Es hatte den ganzen Sommer gedauert, den Bau notdürftig fertigzustellen, obwohl wir nach der regulären Arbeitszeit ab und zu ein Pferdefuhrwerk benutzen durften.

Mutter war damals schon herzkrank, und ich kann mich noch erinnern, wie sie die 20 km oft zu Fuß ging, manchmal sogar nachts, um den Umzug zu beschleunigen.

Es muß für sie besonders schwer gewesen sein, aus Grünwald wegzuziehen, denn hier war es, wo sie mit Vater glücklich gewesen war.

Auch wir denken gern an diese Zeit zurück. Gewiß, es wurde immer schwieriger, und manche Erinnerung würde ich gerne vergessen, aber es war unsere Heimat. Unser weiß getünchtes Haus, die kleine Bank davor, die riesengroßen Sonnenblumen und unsere kleine braune Katze, die es liebte, mit Vaters Pantoffeln zu spielen...

Heute existiert Grünwald nicht mehr. Es ist schon lange in Akkerland umgewandelt worden, auf dem jetzt Weizen, Roggen oder Tabak wachsen...

Im Herbst, nachdem die Ernte eingebracht war, konnte ich auch wieder zur Schule gehen. Es war eine willkommene Abwechslung, und es war hier tatsächlich nicht so schwer für uns, obwohl ich mich ziemlich anstrengen mußte, all das Versäumte nachzuholen.

Es waren hier wesentlich mehr Kinder in der Schule, und wir hatten allerhand Freunde. Wahrscheinlich lag es an dem Umzug, an der Tatsache, daß wir hier noch nicht gebrandmarkt waren, an den Lehrern und den anderen Schülern, die ja auch alle neu waren und Freunde brauchten, daß wir Kinder, ohne es zunächst zu merken, in den Sog des leichten Lebens hineingezogen wurden.

Mutter erkannte es bald. Sie ermahnte uns und betete für uns, doch wir hörten nicht auf sie. Besonders meine älteren Geschwister, Ida, David und Hermann bereiteten ihr viel Kummer. Und auch wir jüngeren, Lydia, Else und ich fanden das Leben und die Freizeitbeschäftigungen der anderen Jugendlichen wesentlich attraktiver und interessanter als das, was Mutter gern gesehen hätte. Wir fanden sie altmodisch in ihren Ansichten, und sie bemerkte, wie wir mehr und mehr zu Kompromissen bereit waren.

Es entstand eine ziemliche Kluft zwischen uns. Keiner schien den anderen zu verstehen, und keiner war zum Nachgeben bereit. Sie betete für uns, doch wir wollten nicht daran teilhaben, worum sie den Herrn so inständig zu bitten schien.

Ich hätte ja aufgeben müssen, was ich gerade liebgewonnen hatte, die Freunde in der Schule, mit denen wir immer neue Streiche aushecken und das angenehme Leben, nicht schief angesehen zu werden...

Ich weiß noch, wie wir hinter dem Schulhof oben in unserem Lieblingsbaum saßen und unsere ersten Zigaretten rauchten. Wir fühlten uns als Männer, die das Leben gemeistert hatten! Unser Lehrer allerdings schien nicht sehr davon beeindruckt gewesen zu sein, denn er kommandierte uns, als es gerade anfing, richtig gemütlich zu werden, mit Donnerstimme herunter. Wir wurden dafür bestraft, und auf einmal kamen wir uns gar nicht mehr so überlegen vor, wie wir es noch vor 10 Minuten gewesen waren. Als ich daran dachte, daß es Mutter bestimmt erfahren würde, fühlte ich mich bereits ganz schwach. Außerdem hatte sie gerade zu Ohren bekommen, daß man mich beim Stehlen erwischt hatte. Gewiß, es waren nur Obst und ähnliche Sachen aus anderer Leute Garten, aber für sie war es nicht „nur Obst und dergleichen". In ihren Augen war ich dabei, mich weiter und weiter von Gott zu entfernen und die Prioritäten meines Lebens von göttlicher Berufung auf weltliche Vergnügungen zu verlagern.

Ich wußte, sie hatte recht, doch ich wollte es mir weder eingestehen, noch wollte ich, daß sie wußte, wie mir zumute war, denn im Grunde meines Herzens hatte ich Angst, Angst vor Gott, daß Er mich für meinen Ungehorsam strafen würde. Aber ich **wollte** keine Angst haben, ich **wollte** keine Schwäche zeigen, ich **wollte** wie alle anderen sein, ich **wollte** nehmen, was das Leben zu bieten hatte, ich **wollte** einfach nach dem Motto leben: Ich will!!

Dann, eines Tages, geschah etwas, das uns alle bis ins Tiefste erschütterte.

,,Ida ist nicht nach Hause gekommen", sagte Mutter, als sie für uns das Frühstück bereitete.

,,Hat sie gesagt, wo sie hingeht?"

Sie sah müde und übernächtigt aus.

,,Ich habe sie gestern Abend noch mit Elli, Franz, Wanja und den anderen gesehen", sagte Hermann.

,,Wißt ihr, wo sie hingegangen sind?"

,,Nein, sie standen alle an der Ecke bei der Laterne an der Bushaltestelle. Mehr weiß ich auch nicht".

Ich bin sicher, auch wenn wir gewußt hätten, wo sie die Nacht über gewesen war, – wir vermuteten, sie war zum Tanz – hätten wir es Mutter nicht gesagt. Es war einfacher für uns, sie nicht aufzuregen und so ihren Ermahnungen, die uns allen auf die Nerven gingen, aus dem Wege zu gehen.

Wir sollten es bald erfahren.

Um Zeit zu gewinnen und Mutters Fragen zu vermeiden, war sie gleich vom Tanz aus zur Arbeit gegangen. Doch es waren nur wenige Minuten, bis sie durch Fahrlässigkeit und wahrscheinlich Übermüdung einen Fehler machte und gleich darauf einen tödlichen elektrischen Schlag erhielt. Sie war auf der Stelle tot.

Es traf uns alle mit einer ungeheuren Ernüchterung, nicht zu sprechen von Mutters Schmerz, denn womit konnte sie sich trösten?

Der Gedanke an Ida's Tod verfolgte mich Tag und Nacht, und ich konnte keine Ruhe finden. Ich versuchte natürlich, mir nichts anmerken zu lassen, was von den anderen vielleicht als Schwäche gedeutet werden konnte. Und ich versuchte, meine alte Sicherheit wiederzugewinnen, indem ich genauso weiterlebte, wie zuvor.

Ja, je unsicherer ich wurde, und je stärker ich den Drang fühlte, mir nichts vorzumachen und in die liebenden Arme Gottes zurückzukehren, desto mehr versuchte ich, diese Gedanken in weltlichen Vergnügungen zu ertränken.

Eines Abends war es wieder sehr spät geworden. Wir waren dort gewesen, wo sich die jungen Leute zu treffen pflegten, sahen ihnen zu, rauchten gelassen unsere Zigaretten, probierten auch mal, was sie tranken und wünschten insgeheim, schon einige Jahre älter zu sein.

Leise verabschiedete ich mich jetzt von meinen Freunden, ging auf Zehenspitzen zur Tür und versuchte, sie ohne Knarren zu öffnen. Ich hätte mir die Mühe sparen können, denn Mutter hatte offensichtlich auf mich gewartet. Sie stand mir auf einmal gegenüber, denn sie hatte mich wohl kommen sehen und wollte mich einlassen.

Eigentlich wollte ich mit einem kurzen „Gute Nacht, Mutter" an ihr vorbeieilen, aber irgendeine Macht hielt mich zurück. Ich war gezwungen, stehenzubleiben.

Sie sah mich fragend an, und es war unverkennbar, daß sie geweint hatte.

Ich konnte im Moment nicht einmal richtig denken. Ich war ganz leer. Ich fühlte mich schuldig, wollte es aber nicht erkennen lassen, ja, ich war hin- und hergerissen zwischen Liebe und Ärger. Sie hatte um mich geweint, darüber konnte kein Zweifel bestehen, aber ich wollte nicht, daß sie um mich weinte. Oder wollte ich es doch?

„Arthur", sagte sie leise, „wo bist du noch so spät gewesen?"
Ich schluckte. Was sollte ich sagen?
Schweigen.
„Warum antwortest du mir nicht? Ist es so schlimm?"
„Ich war mit... mit Paul und Oskar---Paul und Oskar zusammen..." stotterte ich, und ich fühlte mich gar nicht mehr so stark, so wie noch vor wenigen Minuten.

Meine Mutter hatte um mich geweint, während ich das Leben auskostete, soweit ich mit meinen 13 Jahren die Gelegenheit dazu hatte.

Es kam mir auf einmal alles so schal vor...

„Arthur", fuhr Mutter fort, und ich sah, daß sie jetzt nicht weinen wollte, „weißt du, daß du dabei bist, Idas Weg zu gehen? Sie hat auch so angefangen wie du..."

Jetzt konnte sie die Tränen nicht länger zurückhalten, und ich sah ihre ganze Verzweiflung und ihre ganze Liebe, eine Liebe, die ich nicht beschreiben kann, aber sie kam mir auf einmal überwältigend zu Bewußtsein.

Meine Freunde dachten, ich war „in Ordnung", so lange ich mitmachte und kein Spielverderber war. Und deshalb stand ich bei ihnen in Ansehen, aber sie liebten mich nicht...

Und auf einmal kapitulierte ich vor der Liebe meiner Mutter. Und ehe ich noch Zeit hatte, es mir anders zu überlegen, war ich ihr um den Hals gefallen.

„Mama, liebe Mama!" rief ich unter Tränen. „Heute soll es das letzte Mal gewesen sein, daß du um mich geweint hast! Ich will dir keinen Kummer mehr machen...

Ja, ich will wieder Jesus folgen. Ich wollte es eigentlich schon eine ganze Weile, aber ich habe es immer wieder verschoben..."

Und dann weinten wir beide. Es war keine Traurigkeit mehr, sondern eine große Erleichterung. Es war, als hätte jemand eine große Last von uns genommen, jedem auf seine Weise. Und eine große Liebe, wie ich sie schon beinahe vergessen hatte, war auf einmal in uns und um uns und schien das ganze Zimmer mit einer übernatürlichen Wärme zu erleuchten.

„Ja, Mutter, laß uns zusammen Jesus folgen!"

# 5

## DIE DEUTSCHEN KOMMEN

Es war im späten Frühjahr 1941, und es schien ein heißer Sommer wie jeder andere zu werden. Mutter arbeitete auf dem Feld, lokkerte mit Hunderten von anderen Frauen Erde auf und jätete Unkraut. Sie mußten täglich ein bestimmtes Soll erfüllen, denn uns wurde immer wieder gesagt, was von einem verantwortungsbewußten Sowjetbürger erwartet wurde.

Die Sommerferien standen kurz vor der Tür, eine Abwechslung, der wir alle mit Freude entgegensahen, Mutter, weil wir ihr dann etwas helfen konnten und wir, weil es eine angenehme Aussicht war, für ein paar Wochen Mathematik, Rechtschreibung und politische Parolen zu vergessen.

Obwohl unser Lehrer, Herr Bucharin, bisher immer mit Begeisterung von der siegreichen, unverwundbaren Sowjetunion gesprochen hatte, schien er sich jetzt nicht mehr ganz so sicher zu sein, was unsere unmittelbare Zukunft anbetraf. Zwar änderte sich nicht viel an dem, was er sagte sondern eher wie er es sagte, und ich hatte das Gefühl, als wenn er nicht zugeben wollte, daß dunkle Wolken am russischen Horizont auftauchten.

Seit etwa drei Jahren schon schien sich, wie aus seinen Berichten zu schließen war, langsam ein politischer Sturm zusammenzubrauen, bei dem sich keiner sicher war, welche Ausmaße er annehmen oder wen er mitreißen würde.

Es begann am 1. September 1939, als Hitler in einem geplanten Blitzkrieg Polen überfiel. Bereits zwei Tage später erklärten Frankreich und England dem Deutschen Reich den Krieg, da sie mit Polen in einem Verteidigungsbündnis standen.

Um nun – so wurde es uns erklärt – die Grenzen der Sowjetunion vor der drohenden Gefahr aus dem Westen zu schützen, besetzten unsere Truppen noch im selben Monat den östlichen Teil Polens und versuchten Ende November, auch Finnland in die Union einzugliedern. Es war eine große Ungerechtigkeit – so sah es wenigstens Herr Bucharin – dafür unser Land aus dem Genfer Völkerbund auszuschließen, wo es sich doch nur um die Befestigung unserer Grenzen gehandelt hatte!

Im März 1940, nach einem kurzen Krieg, der nur 4 Monate gedauert hatte, mußte Finnland nachgeben und uns ein großes Territorium zugestehen. Es waren jedoch noch andere Grenzen zu sichern. Deshalb war es eine Notwendigkeit für die Rote Armee, auch in Bessarabien, das damals noch zu Rumänien gehörte, einzumarschieren und ebenfalls Estland, Lettland und Litauen zu besetzen.

Damit war das eigentliche Mutterland in gewisser Weise geschützt. Die drei baltischen Länder hatten das Privileg, als Republiken in die Sowjetunion aufgenommen zu werden, während Bessarabien ein Teil der neugegründeten Moldawischen SSR wurde. Allen Ländern war damit geholfen worden, nicht zuletzt unserem eigenen. So war es jedenfalls, wie es uns Herr Bucharin erklärte, und es wurde von uns erwartet, daß wir diese Auslegungen der Geschichte auch als absolute, unkritisierbare Wahrheit annahmen.

Um die deutsche Gefahr entgültig zu bannen, schloß Stalin sogar mit Hitler einen Nichtangriffspakt, den wir gewissenhaft einhielten, Deutschland jedoch nicht so genau zu nehmen schien. Denn am 22. Juni 1941 ereignete sich, was die Russen schon lange befürchtet hatten: Die deutsche Armee marschierte in unser Land ein.

Herr Bucharin war blaß und nervös an diesem Morgen, als er uns diese Nachricht mitteilen mußte. Und ich kann mich noch erinnern, daß die Tschechen und Ukrainer in unserer Klasse uns, die wir deutscher Abstammung waren, vorwurfsvoll ansahen, als ob wir etwas damit zu tun gehabt hätten.

Mit jedem Tag schien Herrn Bucharins Stimmungsbarometer tiefer zu fallen, und auch sein Lob auf die große Rote Armee wurde weniger und weniger. War sie wirklich so groß, wie er immer gedacht hatte? Denn das deutsche Heer stieß weiter und weiter ins russische Land vor, Bomber zerstörten einen großen Teil der russischen Luftwaffe, und die deutschen Panzer schienen rollende Festungen zu sein. Waren sie denn selbst durch die berühmte Rote Armee nicht aufzuhalten?

Es dauerte tatsächlich nicht mehr lange, bis wir hier in Malinowka Schüsse und Kanoneneinschläge in der Ferne hören konnten.

Bald wurde es gefährlich, auf den Feldern zu arbeiten, und selbst die Schule wurde vorübergehend geschlossen. Es war zeitweise sogar ein Wagnis, aus dem Haus zu gehen, denn unser Dorf war zur Front geworden.

Drei Wochen lang lebten wir mitten im Schußfeld von Freund

und Feind. Kugeln und Granaten schwirrten zu jeder Tages-und Nachtzeit durch die Luft, setzten Dächer in Brand, explodierten in Hauswänden, zerfetzten die kleinen Gärten und ließen kaum eine Fensterscheibe ganz.

Als sich nach dieser Zeit die Kampflinie weiter nach Osten verschob, war das Dorf, das wir kaum fertiggebaut hatten, ein trauriger Anblick. Unser Haus stand noch, aber die meisten waren zerstört worden – ohne bestimmte Absicht. Unser Dorf stand wahrscheinlich nur an der falschen Stelle...

Die Deutschen waren jetzt in Malinowka. Erstaunlicherweise wurden sie von vielen sogar freundlich empfangen – trotz der Unruhe, die sie ja schließlich verursacht hatten. Und ich kann mich noch erinnern, daß ihnen eine ganze Anzahl von Leuten mit Brot und Salz[6] entgegengingen...

Ob es alles Menschen waren, die Angehörige im Gefängnis hatten? Wir kannten ja viele, die wegen ihrer politischen Ansichten oder ihres Glaubens an Gott verschleppt worden waren.

Unter der deutschen Besatzung änderte sich unser ganzes Leben. Es begann damit, daß niemand mehr zur Sollerfüllung durch Kolchosenarbeit gezwungen wurde, kommunistische Spruchbänder und Parolen waren verschwunden, und man durfte wieder an Gott glauben.

Gewiß, wir befanden uns als Land immer noch im Kriegszustand, aber im Moment war es nicht weiter aufregend für uns. Die Heereslawine war weitergerollt und die Dinge begannen sich wieder zu normalisieren, in gewisser Weise nur unter anderen Vorzeichen. Diesmal waren die Volksdeutschen die bevorzugte Gruppe, eine Vorrangstellung, die uns völlig fremd war. Unsere neue Obrigkeit war unter anderem sehr daran interessiert, sofort mit dem deutschen Schulunterricht für uns zu beginnen, an dem alle Kinder teilnehmen mußten. Es waren deutsche Lehrer und Lehrerinnen, die extra zu diesem Zweck nach Rußland gebracht wurden, um in den deutschsprachigen Minoritäten wieder ein Vaterlandsbewußtsein zu erwecken.

Dieses Unterfangen mußte natürlich damit beginnen, daß wir erst einmal in dieser Sprache lesen und schreiben lernten. Um Zeit zu gewinnen, denn es war ja nicht gut möglich, das ganze Unterrichtsprogramm eines anderen Landes nachzuholen, währte jede Klasse nur ein paar Monate, und dann fand bereits die Versetzung statt. Es war sozusagen ein Intensivstudium der deutschen Sprache, Rechtschreibung und Kultur.

Nach einem Jahr allerdings schien sich diese Regelung für die

Deutschen der Ukraine als unpraktisch zu erweisen, denn es konnten nicht genug Lehrer gefunden werden, um in den vielen verstreut liegenden Dörfern zu unterrichten. Deshalb wurde von höherer Stelle beschlossen, alle Volksdeutschen aus dieser Gegend nach Malin umzusiedeln.

„Wir haben noch nicht einmal unser Haus ganz fertig, und jetzt müssen wir schon wieder umziehen", sagte Mutter resignierend.

„Ach Mutter", tröstete Lydia sie, „es wird doch nur vorübergehend sein. Wir kommen bestimmt zurück. Und wenn nicht, dann machen wir eben noch einmal einen neuen Anfang."

„Ein neuer Anfang! Ach ja, es wäre wirklich zu schön, um wahr zu sein! Vater kommt vielleicht zurück und Onkel Karl, und dann fangen wir alle noch einmal an. Wenn die Deutschen den Krieg gewinnen, werden sie bestimmt etwas für die Gefangenen tun..."

Und wieder erwachte die Hoffnung in uns. Es bestand ja dann kein Grund mehr, sie gefangenzuhalten, denn mit den Deutschen war ja auch die Glaubensfreiheit ins Land gekommen.

Niemand ermutigte uns dazu, aber es wurden überall Gottesdienste abgehalten, die Kirchen und Versammlungshäuser waren gepackt voll, und eine geistliche Erweckung begann die gesamte Ukraine zu erfassen.

In dieser Zeit habe auch ich mich öffentlich zu Jesus bekannt. Ich habe diesen Schritt nie bereut, denn mein Leben hatte jetzt einen Sinn, und ich hatte ein unersättliches Verlangen, den Herrn, den ich so lange vernachlässigt hatte, durch Sein Wort besser und besser kennenzulernen.

Malin war nur 4 km von Malinowka entfernt. Es war deshalb nicht ganz so schwierig für uns wie zu der Zeit, als wir von Grünwald hierherziehen mußten, doch es brachte Unruhe genug. Diesmal hatten wir jedoch schon das Gefühl, daß es keine neue Heimat für uns werden würde.

Es ging uns nicht schlecht hier. Wir lebten zunächst von dem, was Mutter in Geld und Naturalien von der Kolchose bekommen hatte und erhielten danach das Notwendigste über das provisorisch eingerichtete deutsche Versorgungsamt.

Leider machte Hitler den Fehler, die Volksdeutschen gegenüber den Ukrainern in großem Maße zu bevorzugen, indem wir, die wir früher die von Stalin stark kontrollierte Minderheit waren, jetzt viele Rechte hatten, die ihnen versagt waren. Es blieb daher nicht aus, daß sich nach kurzer Zeit ein starker Groll gegen die deutsche Besatzung entwickelte, der sich in immer stärker werdender Partisanentätigkeit zu entladen suchte.

Die Folge davon war ein neuer Umzug. Diesmal mußten wir nach Bežow in die Nähe von Žitomir, wohin alle Deutschen aus Sicherheitsgründen zusammengezogen wurden.

Auch unsere Familie hatte keine andere Wahl, obwohl bisher niemand daran Interesse gezeigt hatte, an uns persönlich das Verhalten der deutschen Besatzungsmacht zu rächen.

„Emma, hast du schon gehört, daß die Ukrainer in Bežow für uns ihre Häuser aufgeben müssen?" hörte ich Tante Adina zu Mutter sagen.

„Das kann doch nicht wahr sein!" rief Mutter erschreckt.

„Es ist ungerecht. Die Ukrainer waren vordem immer gut zu uns! Oh, wie furchtbar ungerecht!"

Ich war schon immer stolz auf Mutters Gerechtigkeitssinn gewesen. „Da machen wir nicht mit!" sagte sie in bestimmtem Ton. „Wir bleiben hier!"

Leider gelang es ihr nicht, auch den deutschen Polizeichef, der für die Umsiedlung verantwortlich war, davon zu überzeugen. Es ab in der Tat keine andere Wahl für uns. Wir mußten mit nach Bežow, und wir mußten in das Haus einer ukrainischen Familie einziehen...

Mutter hatte recht gehabt, diese Maßnahme erweckte nicht gerade eine große Liebe zu den Deutschen, die sowieso schon besser versorgt wurden. Warum mußte man auch die Ukrainer heimatlos in ihrer eigenen Heimat machen?

Es sollte sich als ein großer Fehler erweisen, denn die Partisanenaktivität schien sich jetzt besonders auf unser Dorf zu konzentrieren, zu dem wir kein Eigentumsrecht hatten.

Gewiß, wir wurden bewacht, doch nachts wurde es wirklich gefährlich.

Oft kamen die Partisanen zu Hunderten aus dem Wald, und wen sie erwischten, der wurde umgebracht. Sie schienen genau zu wissen, wer bei der Polizei war, Bürgermeister, Lehrer oder sonst einen Posten innehatte.

Nach Sonnenuntergang war niemand mehr seines Lebens sicher.

Wir kannten viele Ukrainer, die unsere Glaubensgeschwister waren. Und wir liebten sie, genauso wie sie uns liebten.

Es gab auch in Bežow eine Gemeinde, aber wir fuhren immer 7 km in ein anderes Dorf, wo wir uns mit ihnen versammelten.

Es dauerte nicht lange, bis auch das verboten wurde, denn „die überlegene deutsche Rasse sollte sich nicht mit niedriger gestellten Gläubigen vermischen", nicht einmal zum Gottesdienst.

„Es wird wirklich immer verrückter! Meinst du nicht auch, Emma?" sagte Tante Adina zu Mutter.

„Oh, was für ein Wahnsinn!" stimmte sie ihr zu. „Wo soll das nur hinzuführen? Als ob wir nicht schon genug Schwierigkeiten hätten!"

Es dauerte auch tatsächlich nicht mehr lange, bis unser Leben erneut mit umgekehrten Vorzeichen weiterging. Wir waren auf einmal die Verlierer und mußten erfahren, wie es ist, heimatlos zu sein. Denn nach der Schlacht von Stalingrad, die vom 25. August 1942 bis zum 31. Januar 1943 dauerte, hieß das Motto des deutschen Heeres nicht mehr „vorwärts!" sondern „zurück"…

Kurz bevor der Strom geschlagener Soldaten, der uns alle mitreißen sollte, jedoch die Ukraine erreichte, erlebte ich einen der größten Höhepunkte meines bisherigen Daseins: Zusammen mit 54 anderen Menschen ließ ich mich taufen. Es war ein großes Ereignis für die Gläubigen der ganzen Umgebung, von denen viele 25–30 km weit herkamen, manche mit Pferd und Wagen, die meisten jedoch zu Fuß. Es waren Deutsche und Ukrainer, denn vor Gott waren wir alle gleich, und wir hatten auch untereinander die gleiche Liebe und gegenseitige Achtung. Wir waren Geschwister in unserem Glauben an den Herrn.

Es war am Sonntag, und ich kann mich noch erinnern, daß ich die 17 km bis zu dem Dorf, in dessen Nähe die Taufe stattfand, zurücklegte, ohne die geringste Müdigkeit zu verspüren. Es war ein Meilenstein in meinem Leben, und ich freute mich darauf.

Als wir dort ankamen, war ich fast überwältigt von dem, was ich sah: Einen schöneren Platz für dieses Ereignis hätte ich mir nicht wünschen können. Ein Ort von so erhabener Ruhe, Anmut und Schönheit war wie geschaffen, um dort dem Herrn zu danken, Ihn anzubeten und mit der Taufe aller Welt zu bekennen: Ja, ich bin ein Kind Gottes!

Es war eine Wiese voller Butterblumen und Vergißmeinnicht am Rande des klaren Flusses, der sich gemächlich durch diese Pracht wand. Von drei Seiten war dieses Fleckchen Erde von Wald umgeben, und hinter uns lag das Dorf. Normalerweise war es ein Ort der Stille, heute aber herrschte reges Leben hier. Es kamen immer mehr Leute, auch Ungläubige waren darunter, die noch nie eine Taufe miterlebt hatten. Manche waren vielleicht enttäuscht, manche wurden aber auch angesprochen, denn bei jeder Gelegenheit wurde das Evangelium gepredigt. Alles in allem müssen es etwa 2000 Menschen gewesen sein, die den Herrn anbeteten, sangen, Ihn priesen und Sein Wort hörten.

Ich werde es nie vergessen, als die Reihe an mich kam, und bei 54 Täuflingen war es wirklich eine lange Reihe. Ich sehe noch heute – wie alle, in ein langes weißes Gewand gekleidet – das klare Wasser vor mir, in dem ich untertauchte, um als neuer Mensch in Christo wieder emporzukommen. Ja, das Alte war damit symbolisch begraben, und das Neue wurde offenbar. Ich danke dem Herrn, daß ich mit Ihm gestorben und auferstanden bin, und ich will Ihn verkündigen, solange ich Atem in mir habe...

# 6

MENSCHEN OHNE HEIMAT

Es war inzwischen Winter geworden, und wir näherten uns dem Weihnachtsfest. Es war nun schon fünf Jahre her, daß Vater von uns genommen wurde, eine Zeit voller Hoffnung, Warten und manchmal Resignation. Wenn wir doch nur wüßten, wo man ihn hingebracht hatte, ob er gesund war, ob er Nahrung oder Kleidung brauchte, vielleicht eine warme Mütze oder Handschuhe... Vielleicht war er auch schon in der himmlischen Heimat, von der er uns oft ein Lied vorgesungen hatte...

Ich glaube, Ungewißheit ist schwerer zu ertragen als Gewißheit, denn hier sind der Phantasie keine Grenzen gesetzt, und es ist in gewisser Weise eine Trauer ohne Ende.

Besonders in der Weihnachtszeit fehlte uns unser lieber Vater. Ich weiß noch, wie er uns immer die alten Geschichten erzählt hatte, von dem Stall in Bethlehem, den Hirten, Engeln und den weisen Männern und wie Mutter in der Küche stand und buk und brutzelte, daß die köstlichsten Gerüche unser Haus erfüllten.

Gewiß, an der eigentlichen Weihnachtsgeschichte hatte sich nichts geändert, und das war es auch, woran wir uns trotz aller Kümmernisse freuten. Doch manchmal sah ich, wie Mutter allein in ihrer warmen Jacke und mit ihrem Kopftuch draußen stand und in den nächtlichen Himmel sah...

Ob Vater wohl bereits hinter den Sternen war? Oder ob er vielleicht gerade jetzt auf den Großen Wagen sah, so daß sich ihre Augen in der Unendlichkeit treffen mußten?

Die Front rückte zum zweiten Mal näher. Die Deutschen wurden immer nervöser, und die Ukrainer hatten Mühe, ihre Freude nicht erkennen zu lassen.

Es konnte kein Zweifel mehr bestehen, der Krieg war in diesem Lande verloren, obwohl es nicht offen zugegeben wurde, doch man bereitete sich hier auf den Rückzug vor, den Rückzug, der auch alle Volksdeutschen einschließen sollte.

Wir waren jetzt wirklich Menschen ohne Heimat geworden. Wohin sollten wir gehen?

Man sagte uns: Nach Westen! Doch was war der Westen?

Wollte man uns, die wir in großen Scharen kamen, überhaupt haben? Deutschland befand sich im Kriegszustand, und es mußte auch ohne unsere Familien genug Probleme geben.

Doch wir hatten keine andere Wahl. Man gab uns Pferdewagen, in die unsere Sachen verladen wurden, und zu festgelegter Stunde setzte sich unser Umsiedlertreck in Bewegung, immer der untergehenden Sonne nach. Wir lebten praktisch nur von einem Tag zum anderen, ständig auf der Flucht vor der Front, die uns unaufhaltsam folgte. Es war ein trauriger Zug. Die Menschen auf den Fuhrwerken oder die, die nebenher gingen, sahen mutlos aus, mit hoffnungslosen, leeren Blicken. Umsiedlung wohin?

Wir hatten inzwischen gehört, daß wir nach Polen gebracht werden sollten, ein Land, wo man bestimmt auch nicht sehr über unsere Ankunft erfreut war. Doch was nützte es jetzt, sich Gedanken zu machen? Es gab nur eine Möglichkeit: Vorwärts! Und wir mußten es schaffen!

Wir waren viele Wochen unterwegs. Es gab Tage, an denen die Front uns auf den Fersen zu sein schien, so daß wir nicht länger als nötig an einer Stelle verweilen durften. Aber es kam auch vor, daß die Rote Armee in ihrem Vormarsch von den deutschen Truppen aufgehalten wurde. Das bedeutete für uns jedesmal eine Ruhepause, in der wir bleiben konnten, wo wir gerade waren.

Es war eine Zeit voller Unruhe und Ungewißheit. Doch es gab auch Lichtblicke, wenigstens für uns, die wir gläubig waren. Wir wußten, unser Leben und unser Schicksal lag in Gottes Hand, und wir schöpften Trost in Seinem Wort, durch Gebet und Gemeinschaft mit anderen Christen.

Nachdem wir etwa 6 Wochen unterwegs gewesen waren, kamen wir in den kleinen Ort Gritzew in der Nähe von Žibotowka. Hier, in dieser Gegend hatte noch nie eine kirchliche Versammlung stattgefunden, und da wir etwa einen ganzen Monat hier waren, lernten wir die Leute kennen, erzählten ihnen von Jesus und trafen uns zum Gottesdienst. Es dauerte gar nicht lange, bis der Raum in den Häusern zu klein wurde, so daß wir eine Schule mieten mußten, denn viele Menschen kamen in diesen kurzen Wochen zum lebendigen Glauben an Jesus Christus. Wir waren Deutsche und sie Ukrainer, doch die Liebe Gottes verband uns und machte uns zu Geschwistern. Dann eines Tages hörten wir wieder Schüsse in der Ferne, und wir wußten, es konnte nur noch Stunden dauern, bis wieder zum Weiterziehen aufgerufen wurde. Ja, wir mußten weiter westwärts, und unsere neugewonnenen Brüder und Schwestern blieben hinter uns im Osten...

Wir konnten ja nichts dafür, daß wir Deutsche waren, deren Vorfahren sich auf Einladung eines Zaren hier in der Ukraine niedergelassen hatten. Wir konnten auch nichts dafür, daß Hitler in Rußland einmarschiert war. Dieses Land war unsere Heimat, und wir gehörten hierher. Doch die Ukrainer waren nicht davon überzeugt. Wir waren auf einmal zu Feinden geworden oder wenigstens Menschen, an denen man die Taten des deutschen Heeres rächen mußte – nicht öffentlich, sondern durch Partisanen aus dem Hinterhalt. Während wir, die wir unsere Heimat verloren hatten, nun unter großen Mühen nach Westen zogen, waren wir jetzt ständig in Gefahr, auch noch unser Leben zu verlieren.

„Wir wollen Gott vertrauen, daß Er uns durchbringt", sagte Mutter ermutigend zu uns.

„Ja, Mutter", stimmte ich ihr zu, „wir wollen Ihm unser Leben hinlegen und in allen Dingen versuchen, Seinen Willen zu tun. Vielleicht wird Er uns dann bewahren."

„Nicht vielleicht – bestimmt!" verbesserte mich Mutter.

„Du mußt Glauben haben, Junge. Gott ehrt Glauben. Was nützt es, um Seinen Schutz zu beten, dann aber keinen Glauben zu haben?" So steht es in der Bibel geschrieben: wenn ein Mensch keinen Glauben hat, wird Gott sein Gebet auch nicht erhören."

Wir wußten, Mutter hatte recht, und deshalb glaubten wir auch nach besten Kräften, daß Gott uns Engel zu unserem Schutz senden würde.

Es dauerte auch nicht lange, bis wir die Erfahrung machten, daß Er uns auch tatsächlich wie durch ein Wunder vor unserem sicheren Untergang bewahrte.

„Wir wollen morgen sehr früh los", sagte Mutter zu Tante Adina und uns. Es ist ein langer Weg, und dann brauchen wir nicht bis spät in die Nacht zu fahren. Wenn alles klappt, können wir uns dann auch öfter mal eine Ruhepause leisten."

Der Gedanke leuchtete uns allen ein. Wir machten deshalb alles schon am Vorabend zur Abfahrt bereit.

So planten wir, doch Gott plante anders.

Eine Stunde vor Morgengrauen nämlich, als wir beinahe fertig waren, abzufahren, hatte Else auf einmal Leibschmerzen.

„Mutter, ich kann nicht laufen", jammerte sie. „Jedesmal, wenn ich versuche aufzustehen und zu gehen, tut es so weh."

„Warum muß es denn gerade jetzt sein?" rief Mutter fast verärgert. „Wir wollen doch jetzt gehen!"

„Ich kann aber nicht", weinte Else. „Ich kann wirklich nicht. Was sollen wir nur machen?"

Ja, was sollten wir machen? Es blieb uns tatsächlich nichts übrig, als erst einmal abzuwarten, zu Bekannten zu laufen, Rat und Medizin zu holen und zu hoffen, daß sie so schnell wie möglich transportfähig wurde.

Ein Wagen nach dem andern fuhr ab. Doch Elses Zustand schien sich nicht zu bessern.

Geduld ist manchmal eine wahre Tugend.

Ich glaube, nur wenige Menschen besitzen dieses ausnahmslose Vertrauen auf Gott und diese völlige Glaubensruhe.

Mutter hatte sie jedenfalls nicht an diesem Morgen, ja sie wurde immer nervöser und erkundigte sich alle paar Minuten nach Else's Befinden.

Endlich, nach etwa einer Stunde, begannen die Schmerzen nachzulassen. Und bald ging es ihr wieder so gut, als hätte sie nie das geringste Unwohlsein verspürt.

Wir verloren keine Zeit mehr, um uns über diese merkwürdigen Leibschmerzen Gedanken zu machen, denn wir wollten nicht das letzte Fuhrwerk sein.

Die Sonne stand schon seit einigen Stunden am Himmel. Hinter uns lag der Ort Schowodowkin, und wir mußten eine ganze Strecke lang durch den Wald fahren. Es war ein dichter, dunkler Wald, der für etwa 25 km den Weg zu beiden Seiten säumte. Es war still, nur das Geräusch unseres Pferdewagens war zu hören. Plötzlich aber fühlten wir unsere Glieder erstarren.

Was war das? Schrien da nicht Menschen?

Ja, es waren Schreie! Ein Irrtum war ausgeschlossen! Es war tief im Wald, und wir hörten es nur leise. Aber es bestand kein Zweifel: Dort wurden Menschen ermordet!

Wir wagten nicht zu sprechen. Wenn doch unsere Pferde nur leiser gehen und der Wagen nicht so knarren würde! Doch die Straße war holprig, und die Pferde trotteten dahin wie gewöhnlich.

Wir beteten zu Gott. Es war wie ein stummer Schrei: Herr, sei den Menschen dort gnädig, und bitte, sei doch bei uns. Wir sind ja so schutzlos..., doch wir haben Dich...

Und Gott brachte uns sicher ins andere Lager, wo wir wieder viele Bekannte trafen und auch Polizeischutz hatten. Doch viele waren nicht angekommen...

Von einem Mann, dem es gelungen war zu fliehen, hörten wir dann, was sich dort im Wald abgespielt hatte:

Die Fuhrwerke waren langsam die Straße entlanggefahren. Auf einmal kamen Soldaten in deutscher Wehrmachtskleidung aus einem Seitenweg heraus.

„Hier geht der Weg entlang", sagten sie.
„Dieser Weg ist sicherer."
Dankbar und nichtsahnend folgten sie ihnen. Alle, ohne Ausnahme. Doch bald sollte es sich herausstellen, daß diese Männer weder Wehrmachtsangehörige noch Deutsche waren sondern Partisanen, die sie in eine Falle gelockt hatten. Als sie nämlich ein ganzes Stück von der Straße entfernt waren, sahen sie, welchen Fehler sie begangen hatten. Aber es war zu spät. Sie wurden alle umgebracht.

Viele Familien mit Kindern und alten Leuten sind dort bei Schowodowkin im dichten Wald verschwunden, und nur einer ist wieder herausgekommen.

Wir wären auch unter ihnen gewesen, doch Gott hatte uns bewahrt, indem Er unsere frühen Aufbruchpläne zunichte gemacht hatte. Wir waren erschüttert und tief bewegt.

Oh, Vater, warum hast Du uns bewahrt? Gerade uns!
Du liebtest uns doch sicher nicht mehr als die anderen...
Ja, wir vertrauten Dir, und Du weißt, daß wir auch Dich lieben. Betete vielleicht Vater irgendwo jeden Tag in besonderer Weise für uns?

Gebet ist so geheimnisvoll und mächtig. Es ist eine Kraft, die wohl von den meisten Menschen unterschätzt wird, aber sie ist doch stärker als alles andere, die jedes Hindernis und jede physikalische Unmöglichkeit überwinden kann, letzten Endes die größte Kraft überhaupt.

Oh, Vater, lehre uns beten...

Wir zogen weiter westwärts. Es war inzwischen Frühling geworden, und wir waren immer noch unterwegs. Endlich, Ende März, kamen wir im Warthegau an, wo wir angesiedelt werden sollten. Man fragte sich nur, ob es sich lohnte, alles auszupacken, denn die Front folgte uns.

Hier wurden wir mit anderen Familien auf einem ehemals polnischen Gut untergebracht. Es war fast die gleiche Situation wie vor einigen Monaten in der Ukraine, als man den Volksdeutschen gab, was man den Ukrainern fortgenommen hatte. Hier nun waren es die Polen, die man enteignete, wenn es dem deutschen Gauleiter notwendig erschien.

„Das machen wir nicht noch einmal mit!" sagte Mutter. „Wenn sie uns einen Bauernhof geben, nehmen wir ihn nicht an!"

„Ja", pflichtete Tante Adina ihr bei, „was wäre das für ein Zeugnis unseres Glaubens? Wir nehmen ihnen nichts weg. Du hast Recht. Das kommt gar nicht in Frage!"

Man war tatsächlich dabei, die Polen weiter im Westen anzusiedeln. Und jetzt waren sie es, die mit Sack und Pack, Pferd und Wagen nach Westen zogen, in die Gegend von Warschau, wo sie praktisch von vorn anfangen mußten. Es war eine sehr waldreiche Gegend, keine Felder und Wiesen, wie sie es gewohnt waren, nur Wald, der erst urbar gemacht werden mußte.

„Nein", sagte Mutter, „wir bleiben lieber in der Baracke wohnen und arbeiten mit den Polen, die hiergeblieben sind, zusammen auf dem Gut."

Viele von denen, die mit uns gekommen waren, hatten nicht diese Skrupel. Sie waren froh, einen Bauernhof, der vorher einer polnischen Familie gehört hatte, anzunehmen, waren bald dort zu Hause und fügten sich nur allzu bereitwillig in das, was offensichtlich nicht zu ändern war.

Wir arbeiteten mit den Polen zusammen auf dem Gut. Sie taten die gleiche Arbeit wie wir, und doch wurden sie unterschiedlich behandelt. War denn Gerechtigkeit ein Fremdwort geworden?

„Stell dir vor, Tante Adina", hörte ich Lydia eines Tages sagen, „wir bekommen Butter auf unseren Lebensmittelkarten, doch sie erhalten nur Margarine! Ich mag gar keine Butter mehr essen." Wir sprachen auch mit unseren polnischen Freunden darüber, daß uns diese Ungerechtigkeit bedrückte und daß wir, wenn es möglich wäre, lieber die gleiche Behandlung wie sie erhalten würden. Es war ehrlich gemeint, und deshalb hatten wir auch bald Freunde unter ihnen.

Wir wußten von Anfang an, daß unser Aufenthalt hier im Warthegau nur von kurzer Dauer sein würde, doch ich ahnte nicht, daß er für mich bereits jetzt schon seinem Ende zuging.

Es begann damit, daß ich sowie andere Jungen meines Alters eines Tages gezwungen wurden, der Hitlerjugend beizutreten. Es bedeutete im Moment zwar nur, einmal wöchentlich zu Kriegsübungen zu gehen, doch aus Übung wurde Ernst, und es dauerte gar nicht lange, bis wir zum Ausschachten von Panzergräben herangezogen wurden, die diesem grausamen Krieg dienen sollten.

Die Reihen im deutschen Heer waren licht geworden, und man mußte sie wieder auffüllen mit neuem „Menschenmaterial", wie ich einen Leutnant sagen hörte. Was für ein schreckliches Wort.

Waren wir wirklich nicht mehr als Material, um die Ziele eines größenwahnsinnigen Diktators zu verwirklichen?

Im Moment schien es allerdings nur eine Frage des Überlebens zu sein, doch es änderte nicht viel daran, daß täglich neue Menschen geopfert wurden.

Es war eine ausweglose Situation, der völlige Zusammenbruch war unvermeidlich und nur eine Frage der Zeit. Doch man durfte solche Gedanken nicht laut sagen, denn wir waren gezwungen, mit Enthusiasmus an den „Endsieg" zu glauben. Egal, was auch die Nachrichten von der Front sein mochten, es war alles nur ein unvermeidliches Opfer und die Vorbereitung auf den Endsieg. Es war eine Ehre, für Adolf Hitler und das deutsche Vaterland zu kämpfen und wenn es sein mußte, auch das Leben hinzugeben.

„Heil Hitler!" – „Heil Hitler!" tönte es von allen Seiten.

Wo war denn das Heil? fragten sich viele Menschen. Eins war gewiß, es lag nicht bei Adolf Hitler!...

Das Heer brauchte Menschen, immer neue Menschen, und die Jahrgänge zur Einberufung wurden weiter und weiter herabgesetzt.

Und eines Tages war es dann auch soweit, daß die Reihe an die 16-jährigen Jungen kam. Darunter fiel auch ich und viele meiner Freunde. Ich konnte es mir nicht vorstellen, mit einem Gewehr in der Hand auf einen Feind loszugehen und hätte lieber jede andere Art von Arbeit verrichtet. Doch ein Gewehr mußte es sein! Und da man natürlich wissen mußte, wie man damit umzugehen hatte, war für uns zunächst eine Trainingsperiode in einem Wehrertüchtigungslager vorgesehen.

Es war mein erster Abschied von meiner Familie, die ich so liebte. Doch es konnte ja nicht allzu lange dauern, denn der Krieg mußte nach unserem Ermessen bald zu Ende sein.

Das Lager befand sich in der Nähe eines kleinen Dorfes an der Weichsel, gar nicht einmal allzu weit von unserem damaligen Wohnort entfernt. Doch für mich war es, als hätte ich eine andere Welt betreten, voller Kommandos, Haß und politischer Parolen, die sowieso kein Mensch glaubte. Wir marschierten, exerzierten, lernten, Gewehre auseinanderzunehmen, wieder zusammenzusetzen, damit zu schießen und auch zu treffen. Wir wurden militärisch und politisch geschult, lernten Ausdauer unter schwierigen Umständen und Befehlen bedingungslos zu gehorchen. Gewissen war Nebensache. Befehlen zu gehorchen war es, worauf es ankam, und wie wir sie auszuführen hatten, lernten wir hier in stundenlangem Training.

Eines Tages, nachdem wir von morgens bis abends so gedrillt worden waren, meinte ich, es nicht länger ertragen zu können.

„Gustav", sagte ich entschlossen, doch kaum hörbar zu meinem Freund, „hier bleibe ich nicht! Mir reicht's. Ich habe genug von diesem Kriegspiel und vorgetäuschtem Enthusiasmus. Ich halte es nicht mehr aus. Ich will raus! Und ich gehe, sobald sich eine Gelegenheit bietet!"

„Ich geh mit" erwiderte Gustav bestimmt. „Mir geht es genauso. Doch wie wollen wir es anstellen?"

„Ganz einfach", erklärte ich ihm. „Morgen Abend, wenn die Wachen in der Kantine sind, verschwinden wir."

Wir konnten uns auch tatsächlich, wie geplant, vom Lager entfernen, ohne daß zunächst irgend jemand unsere Abwesenheit bemerkte. Aber auch dann waren wir noch nicht sicher, da wir noch lange Gefahr liefen, von einer Patrouille angehalten und wieder zurückgebracht zu werden. Wir bewegten uns deshalb so vorsichtig wie möglich, vermieden die Straßen und erreichten endlich nach einiger Zeit, die uns wie eine Ewigkeit vorkam, den schützenden dunklen Wald.

So, das war geschafft. Jetzt galt es nur noch, die Entfernung zu unserem Dorf zu bewältigen. Wir schritten tüchtig aus, um voranzukommen, aber doch immer darauf bedacht, Geräusche wahrzunehmen, die auf eventuelle Verfolger oder andere Gefahren schließen ließen. Im Morgengrauen kamen wir zu Hause an.

Auf mein Klopfen öffnete Mutter die Tür einen Spalt, riß sie dann auf und starrte mich an.

„Arthur!!??"

Ich ließ sie gar nicht weiter fragen, schob sie ins Haus und fiel ihr um den Hals.

„Ja, Mutter, ich bin desertiert", gab ich nach der stürmischen Begrüßung halb zögernd und halb mutig zu.

„Arthur, wie konntest du das nur tun? Sie werden dich suchen kommen!" rief sie erschreckt. Aber auch sie konnte ihre Freude nicht verbergen, daß wir wieder alle zusammen waren, wenigstens für einige Tage, vielleicht eine Woche, vielleicht mehr...

„Weißt du, Mutter, wir sollten in diesen Tagen in ein anderes Lager verlegt werden, irgendwo in Posen. Ich wollte nicht mit und Gustav auch nicht. Er ist mit mir gekommen. Ja, Gustav ist auch hier..."

„Gustav ist auch hier?" rief sie fast erfreut, doch dann ernüchtert: „Sie werden euch holen kommen und bestrafen! Vielleicht bringen sie euch jetzt noch weiter weg!?"

„Ach, Mutter, denk doch nicht daran. Die Russen sind sowieso bald hier, und dann wird sich niemand mehr um uns kümmern. Sie werden dann andere Sorgen haben...

Mutter schüttelte den Kopf. Sie schien nicht recht zu wissen, ob sie sich freuen oder ängstigen sollte.

Ich hatte mir eine schöne Suppe eingebrockt, und es kam der Tag, an dem ich anfangen mußte, sie auszulöffeln.

Es dauerte immerhin mehr als zwei Monate, und es war wieder der dritte Weihnachtstag, als die Polizei unser Haus betrat. Diesmal waren es deutsche Beamte, in deutsch besetztem Gebiet, und es war das Jahr 1944.

Ich war gerade bei Tante Adina, wo wir eine nachweihnachtliche Versammlung abgehalten hatten und ahnte noch nicht, was sich da über meinem Haupt zusammenbraute.

Als ich dann spät am Abend nach Hause kam, spürte ich sofort, daß etwas nicht in Ordnung war. Mutter kam mir entgegen, und ein Blick in ihr besorgtes Gesicht ließ mich sofort vermuten, was geschehen war.

„Sie waren hier..." war alles, was sie sagte.

„Sie waren hier?"

Für einige Augenblicke schienen sämtliche Gedanken stillzustehen. Ich sah nur das Lager, Übungsplätze, Schußwaffen, Kommandos, brüllende Ausbilder und Polizisten in Wehrmachtsuniform, die mich wieder dorthin zurückbringen wollten.

„Du sollst dich morgen früh um fünf Uhr bei der Polizei melden."

„Gustav auch?"

„Ja, Gustav auch."

„Sie sagten, ihr werdet in ein anderes Wehrertüchtigungslager gebracht. Für sechs Wochen..."

Es gab keinen anderen Ausweg mehr. Es mußte sein. Der Weg führte zurück.

„Ach Mutter", tröstete ich sie, nachdem ich meine Fassung wiedergewonnen hatte, „es sind doch nur sechs Wochen. Die Zeit wird auch vergehen, und dann bin ich wieder hier."

„Ja, mein Junge", sagte sie leise, „so wird es wohl sein."

Und dann beteten wir zusammen.

Die Nacht war nur kurz, denn um halb vier mußte ich mich schon auf den Weg machen.

Es war noch dunkel, als wäre es mitten in der Nacht. Der Mond war gerade im Begriff unterzugehen und erleuchtete alles durch ein fahles Licht.

Mutter begleitete mich zum Hoftor. Sie weinte sehr, als ich sie zum letzten Mal umarmte. Doch es war schon spät, und der Weg war noch weit. Ich mußte gehen.

Es war ganz still. Der Wind rauschte leise in den Baumkronen, und selbst die matte Lichtbahn, die der Mond auf den kleinen See zeichnete, sah unbeweglich aus. Ich blickte mich noch einmal um. Dort stand Mutter und sah mir nach. Ich konnte nur noch ihre Umrisse erkennen, aber ich hörte noch, wie sie weinte. Es zerriß mir das Herz, denn ich liebte sie sehr.

Dann machte der Weg eine Biegung. Unser Haus verschwand, und ich hörte auch das Weinen nicht mehr. Hatte nicht jemand gesagt, die Erde würde Geräusche übertragen? Und in der Hoffnung, daß diese Behauptung richtig war, legte ich mich flach auf den Boden, mit dem Ohr ins Gras, ob ich nicht noch einmal meine Mutter hören konnte. Doch es war ganz ruhig...

Langsam verschwand der Mond hinter den Bäumen, und es wurde noch dunkler.

Warum weinte sie eigentlich so? fragte ich mich im Stillen. Die paar Wochen würden doch auch vergehen!

Doch sie mußte geahnt haben, daß es nicht nur sechs Wochen sein würden. Es wurden 22 Jahre daraus...

Zur festgesetzten Zeit, um fünf Uhr, meldete ich mich mit Gustav bei der Polizei.

Es warteten noch sechs andere Jungen hier, die das gleiche „Verbrechen" wie wir begangen hatten. Da saßen wir nun auf der Bank und taten so, als wenn wir überhaupt keine Angst hatten, aber es war ziemlich offensichtlich, daß niemandem letztenendes wohl in seiner Haut war. Wir waren ja immerhin Deserteure...

„Ah, da seid ihr ja endlich!" rief auf einmal ein Beamter, der gerade mit seiner Kaffeetasse aus einer der vielen Türen trat. Er schien Nachtschicht gehabt zu haben, denn er sah müde und ungnädig aus.

„Nichts als Ärger hat man mit euch!" knurrte er, als er mit seinem dampfenden Kaffee zurückkam.

Er verschwand hinter der gleichen Tür, nicht ohne uns vorher noch mit drohenden Blicken bombardiert zu haben.

Dann wurden wir hineingerufen und standen darauf drei grimmig dreinschauenden Polizisten gegenüber. Sie schienen nicht gerade in bester Laune zu sein.

„Sagt mal, was fällt euch eigentlich ein, einfach auszureißen?" fuhr uns der eine von ihnen an.

Schweigen.

„Habt ihr denn den Verstand verloren, ihr dämlichen Trottel?"

Schweigen.

„Ihr müßtet uns dankbar sein, daß wir euch aus Rußland rausgeholt haben. Wir beschützen euer Leben! Wir bringen euch heim ins Deutsche Reich! Und was tut ihr??? Ihr desertiert!!"

Schweigen. Was sollten wir auch sagen? Von seinem Standpunkt aus hatte er ja recht.

Er geriet immer mehr in Wut.

„Wißt ihr, wie man mit Deserteuren verfährt?" brüllte er. Ich bekam eine Gänsehaut. Ja, ich hatte es schon gehört.

Betretenes Schweigen.

„Ihr Feiglinge! Babies!! Aber wir werden schon Männer aus euch machen! Hier ist für jeden von euch eine Fahrkarte mit einem Begleitschreiben. Heute noch und zwar mit dem nächsten Zug fahrt ihr nach Mixstadt. Da ist ein anderes WE-Lager, wo man euch erwartet. Ihr werdet vom Bahnhof abgeholt."

Wir nickten zustimmend, denn wir wollten ihn nicht noch wütender machen.

„Aber Gnade euch Gott, wenn ihr wieder verschwindet. Wir werden jetzt telephonisch Bescheid durchgeben, daß ihr heute Nachmittag um drei Uhr dort eintreffen werdet."

Wir waren entlassen.

Der Bahnhof war nicht weit entfernt. Langsam schlenderten wir darauf zu, denn wir sollten ja den nächsten Zug nehmen. Es wurde jetzt langsam hell, und die kleine Stadt begann, lebendig zu werden. Ein anderer Alltag. Für uns war es ein Schritt ins Ungewisse, doch ich hatte keine Vorstellung davon, wie lang dieser Weg gerade für mich werden sollte.

Beim Bahnhofspersonal erkundigten wir uns nach der Abfahrtszeit unseres Zuges, doch irgendwie muß sich dabei ein Mißverständnis ergeben haben, denn unbeabsichtigt fuhren wir zunächst in die entgegengesetzte Richtung.

Um so größer war unser Erschrecken, als wir unseren Fehler bemerkten, denn wie sollten wir jetzt bis zum Nachmittag in Mixstadt sein? In Waldrode konnten wir erst aussteigen. Dann mußten wir auf den Gegenzug warten und anschließend die ganze Strecke wieder zurückfahren. Sie würden bestimmt denken, wir wären schon wieder ausgerissen.

Doch diesmal hatten wir einen ziemlichen Respekt vor den Folgen, die man uns deutlich gemacht hatte. Nein, nicht noch einmal! Wir wollten ja schließlich nicht wenige Tage vor Kriegsende erschossen werden.

Unser Ausbleiben hatte tatsächlich allerhand Aufregung verursacht. Man hatte dafür nur eine Erklärung und zwar dahingehend, daß man nicht auf uns zu warten brauchte sondern uns suchen mußte.

Als wir dann schließlich schuldbewußt im Lager eintrafen, bereitete man uns einen nicht gerade freundlichen Empfang. Wir wußten, daß wir Deserteure, Feiglinge, Trottel und Dummköpfe waren, so daß es nur eine Wiederholung der morgendlichen Strafpredigt war. Wir waren froh, daß man es dabei bewenden ließ.

Dieses Lager befand sich tief im Wald. Es war eine sehr einsame Gegend, in der wir uns weitab vom Krieg, der Front und den Flüchtlingsströmen befanden.

Es war, wie man uns gesagt hatte, ein Wehrertüchtigungslager, wo wir zum aktiven Militärdienst ausgebildet werden sollten. Mit über hundert anderen jungen Männern, die zu demselben Zweck hier waren wie wir, verbrachten wir nun wieder unsere Tage mit Marschieren, Schießübungen, dem Anlegen von Schützengräben und der Vorbereitung auf den großen Einsatz. Es war eine Welt ohne Gott, in der geflucht, gehaßt und über Leute, die an Gott glaubten, gelacht wurde. Ich war, so kam es mir wenigstens vor, der einzige Gläubige hier. Selbst Gustav fragte nicht viel nach dem Sinn des Lebens. Man lebte heute und jetzt, aß, trank, und vergnügte sich, denn morgen konnte man ja tot sein. Und die Lagerführer kannten nur einen Gott: Adolf Hitler, der durch die arische Rasse dabei war, einen Supermenschen zu schaffen.

Für Jesus Christus war hier kein Platz. Aber Er war der Herr meines Lebens, und ich dachte gar nicht daran, Ihn durch einen Götzen zu ersetzen. Es war natürlich schwierig, unter diesen Umständen mit Ihm in Verbindung zu bleiben, aber es gelang mir doch fast immer, zu Ihm zu beten und Sein Wort zu lesen – und wenn es abends unter der Bettdecke war. Zwar hatte ich keine vollständige Bibel, denn unsere zu Hause war eine große alte Familienbibel, sondern nur ein Notizheft mit Bibelversen, doch ich schöpfte gerade hier im Verborgenen viel Trost daraus.

Nachdem ich mit Gustav aus dem anderen Lager weggelaufen war, hatte ich eigentlich immer erwartet, daß man mich eines Tages abholen würde. Doch diesmal hatte ich mich vorbereitet.

Ich beschaffte mir dieses kleine Notizheft, in das ich viele Verse aus dem Alten und Neuen Testament hineinschrieb, alles Bibelstellen, die mir in Zeiten der Not Kraft spenden würden. Auch Lieder, die mich besonders beeindruckt hatten, fanden darin ihren Platz. Es enthielt nicht eine leere Seite mehr, als ich mich bei der Polizei melden mußte, und wo wirklich noch hier und da ein weißes Fleckchen war, hatte Lydia mit geschickter Hand bunte Blumen und Segenswünsche hineingemalt. Es war ein ganz besonderes kleines Büchlein, doch es gab mir mehr Kraft als die schönste ledergebundene Bibel im Goldschnitt es je vermocht hätte.

Im Januar 1945 erhielt ich von Lydia noch einmal einen Brief, wie gewöhnlich mit Bibelversen zu meiner Ermutigung und vielen Blumen, die sie in jede freie Ecke gezeichnet hatte. Es waren die neuesten Nachrichten von zu Hause:

„...Mit jedem Tag rückt die Front näher. Wir werden wohl nicht mehr lange hierbleiben können. Es soll wieder nach Westen gehen, doch wir wissen noch nicht, wohin. Viele Leute packen schon. Ach, wenn Du nur hierwärest..."

Es sollte der letzte Brief von zu Hause gewesen sein. Wenn ich doch nur jetzt dort sein könnte! Bestimmt wurde ich dort mehr gebraucht als hier, denn ich konnte dem deutschen Heer durch meine Anwesenheit doch nicht mehr zum Sieg verhelfen. Wir hörten zwar jetzt Gerüchte von einer Wunderwaffe, die in unmittelbarer Zukunft eingesetzt und dem Krieg die entscheidende Wende geben sollte, doch, so wie die Dinge jetzt an der Front lagen, konnte die Niederlage nicht mehr aufzuhalten sein, wenigstens nicht in so kurzer Zeit. Man durfte solche Gedanken natürlich nicht laut denken, und so tat jeder, als wenn er daran glaubte, was uns zu glauben befohlen war. Wer wollte denn jetzt noch als Defaist – ein Wort mit dem in diesen Tagen sehr großzügig umgegangen wurde – hingerichtet werden?

„Jungs, wir müssen an eure Sicherheit denken", sagte aber doch eines Tages der Lagerkommandant.

„Wir werden euch weiter nach Westen bringen, wo dann der Feind endgültig aufgehalten und vernichtet werden wird."

Keiner verzog eine Miene. Ob er wohl daran glaubte, was er da gerade sagte?

„Heute und morgen allerdings noch ist es eure Aufgabe, den Flüchtlingen auf dem Bahnhof behilflich zu sein. Die meisten von ihnen haben kleine Kinder und ältere Leute dabei und brauchen euch, da viele ihrer Männer an der Front sind.

Helft, wo ihr könnt und packt zu, wo es nötig ist. Ihr wißt doch, die Hitlerjugend hilft ihren Volksgenossen und macht dem Führer Ehre!"

Wir standen in Reih und Glied und riefen laut:

„Zu Befehl, Herr Leutnant!"

ie Züge kamen und fuhren ab. Wir taten, was wir konnten, halfen Koffer tragen, nahmen kleine Kinder an die Hand, trösteten sie, wenn sie ihre Mutter verloren hatten und halfen ihnen, sie wiederzufinden, reichten heißen Kaffee, öffneten und schlossen Waggontüren und halfen den Menschen, weiter „nach Westen" zu fliehen.

Ich hoffte immer, dabei vielleicht meine Familie zu sehen, aber sie mußten wohl eine andere Strecke gefahren sein.

Mit dem letzten Zug mußten auch wir das Gebiet verlassen. Es war wirklich höchste Zeit, denn wir wurden bereits beschossen. Wir hatten Angst, ganz unsoldatenhafte Angst und kauerten uns auf den Boden, wenn wir angegriffen wurden. Doch wir kamen durch. Mit voller Kraft zog die Lokomotive den langen Zug, und ohne noch einmal anzuhalten ging es der Sonne nach, die an diesem trüben Januartag früher als gewöhnlich unterzugehen schien.

Westwärts, westwärts, westwärts...

Wir verließen Posen und hielten erst, als wir bereits weit im urprünglichen Deutschen Reich waren.

Der Beschuß unseres Zuges hatte schon vor langer Zeit aufgehört, doch jetzt gab es etwas anderes, das diese Furcht ablöste.

erschiedene Male am Tage sahen wir Geschwader von Flugzeugen, die manchmal den ganzen Himmel zu bedecken schienen. Sie flogen hoch über uns hinweg, ohne von unserer Existenz Notiz zu nehmen, doch wir wußten, daß sie bald mit ihrer tödlichen Bombenlast Menschen unter Trümmern begraben, Tausende obdachlos und Kinder zu Waisen machen würden.

Wir sprachen diese Gedanken nicht laut aus, denn das könnte als Zweifel an der deutschen Kriegsführung ausgelegt werden, als Kritik am Führer oder Unglaube an die unbesiegbare deutsche Nation.

Und so schwiegen wir.

„Der Feind versucht natürlich, den Willen unseres Volkes zu brechen", hieß es.

„Aber der Wille des Volkes kann nicht gebrochen werden! Das Volk ist stark!

Der Feind wird das Unglück auf sein eigenes Haupt bringen, denn der Endsieg wird kommen, und dann werden sie die Geschlagenen sein!!"

„Heil Hitler."

„Heil Hitler!"

Und dann stimmte jemand ein Lied an, das entweder uns Mut machen oder dem Feind Angst einflößen sollte:

„Es zittern die morschen Knochen
der Welt vor dem großen Krieg.
Wir haben den Schrecken gebrochen,
denn unser ist der Sieg!
Wir werden weitermarschieren,
wenn alles in Scherben fällt,

denn heute gehört uns Deutschland
und morgen die ganze Welt!"

Der Feind jedoch schien nicht sehr von uns beeindruckt zu sein...

Hier im Lager geschah es dann, daß ich endlich einem gläubigen Bruder begegnete. Eines Abends saß ich auf meinem Bett und spielte auf meiner alten Mundharmonika ein Lied, das wir oft in unserer Versammlung gesungen hatten. Auf einmal öffnete sich leise die Tür, und ein Kamerad trat herein, den ich vorher noch nie gesehen hatte. Außer mir war sonst niemand im Raum.

„Was ist das für ein Lied?" fragte er, indem er auf mich zukam.
„Es gefällt mir."
Ich sagte es ihm.
„Bist du ein Kind Gottes?"
„Ja, du etwa auch?" fragte ich hoffnungsvoll.

Und jetzt sah ich seine Augen aufleuchten. Es dauerte alles nur Sekunden, und dann waren wir uns auch schon um den Hals gefallen. Wir hatten jeder endlich einen Bruder gefunden und waren nicht mehr allein in diesem gottlosen Lager. Es war wunderbar, wie ein Geschenk, und ich bin sicher, daß der Herr uns zusammengeführt hatte.

„Mein Name ist Jakob Aphot", sagte er. „Ich bin von Nikolai in der Ukraine. Woher bist du?"

„Ursprünglich aus Grünwald, aber das existiert schon lange nicht mehr."

Und wir erzählten uns aus unserem Leben, bis spät in die Nacht hinein...

„Gute Nacht Arthur."
„Gute Nacht Jakob."

Morgen würde ich einen Bruder haben, einen Bruder in Jesus Christus. Es war das erste Mal seit Wochen, daß ich einem neuen Tag froh entgegensah.

Jakob und ich waren noch längere Zeit zusammen, auch, als die Front wieder näherrückte und wir in tschechisches Gebiet gebracht wurden, das zur Zeit noch unter deutscher Kontrolle stand. Wir waren hier etwa 350 junge Männer, die kurz vor Abschluß der Ausbildung standen. Man spürte jedoch bereits, daß die Organisation des Reiches zerfiel und alles nur noch eine Frage von Monaten, wenn nicht sogar Wochen war.

Aber für die Lagerleitung wäre ein Zugeben der Mißstände, die für uns bereits mit unzureichender Ernährung verbunden waren, strafbar gewesen. Strenge und Disziplin waren daher an der Tagesordnung und wir wurden bewacht, als wenn wir Kriegsgefangene gewesen wären. Wir waren deshalb beinahe froh, als die Rote Armee auch hier unseren Aufenthalt unsicher machte und wir wieder verlegt werden mußten.

ei diesem Transport, der einen Teil von uns nach Jüterbog bei Berlin brachte, verlor ich jedoch Jakob aus den Augen, und erst viel später trafen wir uns wieder. Im Moment stand jeder von uns wieder allein inmitten von Haß und Unsicherheit.

Wir sollten jetzt in der Verteidigung Deutschlands eingesetzt werden, denn die sowjetische Streitmacht stand bereits an der der. Man fand es deshalb an der Zeit, daß wir anwendeten, was man uns in den Wehrertüchtigungslagern beigebracht hatte. Wir müssen wie eine Kolonne von Kindern ausgesehen haben, die in schlechter Ausrüstung dem Feind entgegenging. Es war jetzt kein Kriegsspiel mehr, es war auf einmal eine Frage auf Leben und Tod geworden. Die meisten von uns hatten Angst. Außerdem sollten wir jetzt auf Menschen schießen...

„Tötet den Feind! Vernichtet ihn!" „Wir reiben sie auf, die verfluchten Hunde!" „Vorwärts für Deutschland! Vorwärts..."

Edjik, ein Offizier und ich sind von unserer Truppe übriggeblieben.

Vorwärts für Deutschland?

Der Feind hatte u n s vernichtet...

Es gelang uns, wieder zum Ausgangslager zurückzukehren. Doch dort wurden wir einer neuen Volkssturmgruppe zugeteilt und wieder zurück an die Front gebracht. Diesmal brauchten wir nur bis nach Luckenwalde zu fahren, denn die Rote Armee war inzwischen weit vorgerückt. Sie schien durch nichts aufzuhalten zu sein. Ob der Führer wohl dachte, daß ein paar Kinder sie in die Flucht schlagen konnten?

Es war alles so sinnlos geworden. Ich hatte noch nie einen Menschen erschossen, und ich fürchtete mich davor. Ich sah in ihnen nicht den Feind, den man vernichten mußte sondern Menschen, die auch ein Zuhause hatten, eine Frau und Kinder, die auf sie warteten. Vielleicht war es sogar jemand, mit dem ich früher zusammen gespielt oder einen Gottesdienst besucht hatte...

Ein Leutnant bemerkte mein Zögern.

„Hör mal zu, Gesswein, du schießt! Verstanden?!!"

„Ich kann nicht, Herr Leutnant."

„Du kannst nicht??? Bist du vielleicht verrückt geworden???" brüllte er mich an.

„Hat man so was schon gehört! Er sagt ganz einfach, er kann nicht schießen!!"

„Herr Leutnant..."
„Gesswein, du Idiot! Du Pflaume!! Du schießt! Verstanden?"
‚Jawohl, Herr Leutnant."
„Hier", rief er einen meiner Kameraden, „nimm den Gesswein mit nach vorn, und wenn er schießt, dann knall' ihn runter! verstanden?"
„Jawohl, Herr Leutnant."
Der Soldat, der ungefähr so alt wie ich gewesen sein mußte, nahm mich mit. Wir rannten in gebückter Haltung nach vorn, während die Kugeln an uns vorbeipfiffen.
Am Ufer des kleinen Flusses warfen wir uns auf die Erde.
Ein Einschlag neben uns ließ den Boden erzittern und bedeckte uns mit Sand und Staub, so daß wir kaum sehen konnten.
‚Schieß doch", rief er, „Schieß doch irgendwo hin!"
So schoß ich denn, einmal, zweimal, dreimal. Es war ganz egal. Die Kugeln trafen die Uferböschung auf der anderen Seite...
Er sah sich um, ob der Leutnant es gesehen hatte, aber er war nicht mehr da. Er lag reglos auf dem Boden. Auf allen Vieren krochen wir hinüber. Er war tot. Nur der Sekundenzeiger auf seiner Armbanduhr, die in der Sonne blitzte, lief weiter, rund und rund und rund, als wenn nichts gewesen wäre.
„Ich hau' ab", sagte der Soldat zu mir. „Mach', was du willst." Und er ließ sein Gewehr liegen und rannte los, ohne sich noch einmal umzusehen.
Ich kniete noch neben dem toten Leutnant, der mich erschießen lassen wollte. Wem hatte er jetzt noch mit seinem Tod gedient? Der Krieg war doch verloren, und das große Deutsche Reich gab es nicht mehr...
Ich blickte auf und sah gerade noch, wie Fritz Genscher unter einem Kugelregen zusammenbrach, und dort drüben lag Paul Neumann.
Das Töten ging weiter.
Wir, die übriggeblieben waren, wurden immer wieder neu eingesetzt, bis wir am 5. Mai, drei Tage vor dem offiziellen Kriegsende, in russische Gefangenschaft kamen.
Das ganze Land war ein Chaos. Die Städte lagen in Trümmern, die Menschen hungerten, Frauen warteten auf ihre Männer, die an der Front gewesen waren, und vor dem Suchdienst des Roten Kreuzes standen schlecht gekleidete Menschen in langen Reihen und hofften, ihre Angehörigen wiederzufinden.
Auch für uns war das Lagerleben noch lange nicht zu Ende. Begleitet von russischen Soldaten, deren Maschinengewehre ständig

auf uns gerichtet waren, wurden wir von einem Ort zum andern gebracht. Und in jedem Dorf, in jeder Stadt wurde unsere Schar größer. Immer mehr Menschen, ehemalige Militärangehörige und Zivilpersonen wurden gefangengenommen und uns zugesellt. Und unsere Kolonne wurde immer länger und länger.

Zwar standen wir unter russischer Bewachung, doch das mußte nicht unbedingt bedeuten, daß wir nach außen hin geschützt waren. Im Gegenteil, wir waren in gewisser Weise Freiwild für unsere Bewacher und alle anderen, die uns nicht wohl gesonnen waren.

So geschah es dann eines Tages, als wir in Fünferreihen langsam die Straße entlanggetrieben wurden, daß wir in eine Situation kamen, die uns diese Verwundbarkeit nach allen Seiten hin deutlich zu Bewußtsein brachte.

Polen war von den Deutschen besetzt gewesen, und jetzt waren wir es, die von Panzern mit polnischer Besatzung überholt wurden. Wir hatten sie schon vorher kommen gehört und waren deshalb weiter zur Seite gegangen, um ihnen genügend Platz zu lassen. Die Straße war jetzt breit genug, um eventuell auch zwei Panzer vorbeizulassen, und sie konnten uns auch nicht übersehen haben. Auf einmal aber zerrissen Schreie die Luft. Die Gefangenen blieben stehen und wichen mit entsetzten Gesichtern zurück. Einer der Panzer hatte nach rechts gedreht und dabei die äußere Reihe der Marschkolonne erfaßt. Es ging alles so schnell. Die Schreie kamen von denen, die erstarrt zusahen, wie ihre Kameraden buchstäblich von den Ketten zerrissen wurden. Wir sahen Stoffetzen und Körperteile durch die Luft fliegen und zermalmte Gliedmaßen in den Metallteilen des Fahrzeugs. Wir waren erfüllt von Panik, Abscheu und Entsetzen.

Es hatte alles nur Sekunden gedauert. Dann drehte der Panzer wieder ab und fuhr schnurgerade die Straße weiter, ohne sich auch nur im Geringsten um uns zu kümmern...

Wir waren stehengeblieben. Viele Menschen weinten. Selbst den Russen war dieser Vorfall unangenehm, und sie schossen hinterher – natürlich ohne etwas dabei auszurichten.

Helfen konnten wir nicht mehr. Unsere Kameraden waren sofort tot gewesen. Wir konnten nur noch unsere Spaten nehmen, ein Loch schaufeln und die Teile, die wir noch finden konnten, darin begraben. Wir deckten sie mit der feuchten Erde zu. Jemand fand noch schnell ein paar Frühlingsblumen am Straßenrand und streute sie darauf. Zum Pflanzen war keine Zeit mehr, denn wir mußten weiter...

Das nächste Lager sollte für mich zunächst das letzte sein, doch ich wußte es noch nicht. Mir fiel nur auf, daß wir uns hier länger als gewöhnlich aufhielten. Wir wurden sogar mit kleinen Arbeiten beschäftigt, während wir bisher immer nur darauf gewartet hatten, daß es weiterging.

In den letzten Monaten war unsere Ernährung jedoch so schlecht geworden, daß wir nur zu sehr einfachen Tätigkeiten fähig waren. Ja, wir waren so abgemagert, daß bereits geringe Anstrengungen Schwächeanfälle hervorrufen konnten. Eine Zeitlang war es mir nicht einmal möglich, morgens von meiner Pritsche aufzustehen. Bei jedem Versuch tanzten feurige Ringe vor meinen Augen, in meinem Kopf drehte sich alles, und ich fiel erschöpft auf die Decke zurück.

Viele sind in diesen Tagen gestorben, vor allem solche, die bisher ein bequemes, sattes Leben geführt hatten. Sie hielten die Strapazen einfach nicht durch. Vielleicht lag es daran, daß ich von Anfang an nie in solchen Genuß gekommen und daher widerstandsfähiger war oder daran, daß meine Mutter und Geschwister, vielleicht sogar mein Vater für mich beteten, denn ich schaffte es, und eines Tages wurde ich mit einigen anderen Jungen, die ungefähr in meinem Alter waren, herausgerufen.

„Ihr könnt nach Hause gehen", sagte ein russischer Offizier zu uns. „Eure Armee war ja der reinste Kindergarten!"

‚Nach Hause! Konnte es eine bessere Nachricht für uns geben?"

Wie auf Wolken ging ich an den anderen vorbei. Sie freuten sich mit uns, doch blieb in ihren Augen eine große Traurigkeit, denn sie mußten bleiben.

„Alles Gute, Arthur! Bitte denk an uns, wenn du frei bist..."

„Ja, alles Gute, Franz..."

„Kannst du diesen Zettel nicht in einen Umschlag tun und an meine Frau schicken?"

„Ja, Herr Grasmeier, das will ich tun. Gott segne Sie..."

Sie waren alle älter als wir und wurden bald darauf als Kriegsgefangene nach Sibirien gebracht. Viele kamen erst nach Jahren wieder nach Deutschland zurück, viele aber überhaupt nicht.

Doch weil wir noch so jung waren, durften wir nach Hause. Nach Hause? dachte ich später ernüchtert. Ich hatte ja nirgendwo ein Zuhause, weder in Deutschland, noch in Rußland, in Polen oder anderswo...

Ich wußte ja nicht einmal, wo meine Familie war.

Einige meiner Kameraden waren in der gleichen Lage wie ich. Wir beschlossen deshalb, uns mit dem kleinen Geldbetrag, den wir bei der Entlassung erhalten hatten, eine Fahrkarte nach Berlin zu lösen und uns beim Suchdienst des Roten Kreuzes nach dem Verbleib unserer Familien zu erkundigen. Doch der Name Gesswein war auf keiner der langen Listen zu finden...

Ich war wieder einmal ganz auf mich selbst gestellt, ohne Freunde, Verwandte oder Glaubensgeschwister. Aber ich hatte den Herrn, und ich betete, daß Er mich auch jetzt führen möge. Wohin sollte ich gehen? Ich mußte essen und brauchte auch ein Dach über dem Kopf, wenn der Winter kam.

Es fügte sich denn auch, daß ich die Gelegenheit erhielt, in Mecklenburg auf einem Bauernhof zu arbeiten.

Ich war während der letzten Monate so heruntergekommen und schwach geworden, daß ich zunächst bestimmt noch keine große Hilfe bei den Erntearbeiten war, doch das Essen war so gut und reichlich, daß ich mich zusehends erholte. Ich kam wieder zu Kräften und war gerade dabei, hier etwas Fuß zu fassen und auch Freundschaften zu schließen, als eines Tages der Befehl durchkam:

„Alle Deutschen, die im Laufe des Krieges
aus Rußland ausgesiedelt wurden, haben sich
innerhalb von drei Tagen auf der Kommandantur zu melden!
Jedes Nichtbefolgen dieser Anordnung wird
mit einer zwangsweisen Deportation nach
Sibirien bestraft."

Diese Nachricht traf mich unvermutet und schien meiner gerade gewonnenen Freiheit ein rasches Ende zu bereiten.

Es konnte nur eines bedeuten: Wir sollten wieder nach Rußland zurück!

Nach Rußland zurück...? Es war nicht mehr unsere Heimat. Wir waren Deutsche, und deshalb waren wir in den Augen vieler Menschen mitschuldig daran, daß das Land verwüstet wurde. Man wollte uns doch bestimmt nicht als Mitbürger zurückhaben, ... es sei denn zu Zwangsarbeit, Lager und Gefangenschaft...

Hier im Dorf wohnte noch eine Familie von Deutschrussen. Ich lief sofort zu ihnen hinüber.

„Habt ihr es schon gehört?" rief ich schon von der Tür aus.

Ich hätte nicht zu fragen brauchen, denn ich sah die gleiche Ratlosigkeit auf ihren Gesichtern, die sich bereits meiner bemächtigt hatte.

„Es gibt keinen anderen Weg, Arthur. Wir müssen uns melden", sagte Herr Reimer, den ich Onkel Karl nennen durfte. Seine Familie war wie unsere in der Ukraine zu Hause gewesen.

„Wir können doch auch einfach hierbleiben und so tun, als wenn uns der Aufruf nichts anginge", rief ich.

„Du weißt es doch selbst", erwiderte er, „es geht nicht. Die Leute kennen uns, und jemand würde es vielleicht melden."

„Na und?" gab ich mißmutig zurück, „dann können wir ja immer noch gehen."

„Hast du denn nicht gehört, daß alle, die sich nicht innerhalb der gesetzten Frist melden, auf 25 Jahre nach Sibirien geschickt werden sollen?"

25 Jahre! Dann würde ich ja 42 Jahre alt sein, rechnete ich mir aus.

Ich war mir jetzt schon nicht mehr ganz so sicher. Ja, man kannte uns, und es gab bestimmt auch hier Leute, die sich durch eine Denunziation einen guten Namen machen wollten.

Außerdem fiel mir ein, war ja selbst der Bürgermeister hier im Dorf ein Kommunist. Er war bisher gut zu mir gewesen, aber sicher würde er es für seine Pflicht halten, meine Weigerung weiterzumelden. Pflicht war ja schließlich Pflicht, würde er dann wohl bedauernd gesagt haben, doch was sein muß, muß sein...

Ich konnte diese Nacht kaum schlafen. Was sollte ich tun? Ich betete um Führung, dachte nach und betete wieder, und als es hell zu werden begann, wußte ich, ich konnte nicht hierbleiben.

Ich ging hinüber zu Onkel Karl, diesmal nicht mehr aufgeregt und verstört sondern ruhig und gefaßt. Er schien schon auf mich gewartet zu haben. Auch Tante Amalie, die alte Frau Reimer, und die beiden Töchter, Gertrud und Ruth hatten schon alles eingepackt, was sie mitnehmen wollten.

Zusammen machten wir uns dann auf den Weg zur Meldestelle. Ich warf noch einmal einen Blick zurück. Das Dorf hier war mir inzwischen wieder so vertraut geworden. Seit wie vielen Monaten waren wir nun schon unterwegs! Immer wieder einpacken, Abschied nehmen, ins Ungewisse gehen, auspacken und dann wieder weiterziehen, immer nur mit dem Nötigsten. Es war bittere Realität: Wir hatten keine Heimat.

# 7

RUSSLAND HAT UNS WIEDER

Auf den Aufruf hin hatten sich viele Deutschrussen gemeldet. Wahrscheinlich wäre nicht einmal ein Viertel von allen gekommen, wenn die Menschen nicht Angst gehabt hätten, nach Sibirien verschleppt zu werden.

Es wurde ein großer Sammeltransport, und wir mußten wieder von einem Lager ins andere. Schließlich hörten wir in Frankfurt an der Oder, daß wir nach Krasnowodsk gebracht werden sollten. Es war nun schon das zweite Mal, daß wir „heim ins Reich" gebracht wurden. Wir selbst wurden dabei nicht gefragt. Man setzte es wahrscheinlich als selbstverständlich voraus, daß wir gern zurückkehrten. Und wenn nicht, wen kümmerte es?

Krasnowodsk! Ich hatte nicht die leiseste Ahnung, wo es lag. Man sagte uns, in Turkmenien am Kaspischen Meer...

Es war eine lange, beschwerliche Fahrt. Über einen Monat waren wir unterwegs, in einfachen Eisenbahnwaggons, in die man doppelstöckige Pritschen gestellt hatte. Es waren Männer, Frauen, Kinder, Familien und die Menschen, die ihre Familien verloren hatten.

Ich fragte mich so manches Mal: fuhr ich meinen Lieben jetzt entgegen oder noch weiter von ihnen weg?

Es schien eine endlose Bahnstrecke zu sein. Oft lag ich nachts wach und sah durch die kleine Luke in den Sternenhimmel, während die Räder mit der ihnen eigenen, eintönigen Melodie über die Schienen rumpelten: Ostwärts geh'n, ostwärts geh'n, ostwärts geh'n... Fast mit Neid beobachtete ich andere Familien, wie die von Onkel Karl, die Ulrichs oder Steffens. Es ging ihnen auch nicht besser als mir, aber sie hatten einander. Sie waren nicht so allein...

Mit uns im Waggon fuhr noch ein älterer Mann, Jakob Martens, der früher schon einmal in Turkmenien gewesen war. Er hatte, wie er uns erzählte, einige Jahre bei dem Bruder seiner verstorbenen Frau gelebt. Er allein schien auch zu wissen, wohin wir gebracht wurden und war infolgedessen der Mittelpunkt so mancher Unterhaltung.

„Erzähl' uns, Martens, wie sieht es dort aus?" fragten wir ihn. „Ist es kalt oder warm? Was für Leute leben dort? Zu welcher Arbeit wird man uns wohl einsetzen?"

„Es ist ja schon lange her, daß ich dort war", wandte er ein.

„Aber du wirst dich doch noch an vieles erinnern können", beharrten wir.

„Ja, ja", sagte er langsam, „da gibt es schon allerhand zu sagen."

Seine Gedanken schienen sich irgendwo in der russischen Weite zu verlieren, und er wußte offensichtlich nicht, wo er beginnen sollte.

„Wie sieht es dort aus?" fragten wir noch einmal.

„Ja, das läßt sich gar nicht mit einem Wort beschreiben", sagte er nachdenklich. „Turkmenien hat zwei Gesichter: Es besteht aus Wüste und Oasen."

„Hoffentlich nicht zu viele Wüsten!" warf jemand dazwischen. „Ich hasse Wüsten!"

„Lieber Freund", fuhr Jakob Martens fort, „gewöhn' dich lieber an den Gedanken. 90% des ganzen Landes besteht nämlich aus Wüste!"

„Wirklich? Wo wohnen denn die Leute?" riefen alle durcheinander. Dem Mann in der Ecke schien es die Sprache verschlagen zu haben…

„Ja, es ist die große Kara-Kum-Wüste. Es soll eine der größten Sandwüsten der Welt sein. Kara-Kum bedeutet übrigens „schwarzer Sand".

„Wie soll man denn da etwas anpflanzen?" warf Onkel Karl resigniert dazwischen. Er war sein Leben lang Bauer gewesen.

„Es geht natürlich nur durch künstliche Bewässerung, aber wenn es richtig gemacht wird, kannst du die beste Baumwolle ernten, die du dir vorstellen kannst. Es gibt viel Ackerbau am Rande der Wüste, denn die Flüsse führen genug Wasser, und das Land ist fruchtbar. Das Wasser muß nur auf die Felder geleitet werden."

„Ja, wir werden uns wohl daran gewöhnen müssen, daß es nicht die Ukraine ist", sagte Onkel Karl nach einer Weile.

„Ein alter Schäfer erzählte mir einmal eine Legende", fuhr Herr Martens fort:

„Als Gott die Welt erschuf und das Land verteilte, waren die nomadischen Turkmenen die ersten, die ein riesiges Gebiet voller Sonne erhielten. Doch als er das Wasser verteilte, waren sie die letzten. Es ist zwar nur eine alte Legende, aber sie zeigt doch den Charakter des Landes. Schlecht wäre es, wenn sie die Flüsse nicht hätten, denn damit wird man nach und nach dieses sonnige Land urbar machen."

„Gibt es denn gar keine Berge?" fragte ein junger Mann, „richtige Berge oder bewaldete Hügel?"

„Ja, im Süden gibt es schon Berge, vor allem die Kopet-Dag-Kette. Und gleich davor, am Fuß dieser Berge, erstreckt sich die große Kopet-Dag-Oase. Hier würde es selbst dir gefallen", sagte er zu Onkel Karl, „denn hier brauchtest du das Land nicht zu bewässern. Es ist das begehrteste Ackerland von ganz Turkmenien."

Und die Bergtäler des Kopet-Dag sind wahrscheinlich genau das, was du dir wünschen würdest, junger Freund", fuhr er fort.

„Während du sonst nämlich, abgesehen von den Oasen, nur Wüstenpflanzen sehen wirst, findest du hier wilde Trauben, Mandeln, Feigen und Nußbäume und an den Hängen Wacholder- und Pistazienbäume.

Ja, es ist wirklich eine schöne Gegend. Hier war es auch, wo ich selbst einige Jahre lebte. Ich war gern dort und wäre am liebsten bis an mein Lebensende geblieben. Es war zwar nicht immer ganz sicher, denn gerade in der Gegend der Kopet-Dag-Berge gab es öfter Erdbeben, die mit furchtbarer Gewalt das Land erschütterten."

„Erdbeben?" „Richtige Erdbeben?" fragten wir mit Interesse.

„Ja, im Jahre 1929 hatten wir eins, das kaum einen Stein auf dem anderen ließ..."

„Ein Glück, daß wir da nicht hinmüssen!" meinte Frau Reimer erleichtert.

„Stellt euch nur einmal vor, wenn das uns passieren sollte, dann müßten wir ja noch einmal von vorne anfangen. Nein, nein, von all den Neuanfängen haben wir jetzt wirklich genug."

„Meistens ist es ja auch nicht so schlimm," fuhr Jakob Martens zu Frau Reimer gewandt fort. Sonst sind es fast immer nur leichte Erdstöße, die man zwar wahrnimmt, die einen aber nicht weiter aufregen. Dafür ist das Land aber so schön und fruchtbar, daß man immer wieder für alle negativen Seiten entschädigt wird."

„Ich glaube, ich fahre doch lieber nach Krasnowodsk", erwiderte Frau Reimer, „du nicht auch, Karl?"

Onkel Karl schien sich nicht ganz darüber im Klaren zu sein, denn das gute Ackerland, das man im Gegensatz zu anderen Gegenden hier nicht zu bewässern brauchte, hatte natürlich für einen Bauern auch seine Reize. Ja, für eine gute Ernte nahm man vielleicht auch ein bißchen Aufregung in Kauf.

Nun, wir hatten nicht darüber zu entscheiden. Wir waren für Krasnowodsk vorgesehen.

Wir waren bereits durch die westliche Sowjetunion gefahren, durch den westlichen Teil Kasachstans, dann weiter südlich durch Usbekistan, bis wir jetzt die turkmenische Grenze passierten.

Wir fuhren weiter und weiter südwärts, immer am Amudarjafluß entlang. Das ganze Land hier an der westturkmenischen Grenze war eine solche Oase, von denen uns Jakob Martens schon erzählt hatte. Der Fluß führte genug Wasser, um die Felder ausreichend zu bewässern, und mit zunehmender Bevölkerung hatte sich auch etwas Industrie entwickelt.

In Tschardžou vereinigte sich unsere Bahnlinie mit der Zentralsibirischen Strecke, die u. a. Taschkent in Usbekistan mit Krasnowodsk am Kaspischen Meer verbindet. Wir fuhren jetzt westlich durch die Ausläufer der Kara-Kum-Wüste. Es war sehr eintönig. Sand, Sand, niedriges Buschwerk, riesige Weiden und wieder Sand. Die einzige Unterbrechung während dieser monotonen Fahrt waren die großen Herden der Karakulschafe, Rinder oder der besonderen turkmenischen Pferde.

Ab und zu sahen wir auch technische Anlagen zur Gewinnung von Erdgas, von dem, wie wir hörten, sich noch enorme Vorräte unter dem Wüstensand befinden sollten.

Nach einigen Tagen sahen wir in der Ferne die Bergkette des Kopet-Dag auftauchen. Wir fuhren jetzt wieder nördlich, zu unserer Linken die große Kopet-Dag-Oase und zur Rechten die noch wesentlich größere Kara-Kum. Die Gegend wurde bald immer bevölkerter.

„Wir fahren auf Aschchabad zu", sagte Jakob Martens. „In etwa einer Stunde müßten wir dasein".

„Wie groß ist die Stadt eigentlich" fragte Onkel Karl, den diese Oase ganz im Gegensatz zu seiner Frau sehr interessierte.

„Oh, damals hatte sie schon über 150 000 Einwohner, für die Hauptstadt eines Landes nicht gerade viel, aber schließlich ist Turkmenien ja auch nicht gerade überbevölkert".

„Was für Leute leben denn überhaupt hier?" fragte der Mann drüben in der Ecke, der sich so langsam von dem Gedanken zu erholen schien, in einem Land voller Wüsten leben zu müssen.

„Nun ja, hauptsächlich sind es natürlich Turkmenen", sagte Martens, „aber auch Russen, Usbeken, Kasachen, Tartaren, Ukrainer, Armenier, Aserbaidžaner und Kara Kalpachen".

Von einigen dieser Volksgruppen hatte ich noch nie etwas gehört. Es mußte jedenfalls ein ziemliches Völkergemisch sein mit den Turkmenen in der überwiegenden Mehrheit.

Und jetzt kam noch ein ganzer Eisenbahnzug voll deutscher Umsiedler dazu...

Wir hielten nur kurz in Aschchabad, und dann ging es weiter nach Nordwesten auf das Kaspische Meer zu.

Verglichen mit der Reise, die wir schon hinter uns hatten, schien es nur noch ein Katzensprung nach Krasnowodsk zu sein, doch es folgten noch Stunden und Stunden, die wir die Schienen entlangrollten. Zunächst immer noch in der Mitte von Kopet-Dag-Oase und Kara-Kum. Zur Linken sahen wir wieder Ansiedlungen und Felder, die gerade abgeerntet wurden und weit hinten zur Rechten nur Dürre und Sand. Als wir die Berge dann langsam hinter uns ließen und durch die westlichen Ausläufer der großen Wüste fuhren, wurde es immer einsamer und unbevölkerter. Ab und zu sahen wir zwar eine kleine Ansiedlung zwischen Korn- und Wassermelonenfeldern, sonst aber nur Schafe, Ziegen und Kamele.

Je mehr wir uns dann aber der Küste näherten, desto belebter wurde das Landschaftsbild.

„Hier, seht mal die ganzen Ölbohrtürme!" rief Hans Herder, der sich bis jetzt immer etwas zurückgehalten hatte.

Er war auf eine der Pritschen geklettert und sah fasziniert aus der kleinen Frischluftluke hinaus.

„Ja", sagte Martens. „Wir sind schon auf dem Krasnowodsker Plateau. Diese Gegend ist bekannt für Erdölgewinnung. Je näher wir nach Krasnowodsk kommen, desto mehr Raffinerien wirst du auch sehen".

„In Krasnowodsk ist wohl viel los?" fragte er. „Ich meine Industrie und so".

„Ja, ja, es ist schon eine größere Stadt. Sie hat immerhin so etwa 40 000 Einwohner. Und als Zentrum von West-Turkmenien ist schon allerhand Betrieb hier".

„Wenigstens wird es hier nicht langweilig sein", meinte Hans. „Gibt es schöne Mädchen dort?"

„Wie soll ich denn das wissen?" gab Martens achselzuckend zurück, „ich war ja noch nie da."

Dann machte der Zug eine Biegung, und wir sahen sie vor uns liegen, die Stadt Krasnowodsk, tief unter uns an einer Bucht des Kaspischen Meeres.

Alle Insassen unseres Waggons wollten jetzt gleichzeitig einen lick auf unsere neue Heimat werfen, und so mußten wir uns abwechseln. Auf die Pritsche hinauf, eine Weile hinaussehen, und dann war auch schon der nächste dran.

Es war die Gegend mit der meisten Industrie, die wir bisher in Turkmenien gesehen hatten.

Nach etwa einer halben Stunde fuhren wir unten im Bahnhof ein.

Es war inzwischen September geworden, und es war schon

ziemlich kühl. Wie gerne hätte ich jetzt eine Mütze und auch Handschuhe gehabt, aber ich hatte kein Geld und auch niemanden, von dem ich mir hätte etwas leihen können.

Mit Sack und Pack, Taschen, Bündeln und alten Pappkoffern, die durch die vielen Transporte schon so gelitten hatten, daß sie mit Stricken zugebunden waren, standen wir auf dem Bahnsteig herum. Es war zwar ein herrliches Gefühl, wieder festen Boden unter den Füßen zu haben, aber wir hatten jetzt die Sicherheit des engen Eisenbahnwaggons, in dem wir seit über einem Monat gehaust hatten, mit der Unsicherheit eines fremden Bahnsteigs vertauscht. Wir kamen uns irgendwie verloren vor, wie wir hier mit unserem ganzen Gepäck standen. Viele Leute eilten an uns vorbei, und alle schienen zu wissen, wohin sie gingen...

Endlich ertönte für uns der Aufruf, unsere Sachen zu nehmen und uns in Richtung Ausgang in Bewegung zu setzen.

Es war schon fast dunkel, als wir in einer Barackensiedlung ankamen. Sie war zum Teil schon von anderen Deutschen bewohnt, die uns aus Fenstern und Türen mit Neugier und Interesse entgegensahen. Man hatte sie schon vor vielen Jahren hier angesiedelt, wie wir bald erfuhren.

Vor Jahren schon?? fragte ich mich. Und dann lebten sie immer noch hier in solch ärmlichen Behausungen?

Diese Feststellung war ziemlich enttäuschend. Ich hatte ja keine großen Pläne für mein Leben, aber das hier??... Im Moment jedoch gab ich solchen Gedanken nicht allzu viel Raum, denn das Nächstliegende war, es sich hier, so gut es ging, häuslich einzurichten. Und wir waren ja auch froh, daß wir nicht mehr unterwegs sein mußten.

So hatte denn auch ich meinen Platz in einer der vielen Barakken, die man aus Lehmziegeln errichtet hatte. Sie sahen alle gleich aus, unauffällig, nichtssagend und kahl. Ich gehörte nach Nummer 24, zusammen mit vielen anderen, die mit uns gereist waren.

Es sollte zunächst mein Zuhause sein.

Am nächsten Tag mußten wir uns zur Arbeit melden. Wir sollten beim Straßenbau, in chemischen Fabriken oder in der Fischverarbeitungsindustrie eingesetzt werden.

Ich dachte an Onkel Karl, der so gerne in der Kopet-Dag-Oase gewohnt hätte. Wie ich ihn kannte, hätte er selbst hier lieber das Land bewässert, als jetzt dafür gesorgt, daß Millionen von Fischen in Büchsen die Fabrik verließen.

Ich selbst arbeitete mit anderen jungen Männern daran, Straßen zu bauen und schadhafte Stellen zu reparieren.

Von dem ersten Gehalt, das wir Ende September erhielten, war ich dann auch in der Lage, mir eine Mütze, Handschuhe und einen warmen Schal zu kaufen, denn es wurde schon recht kalt.

„Das ist noch gar nichts," sagte Leo Kasper, ein anderer Deutscher, der schon einige Jahre hierwar. „Es wird noch viel kälter!"

„Ich dachte, Turkmenien hätte ein wärmeres Klima, mit all den Wüsten..." gab ich entmutigt zurück.

„Hat es auch, hat es auch," erwiderte Leo, „aber nur im Sommer. Dann ist es selten kühler als 35° im Schatten."

Ich hörte mich stöhnen. „Wer kann denn das aushalten, zumal man sicher dabei noch arbeiten muß!"

„Oh, alle hier. Wir sind noch froh, daß wir nicht in der südlichen Kara-Kum leben, wo es oft 50° im Schatten sind..."

„Und du meinst, es wird noch viel kälter als es jetzt schon ist?"

„Ja, im Winter, wenn die arktischen Luftströmungen herüberkommen, haben wir genau das Gegenteil. Du brauchst auch eine wärmere Jacke."

Ich sah an meiner Kleidung herunter. Sie war dünn und abgetragen.

„Hier geht es ja noch," fuhr Leo fort. „In Kuschka zum Beispiel, der südlichsten Stadt des Landes, fällt die Temperatur manchmal bis auf minus 33°.

Nun, in Krasnowodsk war es nicht ganz so schlimm, doch es wurde auch hier kalt genug, daß ich keine Kopeke unnötig ausgeben durfte, denn ich brauchte dringend warme Kleidung.

Die Monate gingen dahin. Bald war ich auch nicht mehr allein, denn ich fand Brüder und Schwestern im Herrn. Wir waren zuerst nur etwa sechs oder sieben Gläubige, doch es war herrlich, wieder ein Gefühl der Zugehörigkeit zu besitzen. Es war zwar nicht meine Familie, aber die Liebe unter Glaubensgeschwistern ist oft genauso stark wie Bande von Fleisch und Blut.

Es war zwar nicht erlaubt, sich zum Gottesdienst oder Gebet zu versammeln, aber wir taten es heimlich. Sonntags brauchten wir nicht zu arbeiten, und wenn die Sonne schon höher am Himmel stand und die Kälte der Nacht verschwunden war, gingen wir in kleinen Gruppen zu zweit, zu dritt oder einzeln in die Berge. An einer bestimmten Stelle, die windgeschützt und meist sonnig war, trafen wir uns wieder und hielten unseren Gottesdienst. Wir saßen im Kreise zusammen, lasen das Wort, beteten, erzählten uns, was wir in der vergangenen Woche mit Jesus erlebt hatten und sangen unsere alten Lieder, die Fritz Brettschneider meist auf seiner Mandoline begleitete. Es war ganz still und einsam hier. Wir begegneten nie einem anderen Menschen aus der Stadt. Die einzigen Lebewesen, die wir hier oben sahen, waren Bergziegen, Hasen und ab und zu ein Stachelschwein.

Es waren unvergeßliche Stunden.

Mit der Zeit schlossen sich uns auch verschiedene Leute aus dem Lager an, und unsere Gemeinde wuchs.

Eines Tages hörten wir von einer Gruppe deutscher Mädchen, die während des Krieges hier angesiedelt worden waren. Man hatte sie aus verschiedenen Teilen Rußlands hierher nach Krasnowodsk gebracht, wo sie schwere körperliche Arbeit verrichten mußten.

Als wir von ihrer Existenz erfuhren und auch davon, daß sie noch nie etwas von Gott gehört hatten, gingen wir sie eines Tages in ihrem Teil des Lagers besuchen. Sie führten, wie wir bald feststellen konnten, ein hartes, freudloses Leben und waren offensichtlich froh, daß wir gekommen waren. Nach der ersten allgemeinen Konversation hörten wir von ihren Schicksalen, wie auch sie ihre Familien verloren hatten, von einem Ort zum anderen gebracht wurden und schließlich hier in diesem Teil Turkmeniens zur Arbeit eingesetzt worden waren. Viele fragten nach dem Sinn ihres Lebens in dieser Trostlosigkeit, und viele zeigten auch großes Interesse am Wort Gottes. Bis jetzt hatte sich noch niemand gefunden, der ihnen eine Bibel beschaffen konnte oder ihnen von Jesus erzählt hätte.

Ja, sie waren hungrig und durstig, und niemand war bis jetzt in der Lage gewesen, diesen Hunger zu stillen.

Ich mußte unwillkürlich an den Propheten Amos denken, der schrieb:

„Siehe, es kommen Tage, spricht Gott, der Herr,
da ich einen Hunger senden werde ins Land, nicht
einen Hunger nach Brot, noch einen Durst nach
Wasser sondern danach, das Wort des Herrn zu hören;
da wird man hin und her wanken von einem Meer zum
andern und herumziehen von Norden bis zum Osten,
um das Wort des Herrn zu suchen und wird es doch nicht
finden." Amos 8, 11–12. Ob Amos damit wohl Rußland gemeint hatte? fragte ich mich.

Wie dem auch war, hier jedenfalls fanden wir einen solchen Hunger nach dem Wort Gottes und eine große Bereitschaft, Jesus als Erlöser anzunehmen. Viele dieser Mädchen wurden gläubig und ließen keine unserer Gemeindeversammlungen aus, denn sie wollten weiter in ihrem neugefundenen Glauben wachsen. Und obwohl sich äußerlich nichts an ihrem schweren Leben geändert hatte, waren sie doch jetzt, für alle sichtbar, mit einer großen inneren Freude erfüllt, und ihr Leben war nicht mehr hoffnungslos.

Eines Tages, im März des Jahres 1947, nur sechs Monate, nachdem wir hier angekommen waren, hörten wir von einem Umsiedlertransport, der nach Aschchabad zusammengestellt wurde. Es sollte zwar freiwillig sein, doch als die festgesetzte Anzahl nicht zusammenkam, wurde der Rest gezwungen, hier wieder alles einzupacken, um in Aschchabad einen letzten Neuanfang zu machen.

Ich hatte mich freiwillig gemeldet, einerseits, weil viele meiner neuen Glaubensgeschwister im Transport waren und außerdem Olga, eine junge Frau, für die ich mich in besonderer Weise zu interessieren begonnen hatte.

So fuhren wir denn die 500 km wieder zurück in die Kopet-Dag-Oase, deren wirtschaftliches und kulturelles Zentrum Aschchabad ist, die Hauptstadt des Landes.

Es war genau wieder so wie bei unserer Ankunft in Krasnowodsk: Koffer, Bündel, Taschen, Pappkartons, Herumstehen, Weitergehen, Warten, Weitergehen...

Diesmal war ich jedoch nicht so allein, denn mit uns waren viele meiner Glaubensgeschwister und schließlich Olga.

Vom Bahnhof aus wurden wir mit Lastwagen durch die Stadt gefahren, immer weiter, bis wir selbst die Vororte hinter uns ließen. Endlich, ganz am Rande der Stadt, sahen wir wieder eine große Barackensiedlung. Die Gebäude bestanden aus unverputzten grauen Mauersteinen, eintönig und eins wie das andere, ohne Baum oder Strauch weit und breit. Es war offensichtlich nur an Zweckmäßigkeit gedacht worden und nicht im Entferntesten daran, daß auch Arbeiter Individuen waren mit Wünschen, Hoffnungen und dem Bedürfnis einer privaten Sphäre, in der man sich von den Mühen des Tages erholen konnte. Ganz im Gegenteil! Wir waren hier zum Arbeiten und wurden abends mit 25 Mann in einer Baracke zusammengepfercht.

In Olgas Raum waren sogar 30 Frauen untergebracht!

Nur wer verheiratet war, durfte mit seiner Frau einen extra Raum bewohnen.

Ich werde hier wohl nicht mehr sehr lange ledig bleiben, dachte ich, und ich wußte, Olga hoffte das Gleiche.

Wir heirateten denn auch einige Wochen später, denn wir waren uns inzwischen darüber klargeworden, daß wir füreinander bestimmt waren.

Unsere Siedlung lag in der Nähe einer großen Ziegelei, der wir als Arbeitskräfte zugeteilt waren. Von Freiheit der Entscheidung war hier nie die Rede und es wurde nicht nach persönlichen Fähigkeiten oder gesundheitlichen Umständen gefragt.

Wie wir bald feststellten, arbeiteten hier kaum Menschen, die in Freiheit waren, sondern fast nur Zwangsarbeiter, Deportierte und wir Volksdeutschen.

Ich wurde als Schlosser eingesetzt, einer Arbeit, die mich interessierte und die auch nicht sehr schwer war, doch die meisten der anderen hatten es schlechter angetroffen.

Eine Ziegelei ist ja, wenn die nötigen Maschinen fehlen, mit schwerer körperlicher Arbeit verbunden. Da ist zunächst das Grundmaterial mit Schaufeln zu mischen, dann muß die Masse in Formen gepreßt werden, dann folgt der Backprozeß in großen Öfen, und schließlich werden die fertigen Ziegel draußen zum Trocknen aufgestapelt.

Es ist eine anstrengende Arbeit, wenn alles mit der Hand gemacht wird, und die Steine, die hier gebrannt wurden, hatten zudem noch ein besonders großes Format.

Wie oft tat mir Olga leid, die nicht gerade eine besonders kräftige Statur besaß, wenn ich sah, wie sie mühsam die schweren Ziegel von der Schubkarre hob, sie zum Trockenstapel schleppte, sie daraufsetzte und wieder zurückging, um neue zu holen. Stundenlang, tagelang, monatelang...

Im Frühjahr ging es ja noch, aber dann wurde es Sommer, und damit kam auch die große Hitze, von der mir Leo in Krasnowodsk schon erzählt hatte. Es wurde heißer und immer heißer, und bald kam dann die Zeit, in der wir 46° im Schatten hatten.

Die Arbeit ging weiter, denn das tägliche Soll mußte erfüllt werden. Es war schlimmer als ein kalter Winter, denn gegen Kälte konnte man sich schützen, aber diesem Klima waren wir wehrlos ausgeliefert. Sogar nachts konnte man oft stundenlang nicht schlafen, denn die schwüle Hitze hing in den Baracken wie in einem Backofen. Sie wich erst in den frühen Morgenstunden, doch dann mußten wir uns schon wieder bereitmachen für einen neuen Arbeitstag.

Oft war es so unerträglich, daß wir uns zum Schlafengehen in feuchte Decken wickelten, um etwas abzukühlen und gleichzeitig den Angriffen der Moskitos zu entgehen.

Es waren schwere Monate, zumal auch noch das Wasser knapp wurde. Man stelle sich vor: dieses Klima, wenig Wasser und die gleiche Arbeitsleistung wie sonst!

Es war sehr ungewohnt für uns, und viele starben.

Doch Gott bewahrte uns auch hier und half uns sicher durch diese Zeit hindurch. Wir sprachen jetzt oft über das alte Volk Israel. Auch sie hatten die Wüste kennengelernt, als sie von Ägypten nach Kanaan zogen. Der Herr hatte sie immer wieder geführt, 40 Jahre lang, bis sie schließlich das Ziel erreichten.

Ob es für uns auch ein Kanaan gab, ein Gelobtes Land?

Wir hatten inzwischen schon so oft die Liebe Gottes an uns erfahren, daß wir keinen Zweifel daran hatten, wir waren immer und überall in Seiner Hand. Und wenn dieses Kanaan für uns in physischer Form vielleicht nie Wirklichkeit werden würde, so hatte Er uns doch aus der Wildnis zum Frieden mit Ihm geführt.

Er war unser Sieg, unsere Kraft und unsere Zukunft, und Er war alles, was wir brauchten, in allen Zeiten und in allen Umständen. Es war, als hätte der Apostel Paulus direkt zu mir und Olga gesprochen als er sagte:

,,Denn in Ihm wohnt die ganze Fülle
der Gottheit leibhaftig; und ihr habt alles völlig
in Ihm, welcher das Haupt jeder Herrschaft
und Gewalt ist." Kolosser 2, 9–10

Ja, unser Friede mit Gott und die Ruhe, die wir in unserem Glauben gefunden hatten, war unser Kanaan geworden.

# 8

## OLGA ERZÄHLT

Aschchabad war jetzt unsere neue Heimat. Vielleicht gerade deshalb, weil es unser gemeinsames Schicksal war, verband uns ein besonderes Band der Liebe mit unseren Glaubensgeschwistern.

Jeder hatte seine eigene Geschichte, die ihn mit der Vergangenheit verknüpfte, die ihn geformt und die Voraussetzungen für seinen ganz persönlichen Neuanfang geschaffen hatte. Am erstaunlichsten war jedoch Olgas Leben gewesen, bevor ich sie kennengelernt hatte. Es war ein Leben voller Tragik und Leid, dessen Dunkelheit aber immer wieder von der Liebe Gottes hell erleuchtet wurde.

Der Herr hatte sich ihr oft in so wunderbarer Weise offenbart, daß Ungläubige mißtrauisch den Kopf schüttelten – denn sie weigerten sich anzunehmen, was nicht ihrer vorgefaßten Meinung entsprach – daß Zweifelnde zum Glauben kamen und die, die Ihn bereits kannten, mit Olga zusammen dankten, Anbetung in ihren Herzen.

Ich möchte deshalb nur ihre Geschichte wiedergeben, weil sie in ganz besonderer Weise von allen anderen abweicht.

Hier ist es, was sie mir erzählte:

In unserer Familie wurde nicht viel über Gott gesprochen. Niemand war direkt gegen Ihn, aber auch keiner in besonderer Weise für Ihn. Wahrscheinlich machte der eine oder andere sich manchmal Gedanken über Seine eventuelle Existenz, aber vergaß es dann wieder und wandte sich anderen Dingen zu.

Als ich dann 18 Jahre alt war, mußte ich von zu Hause fort und wurde zur Arbeit in einem sehr waldreichen Gebiet eingesetzt. Hier hatte ich mit noch fünf anderen Mädchen in einem Lager für Waldarbeiter die Küchenarbeiten zu erledigen.

Es war Winter und wie ich mich noch erinnere, sehr kalt. Da ich für diese Jahreszeit keine ausreichende Kleidung besaß, blieb es nicht aus, daß ich mich erkältete und sehr krank wurde. Einen Arzt gab es hier nicht, und niemand fand sich bereit, einen zu holen, denn bis zur nächsten Ortschaft war es weit, und unser Lager befand sich mitten in der Wildnis. Da wir tagsüber arbeiten mußten, hätte es bedeutet, nachts kilometerweit in der Dunkelheit zu laufen, und deshalb fühlte sich niemand angesprochen, diesen Dienst für mich zu tun. Jeder ging wie gewohnt seiner Arbeit nach, und einige hofften sogar, daß es mir bald besser ginge.

Ich blieb auf meiner Pritsche zurück. Wie allein fühlte ich mich! Meine Eltern waren 150 km entfernt, und Menschen, die mir wirklich nahestanden, hatte ich hier nicht. Und in dieser Situation, als mir bewußt wurde, wie allein ich war, wie absolut verloren und hoffnungslos, erinnerte ich mich daran, daß ich früher einmal etwas über die Liebe Gottes gehört hatte. Ich war ja schließlich auch konfirmiert worden! Doch nach diesem Ereignis, das eigentlich die Taufe, die ich als kleines Kind empfangen hatte, durch meinen eigenen Willen bestätigen sollte, entfernte ich mich immer weiter von Gott.

Ja, ich bemühte mich fast, alles, was ich im Konfirmandenunterricht gelernt hatte, als unnötigen Ballast zu vergessen, denn ich wollte das Leben so verbringen, wie es *mir* gefiel. Was brauchte ich dazu einen Katechismus! Er konnte sich höchstens als hinderlich erweisen... Als ich hier nun so hilflos lag, dachte ich nach. Wie kommt es wohl, daß Menschen, wenn es ihnen schlecht geht, sich an Gott erinnern? Es würde doch bedeuten, daß man die ganze Zeit über gewußt hatte, was die Wahrheit war, es aber nicht wahrhaben *wollte*. Das Wort „wollte" kam mir dabei besonders zum Bewußtsein. Viele Menschen sagen, sie *können* nicht glauben, aber im Grunde ist es doch so, daß sie nicht glauben *wollen*...

Aus meiner Kindheit und aus dem Unterricht wußte ich noch, daß Jesus hier auf der Erde gelebt und dabei viele Kranke geheilt hatte. Ach ja, dachte ich seufzend, das war damals, da brauchte man nur zu Jesus zu gehen, oder man wurde getragen, und Er machte einen gesund. Ach, wenn Er doch auch heute kommen und Seine Hand auf meine Brust legen würde! Dann wäre ich gesund und könnte aufstehen.

Und schließlich, in meiner bodenlosen Einsamkeit und in meinem Elend faltete ich meine Hände und betete ein Vaterunser. Andere Worte fielen mir nicht ein...

Gott aber hatte meine Verzweiflung gesehen, und Er muß auch Verständnis für meine Unvollkommenheit gehabt haben. Ich hatte sie in meinem Herzen eingestanden, aber ich wußte noch keinen Weg, wie ich mich hätte davon befreien sollen.

Gott ist Liebe. Liebe, Gnade und Verständnis. Das habe ich an diesem Tage an meinem Leibe erfahren. Denn obwohl ich es keinesfalls verdient hatte, ging es mir von Stunde zu Stunde besser, und am nächsten Morgen fühlte ich mich vollkommen gesund. Ja, ich war über Nacht so kräftig geworden, daß ich ohne Mühe aufstehen und den anderen zur Arbeit folgen konnte.

Als ich näherkam, sahen mich die anderen Mädchen entgeistert an.

„Was machst du denn hier?" schrie Ženja mich vorwurfsvoll an. Sie brüstete sich bei jeder Gelegenheit damit, Atheistin zu sein. „Du bist doch todkrank! Was fällt dir denn ein, so einfach aufzustehen und hier herumzulaufen?"

ie anderen stimmten ihr zu.

„Was ist denn mit dir los?"

„Du willst dir wohl den Tod holen?"

„Nein", sagte ich schlicht, „ich bin gesund".

Sie starrten mich an, als wenn ich gerade übergeschnappt wäre.

„Du spinnst wohl!" war alles, was Ženja sagen konnte.

„Nein," sagte ich noch einmal, „ich bin gesund. Der Jesus, von dem du immer sagst, daß es Ihn gar nicht gibt, hat mich gesund gemacht."

Die Mädchen umringten mich und wollten jetzt ganz genau wissen, was geschehen war. Selbst Ženja hatte es die Sprache verschlagen, denn hier stand ich als sichtbarer, lebendiger Beweis dafür, was sie bis jetzt immer abgestritten hatte. Sie machte ein Gesicht, als wenn sie nicht genau wußte, ob sie sich mit mir freuen oder sich ärgern sollte.

Ich wünschte heute, ich hätte damals mehr über Gott gewußt, denn einige meiner Kolleginnen waren auf einmal an Glaubensdingen interessiert. Sie stellten Fragen, die ich selber gerne beantwortet gehabt hätte und kamen schließlich zu dem Schluß: Vielleicht war es doch nicht so, wie es Ženja oder andere immer behauptet hatten... Vielleicht existierte Gott wirklich...

Von dieser Frage hing unendlich viel ab...

Ja, ich hätte selber gern mehr erfahren. Doch ich kannte niemanden, den ich hätte fragen können, und selbst, wenn mir jemand eine Bibel gegeben hätte, hätte ich nichts damit anfangen können, denn ich konnte nicht lesen.

Eine Weile lang beschäftigte ich mich noch damit, doch als ich von nirgendwo eine Antwort erhielt, gab ich schließlich auf und lebte mein altes Leben weiter.

Bald darauf lernte ich Mitja kennen. Es war Liebe auf den ersten Blick, und wir heirateten in einigen Monaten. Es wäre gut gewesen, wenn ich noch einen „zweiten", nüchternen Blick auf ihn geworfen hätte, denn ich sollte von seinem wirklichen Charakter sehr enttäuscht werden.

Er war wie Ženja ein überzeugter Atheist und haßte alle Menschen, die an Gott glaubten und überhaupt alles, was ihn an dieses Thema erinnerte. Ich selbst war zwar in meinem Glauben noch keinen Schritt weitergekommen, aber zumindest war ich von der Existenz Gottes und Seinem persönlichen Interesse an mir überzeugt. Ich hatte so eine Art Glauben, aber ich verstand ihn noch nicht.

Da ich das bißchen, was ich verstehen konnte, jedoch vor Mitja verteidigte, dauerte es nicht lange, bis er mich zu hassen begann.

„Ach, Olga, hör doch mit dem religiösen Unsinn auf!"

„Es ist kein Unsinn! Es ist wahr, so viel weiß ich, obwohl mir viele Sachen noch nicht klar sind!"

„Olga, du bist verrückt! Du ruinierst unser Leben. Wenn du gläubig bist, kann ich dich nicht ausstehen!!"

So blieb ich oft still, um Streit zu vermeiden, doch Mitja ließ keine Gelegenheit aus, um mich auf meinen Irrtum in sarkastischen Worten hinzuweisen oder mich vor anderen lächerlich zu machen.

Sieben Jahre gingen so ins Land. Unsere Ehe war eine Hölle für mich. Liebe schien für Mitja ein Fremdwort zu sein. Er liebte außer sich selbst niemanden und am allerwenigsten mich.

Ich wurde sehr mutlos, denn ich hatte es mir anders vorgestellt, verheiratet zu sein. Oft träumte ich von einem glücklichen Leben, Frieden in der Familie und gegenseitiger Liebe, doch diese Begriffe existierten für mich nur in meinen Gedanken.

Ich sehnte mich auch nach Frieden in meinem eigenen Herzen. Jesus Christus war eine Person, darüber hatte ich keinen Zweifel, doch wo war Er jetzt? War Er wirklich von den Toten auferstanden? Konnten wir damit rechnen, daß Er wiederkommen würde?

Ich fragte andere Leute danach, doch niemand konnte mir eine Antwort geben, denn sie wußten es selber nicht.

Wie konnte eine Angelegenheit von so enormer Wichtigkeit so wenig bekannt sein? fragte ich mich. Es war eine Frage von absolut entscheidender Bedeutung, und ich *mußte* herausfinden, was die Wahrheit war!

Eines Tages lernte ich eine Frau kennen, von der man mir gesagt hatte, daß sie gläubig war.

„Ich habe gehört, Sie sind gläubig", sagte ich leise zu ihr. „Können Sie mir etwas darüber erzählen?"

Zuerst sah sie mich mißtrauisch an. War ich vielleicht eine Informantin, die herausfinden wollte, ob sie heimlich zu Versammlungen ging?

Als sie aber bemerkte, welch ernstes Anliegen es mir war, änderte sich ihr Verhalten mir gegenüber.

„Möchten Sie ernstlich etwas über Gott erfahren?" fragte sie.

„Oh, ja", antwortete ich. „Sie glauben gar nicht, wie ich auf jemanden gewartet habe, der mir etwas über Ihn erzählen könnte!"

„Dann beten Sie am besten zuerst aufrichtig darum", sagte sie, „Gott wird Ihnen dann den Weg zeigen."

Sie schien mir immer noch nicht ganz zu trauen.

„Ich habe schon alle Gebete gesagt, die ich noch von zu Hause kenne," sagte ich, „aber es hilft mir nicht weiter. Ich muß mit jemandem sprechen, der Jesus kennt."

Ich ließ mich nicht abweisen, und die Frau schien die Dringlichkeit zu spüren, mit der ich nach der Wahrheit suchte.

„Kommen Sie mich morgen zu Hause besuchen", sagte sie nach einer Weile, und sie gab mir ihre Adresse.

Ich hütete die Anschrift wie einen Schatz und erzählte niemandem davon, vor allem natürlich nicht Mitja, denn er hätte alles getan, um mich von diesem Besuch abzuhalten.

Es gelang mir auch, am nächsten Tage unbemerkt zum Hause meiner neuen Bekannten zu gelangen.

Nach einer kurzen allgemeinen Unterhaltung fragte sie mich:

„Möchten Sie das Evangelium hören?"

„Was ist das?" gab ich verwundert zurück, denn ich wollte etwas von Jesus hören und kein Evangelium.

„Hier", sagte sie, „passen Sie auf, was ich Ihnen jetzt vorlesen werde."

Sie nahm ein kleines Buch und fing an zu lesen. Doch es war in russisch und ich verstand so gut wie gar nichts.

Als sie mein Problem bemerkte, lächelte sie und legte das Buch wieder auf den Tisch.

„Ich glaube, es ist doch besser, wenn ich Ihnen *erzähle*, was ich weiß", sagte sie.

Ich blieb fast eine ganze Stunde da, doch als ich nach Hause ging, war ich noch hungriger nach dem Wort Gottes als vorher.

Manja[7], so hieß meine neue Bekannte, hatte mir von einer deutschen Glaubensschwester erzählt, die auch ihre Versammlungen besuchte. Sie wollte uns beide zusammenbringen, und dann könnte ich mit Sicherheit alles erfahren, wonach ich so suchte.

Der Tag kam viel zu langsam, doch endlich machte ich mich wieder auf den Weg zu Manjas Haus.

Nachdem wir uns hier eine Weile unterhalten hatten, klopfte es an die Tür, und die deutsche Glaubensschwester trat ein.

Bevor sie mir noch als Line vorgestellt werden konnte, war ich der fremden Frau auch schon um den Hals gefallen und drückte sie an mich. Hier schien die Antwort zu allen meinen Fragen, meiner Unsicherheit und meiner Verzweiflung zu sein.

Line hatte wohl eine solche Begrüßung nicht erwartet, doch sie begriff offensichtlich, was in mir vorging.

„Haben Sie ein Buch von Jesus?" kam ich gleich zur Sache.

„Ja, ich habe ein Testament", sagte sie.

„Nein, ich will kein Testament!" rief ich, „ich möchte ein Buch über Jesus!"

„Hier ist ein Neues Testament", erklärte sie mir darauf. „Hier steht alles über Jesus drin".

Es war wundervoll. Line war Gottes Antwort auf mein Gebet, was eigentlich mehr der Schrei meines Herzens war, denn ich konnte außer ein paar gelernten Versen nicht einmal richtig beten.

Als wir dann zum Gebet niederknieten, hörte ich zum ersten Mal, wie zwei gläubige Menschen mit Gott redeten. Es war, als prächen sie mit ihrem himmlischen Vater, so als wäre Er hier mitten unter uns...

Wie auf Wolken ging ich nach Hause. Jesus war Wirklichkeit! Er lebte. Er war auferstanden. Er lebte heute, und Er würde wiederkommen! Ich hatte Ihm mein Leben übergeben, und Er war jetzt auch mein Heiland.

Ich hatte noch so viel zu lernen...

Am kommenden Sonntag war Ostern. Ich wollte es nicht versäumen, zur Versammlung zu gehen, denn an diesem Tage wollten wir in besonderer Weise der Auferstehung des Herrn gedenken.

Es gelang mir auch wieder, nachdem ich alles für Mitja zurechtgemacht hatte, unbemerkt aus dem Haus zu schlüpfen und auf Umwegen zu der angegebenen Adresse zu gehen. Ich mußte vorsichtig sein, um keinen Verdacht zu erregen, denn die Verfolgung von Gläubigen war groß.

Wir waren nur sechs Personen hier, doch es war eine wunderbare Erfahrung. Es war ein richtiger Gottesdienst, und ich spürte die Liebe Jesu Christi in lebendiger Weise in uns und um uns.

Ein neues Leben hatte für mich begonnen, ein Leben mit Christus, der mir einen neuen Anfang gab und mit meinen Glaubensgeschwistern hier eine neue Familie, in der ich geliebt wurde.

Was für ein Unterschied war es doch zu meinem eigenen Heim, in das ich schon nach so kurzer Zeit wieder zurückkehren mußte!

Zum Abschied gab mir Line noch ein kleines deutsches Testament und ein Gesangbuch.

„Lies darin, so oft du kannst", sagte sie, „und du wirst immer mehr verstehen. Du wirst lernen, wie wunderbar der Herr ist und auch Kraft finden für dein tägliches Leben."

Ich dankte ihr mit Tränen der Freude, doch daß ich es lesen sollte, war leichter gesagt als getan. Ich hatte nie die Gelegenheit gehabt, eine Schule zu besuchen und kannte daher kaum einen Buchstaben!

Trotzdem war ich überwältigt von dem Gedanken, endlich das Wort Gottes nach Hause zu tragen.

Mitja war an diesem Abend nicht da. Er saß wie gewöhnlich mit den Männern der Nachbarschaft in der Gastwirtschaft am Ende der Straße, trank, redete viel und glaubte, sich wunderbar zu unterhalten. Oft blieb er bis in die frühen Morgenstunden. Nachdem ich unsere kleine Tochter Sophie zu Bett gebracht hatte, nahm ich wieder das kleine Testament in die Hand, drückte es an meine Brust und küßte es von allen Seiten. Wenn ich es doch nur lesen könnte! Hier hatte ich die Antworten auf alle meine Fragen, hierin lag die Lösung selbst zu meinen Problemen, und ich konnte sie doch nicht erfassen!

Ich kniete nieder, immer noch das Buch in meinen Händen und betete, wie ich es jetzt gelernt hatte. Ich redete mit meinem himmlischen Vater und schüttete mein ganzes verzweifeltes Herz vor Ihm aus.

„Vater, sieh, hier habe ich Dein Wort. Ich möchte es so gerne lesen, aber Du weißt, ich kann es nicht.

Ich *muß* aber wissen, was darin steht! Ich muß, ich muß..."
Und ich weinte vor dem Herrn.

„Jesus, Du weißt, ich kann von Menschen nicht lernen...
Nur Du kannst mich lehren. Bitte, bitte, lehre mich doch!"

Ob Er mich wohl gehört hatte? Ich sah auf das Buch und öffnete es, doch die Schrift darin war genauso mysteriös wie zuvor.

Voller Hoffnung, daß der Herr mein Gebet doch noch irgendwie erhören würde, schlief ich ein. Das Neue Testament hatte ich unter mein Kopfkissen gelegt...

Auf einmal aber, ich wußte nicht, ob ich wachte oder träumte, sah ich jemanden mit einer großen Bibel ins Zimmer treten. Es muß ein Engel gewesen sein, denn es war alles so unwirklich und wunderbar. Und er begann, mir die Buchstaben zu zeigen und ihre Bedeutung zu erklären.

Nachdem ich mich von meinem Schrecken und dem Wunder, das sich da vor meinen Augen abspielte, erholt hatte, sprang ich auf, nahm das kleine Testament und versuchte, wo ich es gerade aufgeschlagen hatte, einzelne Worte zu lesen. Ich hatte Schwierigkeiten damit und machte immer wieder Fehler, doch der Engel erklärte mir mit Geduld, wie ich es richtig lesen und aussprechen mußte.

Dann war er auf einmal nicht mehr da.

Ich fiel auf meine Knie und dankte dem Herrn mit unbeschreiblicher Freude, daß Er mich gelehrt hatte, ein paar Worte zu lesen.

Es war so überwältigend für mich, daß ich es kaum ertragen konnte.

Nachdem ich die Worte wieder und wieder gelesen hatte, legte ich das kleine Buch wieder unter mein Kopfkissen, doch ich konnte nicht schlafen.

Während dieser Nacht bin ich noch vier oder fünfmal aufgestanden, habe mich hingekniet, dem Herrn gedankt und dann weitergelernt. Die Stimme des Engels erklärte mir wieder und wieder, wie ich die Worte und schließlich ganze Sätze lesen sollte. Er sprach zu mir mit großer Geduld, und so lernte ich, was ich mir nie zu erträumen gewagt hätte.

Dann wurde die Gestalt meines Lehrers schwächer und schwächer, bis ich ihn nicht mehr sehen konnte. Nur ein übernatürliches Licht füllte noch einige Minuten lang den Raum, bis auch dieses verschwunden war. Ich sah ihn nie wieder, doch er hatte mir den Schlüssel zum Wort Gottes gegeben.

Auch jetzt noch ging es nur langsam vorwärts, doch ich machte Fortschritte, und bald war ich soweit, daß ich sogar mehrere Seiten an einem Tag lesen konnte.

Abends, wenn Mitja wieder in der Wirtschaft war, saß ich im Bett und las und las.

Besonders beeindruckt war ich vom 27. Kapitel des Matthäusevangeliums, und ich erlebte die ganze Leidensgeschichte meines Herrn noch einmal. Wie war Er geschlagen, gequält und verspottet worden. Und schließlich hatten sie ihm auch noch eine Dornenkrone auf's Haupt gesetzt. Scharfe, spitze Dornen...

Es wurde mir jetzt zum ersten Mal richtig bewußt, was für einen furchtbaren Tod unser Heiland erlitten hatte. Er hatte die Strafe auf sich genommen, die wir eigentlich verdient hätten, und durch Sein Blut sind wir zu Gottes Kindern geworden. Er hatte es für uns vergossen! Für mich!!

Welch eine unbegreifliche Liebe...

Diese Tatsache sprach so zu meinem Herzen, daß ich auf die Knie fiel und so für lange Zeit in Anbetung verharrte.

„Danke, Herr! Danke dafür, was Du für mich getan hast..."

Ich wußte, meine Sünden waren vergeben. Jesus Christus, der auferstandene Herr, hatte einen neuen Menschen aus mir gemacht. Er hatte mir auch gezeigt, wie ich die Weisheit Gottes verstehen konnte, indem ich jetzt in der Lage war, Sein Wort zu lesen.

„Oh, Herr, wie kann ich Dir jemals genug danken!" Ich hatte nicht genügend Worte, doch ich war sicher, Er verstand mich...

Mein Leben änderte sich von Grund auf. Ich war trotz aller schwierigen Umstände und meiner zerrütteten Ehe ein froher Mensch geworden. Niemandem konnte es verborgen bleiben, und ich erzählte allen, die es hören wollten, von der wunderbaren Liebe Gottes.

Es dauerte daraufhin auch gar nicht lange, bis auch meine Schwägerin und einige Nachbarinnen Jesus als ihren Heiland annahmen, denn sie hatten gesehen, daß ich etwas besaß, das sie nicht hatten, und auch sie wollten um jeden Preis diesen Frieden der Seele und diese Freude kennenlernen, die auf alle Bereiche meines Lebens ausstrahlte.

Eines Tages bemerkte eine andere Nachbarin, daß ich lesen konnte, obwohl sie und alle anderen wußten, daß ich nie zur Schule gegangen war.

Wohl, um sich interessant zu machen oder mich in Schwierigkeiten zu bringen, ging sie gleich darauf zu Mitja und erzählte ihm die große Neuigkeit.

„Rate mal, was deine Frau treibt, wenn du nicht zu Hause bist!"

„Meine Frau?" fragte er mißtrauisch, „was macht sie denn?"

„Du wirst es nicht glauben: Sie liest!"

„Sie liest??? Sie kann doch gar nicht lesen! Was soll sie mit einem Buch, wenn sie nicht einmal versteht, wo vorn und hinten ist? Vielleicht guckt sie sich nur die Bilder an?!"

„Das Buch hat gar keine Bilder, und sie erzählt auch allen anderen, was sie gelesen hat".

„Waas?" dröhnte er. „Meine Frau liest Bücher!!!"

„Olga!!" rief er durchs Haus, daß man es wahrscheinlich zwei Straßen weiter hören konnte.

„Ja, Mitja, was ist?" fragte ich, nachdem ich eilends herbeigelaufen kam.

Es schien nichts Gutes zu sein, soviel konnte ich bereits aus seinem Verhalten bemerken.

„Zeig mir doch mal das Buch, das du immer liest, wenn ich nicht da bin!" sagte er mit gespielter Freundlichkeit. „Gib es zu, du kannst gar nicht lesen. In deinem Kopf sieht es doch aus wie die finstere Nacht!"

Ich machte keine Anstalten, es zu holen, denn ich hatte Angst, er würde es verbrennen.

„Wer sollte dir denn das Lesen beigebracht haben? Nun gib es schon zu, daß du alle Nachbarn an der Nase herumgeführt hast!"
„Jesus hat mich das Lesen gelehrt," sagte ich mutig.
„Jesus?" rief er entgeistert. „Ich gehe und schlage ihn tot!"
Er war jetzt wütend geworden.
„Mitja", sagte ich, „Du *willst* nicht wissen, wer Jesus ist. Wenn du es nämlich wüßtest, würdest du so etwas nicht sagen."
„Bist du denn verrückt geworden?" brüllte er.
Und dann, in Selbstmitleid, schrie er, daß es alle Nachbarn hören mußten:
„Meine Frau ist durchgedreht! Sie hat den Verstand verloren! Jesus hat sie lesen gelehrt! Sie ist übergeschnappt!"
Und er gab mir eine schallende Ohrfeige, daß ich zu Boden taumelte.
„Blöde Gans!" hörte ich ihn noch zischen, und dann stürmte er hinaus.
Er kam die ganze Nacht nicht nach Hause, und am nächsten Tag ging er zur Polizei und zeigte mich an.
Einige Tage später mußte ich dann auch auf der Wache erscheinen.
„Hören Sie mal, liebe Frau," sagte der Beamte zu mir, „Sie wissen doch sicher, daß Ihr Mann Sie wegen verbotener Umtriebe angezeigt hat?"
„Ja,", sagte ich, "ich weiß."
„Nun, was er uns da erzählt hat, hört sich ja sehr interessant an, aber wir wollen doch noch einmal vernünftig darüber sprechen. Bitte, setzen Sie sich doch."
Ich setzte mich.
„Er hat uns da eine sehr merkwürdige Geschichte erzählt, wie Sie lesen gelernt haben. Stimmt es, daß ein gewisser, imaginärer Jesus Ihnen das beigebracht hat?"
„Ja, es ist wahr, aber Er ist nicht imaginär. Er lebt!"
„Liebe Frau, ich möchte Ihnen einen wohlgemeinten Rat geben: Werfen Sie das ganze Zeug, das sich da in Ihrem Kopf angesammelt hat, hinaus. Denn wenn Sie weiter so unsinnige Dinge behaupten, könnte das bedeuten, daß Sie sich bis zu acht Jahren Gefängnis damit einhandeln".
„Wie kann ich etwas abstreiten, von dem ich ganz genau weiß, daß es sich ereignet hat?" wandte ich ein. „Ich bin nie in eine Schule gegangen, habe nie ein Buch besessen und kann auf einmal

lesen. Wenn ich es abstreiten würde, müßte ich ja lügen!"

„Liebe Frau, Sie müssen doch aber zugeben, daß dies hier nicht mit rechten Dingen zugeht, nicht wahr?"

„Ja, ich gebe zu, daß es für die meisten Menschen nicht verständlich ist, aber was mich anbetrifft, so habe ich keine Zweifel."

Für den Beamten schien unsere Unterhaltung eine Geduldsprobe zu sein.

„Was sagen Sie nun aber, wenn Sie für solche Aussagen ins Gefängnis müssen?"

„Ich habe keine Angst."

„Wenn man Sie abholt, muß aber auch Ihr Mann ins Gefängnis. Wollen Sie ihm das antun?"

„Mein Mann hat ja nichts getan. Nehmen Sie doch nur mich, denn er ist ja in Ihren Augen unschuldig."

„Sie können froh sein, daß Sie keine Schulbildung besitzen," sagte er abschließend. „Sonst wären Sie jetzt schon hinter Schloß und Riegel. So aber kann man noch manches entschuldigen. Gehen Sie jetzt. Ihr Mann wird Ihre Bücher in den Ofen werfen, und damit ist die Sache erledigt."

Ich ging nach Hause. Mein Mann wartete schon auf mich.

„Na, wie war's?" fragte er höhnisch. „Haben sie dir deine verrückten Ideen ausgetrieben?"

Ich schwieg, denn ich wußte nicht, was ich sagen sollte.

„Schämst du dich denn nicht, du blödes Weibsbild, mir solche Schande zu bereiten?" fuhr er mich an.

„Es war nicht meine Absicht, dir eine Schande zu sein", sagte ich leise.

„Nun," erwiderte er mit Genugtuung, „jetzt wirf diese Bücher vor meinen Augen in den Ofen!"

Wie konnte ich das tun? Denn außer dem kleinen Testament und dem Gesangbuch gehörten sie mir ja nicht.

Ich rührte mich nicht.

„Waas? Du weigerst dich? Du hast sie versteckt! Aber warte nur, ich werde sie finden!"

Und er suchte und wühlte alles durcheinander, bis er sie tatsächlich gefunden hatte.

„So," rief er triumphierend, „jetzt werden sie brennen! Oh, was für ein wunderbares Feuer sie abgeben werden! Willst du zusehen?"

Und mit fast satanischer Freude rannte er damit auf den Ofen zu. Ich konnte mich nicht von der Stelle rühren, doch in meinem Herzen schrie ich zu Gott:

„Vater, siehst du, was er im Begriff ist zu tun? Du weißt, es sind nicht meine Bücher! Ich muß sie doch wieder zurückgeben! Oh, bitte, laß es doch nicht zu, denn es gibt doch keine Bücher wie diese zu kaufen. Oh, Vater! Vaater!! Bitte, laß es nicht zu...!"

Mein Mann hatte die Ofentür schon geöffnet, und ich konnte die lodernde Glut sehen. Er wollte gerade eins nach dem andern hineinwerfen, doch dann schien er sich auf einmal eines anderen zu besinnen. Er drehte sich um, und mit einem Gesicht, als wenn er sich selber über seine Handlung nicht ganz klar war, gab er sie mir wieder.

Er versuchte an diesem Nachmittag noch zweimal, die Bücher zu verbrennen, doch er konnte es nicht.

Wütend über sich selber und in erster Linie über mich, stürmte er aus dem Haus und ertränkte seinen Ärger in einer Flasche Wodka.

Als er dann am nächsten Morgen in einem unmöglichen Zustand nach Hause kam, starrte er mich haßerfüllt aus glasigen Augen an und sagte:

„Ich werde dich und deinen Jesus schon kleinkriegen. Wart's nur ab. Von jetzt an wirst du das Haus nicht verlassen, bis ich es dir wieder erlaube. Du wirst nicht arbeiten, nicht essen oder mit Bekannten sprechen und schon gar nicht mit deinen verrückten Bundesgenossen! Dann wird sich ja herausstellen, wer stärker ist..."

Es stellte sich heraus! Denn obwohl er mich mit Hunger, Einsamkeit und bösen Worten quälte, half mir Gott doch in dieser furchtbaren Situation, während er sich immer miserabler zu fühlen schien.

Schließlich war er es, der aufgab.

„Mach, daß du aus dem Hause kommst!" schrie er mich eines Tages an. „Ich halte es hier nicht mehr aus mit dir. Was immer es ist, es macht mich nervös!"

Ich raffte eilig meine wichtigsten Sachen zusammen und lief hinaus.

„Wo gehst du denn mit dem ganzen Gepäck hin?" fragte meine Schwiegermutter, die nebenan wohnte und die gesehen haben mußte, wie ich das Haus verließ.

Sie war ebenfalls in der letzten Zeit sehr gehässig zu mir.

„Mitja hat mich hinausgejagt", sagte ich.

Sie war zunächst sprachlos. Gewiß, sie hatte immer auf der Seite ihres Sohnes gestanden und wo es ging, gegen mich Partei ergriffen, aber daß ich nun so einfach weggeschickt wurde, schien ihr auch nicht recht zu sein.

„Du willst weg?" fragte sie noch einmal.

„Ich muß!" erwiderte ich mit Tränen in den Augen. „Als ich noch mit ihm Wodka getrunken und alles mitgemacht habe, was nicht richtig war, da war alles gut. Jetzt aber, wo ich mich entschieden habe, ein ordentliches Leben zu führen, weil ich an Jesus glaube, will er mich nicht mehr haben."

„Wo gehst du hin?" fragte sie, irgendwie schuldbewußt.

Es tat ihr anscheinend leid, und sie versuchte, mich zum Bleiben in ihrem eigenen Hause zu bewegen.

„Ich kann nicht bleiben", erwiderte ich, „es würde nur neuen Ärger geben."

Sie schien diesen Standpunkt einzusehen und fragte resignierend:

„Was willst du jetzt tun?"

„Ich werde zu Manja ziehen, einer Bekannten von mir."

„Auf Wiedersehen, Olga, vielleicht kommst du doch bald zurück "

„…"

„Ja, alles Gute, Mama…"

Manja war nicht einmal sehr erstaunt, als ich mit meinen wenigen Habseligkeiten vor ihrer Tür stand. Sie hatte es schon erwartet, daß es eines Tages soweit sein würde und mir deshalb schon vorher angeboten, dann zu ihr zu kommen.

Ich war jedoch kaum eine Stunde dort, als es laut an der Tür klopfte. Es war mein Mann, der mich gerade vor einer Weile hinausgeworfen hatte. Daß ich jetzt hier war, schien auch nicht richtig zu sein, denn nach seiner Vorstellung hätte ich jetzt weinend auf dem Bahnhof sitzen oder gerade dabei sein müssen, mich vor Verzweiflung umzubringen.

Er war immer noch nicht nüchtern und tobte vor Wut.

„Ahaa! Du hast also auch deine Nähmaschine mitgenommen!" (Es war eine kleine Handnähmaschine und mein Eigentum).

Und er hob sie auf und wollte sie zerschmettern, doch Manja verhinderte es und befahl ihm laut und in bestimmter Weise, die Wohnung zu verlassen.

Mitja hielt inne, verdutzt, daß es jemand wagte, ihn in seinem gerechten Zorn aufzuhalten.

„Ich werde euch anzeigen, daß ihr betet!" rief er drohend und haßerfüllt.

Doch Manja sah ihn furchtlos an und sagte:

„Waaas? Du willst *uns* anzeigen? Ich werde *dich* verklagen! Hier, sieh dir an, was du mit dieser Frau gemacht hast! Sie sieht ja gar nicht mehr aus wie eine Frau, so hast du sie zermartert und gequält!"

Sie hatte sich drohend mit ihren 200 Pfund vor ihm aufgerichtet und schien ihn mit ihrem Zorn zu durchbohren.

Mitja wurde immer kleiner, warf noch ein paar Schimpfworte um sich, murmelte etwas von Gerechtigkeit und Rache, die auf mein eigenes Haupt kommen würden und ging schließlich nach Hause.

Manja und ich atmeten auf. So, das war fürs erste vorbei. Doch am nächsten Tag war er schon wieder da. Diesmal beherrschte er sich und verlangte in ruhigem Ton, mit mir unter vier Augen zu reden.

Manja ging nach nebenan, doch sie gab mir zu verstehen, daß sie gleich an der Tür stehen würde, bereit, mir jederzeit zu Hilfe zu kommen.

Ich stand abwartend am Tisch. Mit ruhigen Schritten kam er auf mich zu.

„Olga," sagte er, „hast du es dir überlegt, ob du wieder nach hause kommst?"

„Was gibt es da zu überlegen?" antwortete ich leise. „Du hast mich doch hinausgeworfen!"

Ich hatte auf einmal Angst.

„Du willst nicht?" rief er mit unterdrückter Stimme. „Du weigerst dich, mit deinem Mann nach Hause zu kommen, wie es sich für eine anständige Frau gehört?"

Und ehe ich mich versah, hatte er ein Messer aus dem Ärmel gezogen und hielt es mir vor die Brust.

„Wenn du dich nicht sofort bereiterklärst, mitzukommen, steche ich zu! Ich bringe dich um! Ich werde auch mich umbringen, und dann nimmst du auch meine Sünden auf dich!"

Ich wußte, er meinte, was er sagte. Was sollte ich tun? Mein Herz klopfte zum Zerspringen, und in meinem Kopf begann es sich zu drehen.

Ich wagte nicht, Manja zu rufen, denn das Messer war immer noch auf mich gerichtet.

War es vielleicht doch Gottes Wille für mich, zurückzukehren und ihm nach besten Kräften eine gute Frau zu sein, damit auch er eines Tages zu Ihm finden konnte?

„Nun gut," sagte ich schließlich, da ich keinen anderen Ausweg sah, „ich werde mit dir kommen! Doch es wird wieder Schwierigkeiten geben, weil du mich nicht nach meinem Gewissen leben läßt."

„Ja, ja, ich weiß", sagte er. „Doch wir wollen es noch einmal versuchen. Ich habe keine Ruhe mehr. Wenn dein Gott wirklich lebt, dann ist Er es, der mein Gewissen plagt. Ich habe keine Ruhe mehr. Ich kann es mir auch nicht erklären. Vielleicht wird es besser, wenn du nach Hause kommst."

Sollte Gott wirklich zu seinem Herzen gesprochen haben?

„Ich weiß, du willst dich taufen lassen. Laß dich meinetwegen taufen! Ich gebe dir sogar Geld, wenn du welches brauchst, aber tu' mir einen Gefallen, und komme nach Hause!"

Nun, unter diesen Umständen bestand für mich kein Grund mehr, noch länger hierzubleiben.

Am nächsten Morgen dann kam Mitja wieder und holte mich nach Hause. Er half mir sogar, meine Sachen zu tragen und behandelte auch meine Nähmaschine, die er vorgestern noch zertrümmern wollte, mit Sorgfalt.

Was hatte ihn nur so verändert? fragte ich mich. Er selbst führte unseren Neuanfang darauf zurück, daß der Gott, den er immer bekämpft hatte, doch stärker war als er. Er hatte unter einem großen inneren Zwang gestanden, nachzugeben, obwohl er es sich letztenendes auch nicht völlig erklären konnte.

Mit seiner veränderten Haltung mir gegenüber wurden auch die Nachbarn, die vorher häßlich zu mir gewesen waren, immer freundlicher. Es war der erste Schritt dazu, daß sich viele von ihnen zu Jesus bekehrten.

Zuversichtlich und dankbar sah ich jetzt in die Zukunft, die eine Gemeinsamkeit für uns bereitzuhalten schien, wie ich sie mir erträumt hatte. Doch der Herr hatte es anders bestimmt: Eines Tages kam jemand ganz aufgeregt von Mitjas Arbeitsstelle gelaufen.

„Olga!!" rief er schon von weitem.

„Olga!! Komm schnell! Es ist wegen Mitja..."

Er hatte noch nicht ausgeredet, da rannten wir auch schon los.

„Mitja hatte einen Unfall", rief er, während wir das kurze Stück zur Fabrik zurücklegten.

‚Ein Kessel ist explodiert...

Er hatte schwere Verbrennungen erlitten...

Ja, er lebt noch..."

Atemlos kamen wir an der Halle an. Wir bahnten uns einen Weg durch die Menschenmenge, die sich angesammelt hatte, einige, um zu helfen, aber die meisten, um zuzusehen.

Verschiedene Arbeiter waren verletzt worden. Man hatte, so gut es ging, Erste Hilfe geleistet und wartete jetzt, daß die Ambulanzwagen kamen.

Da drüben lag auch Mitja. Er hatte schreckliche Brandwunden erlitten. Ganz still lag er da, nur seine Lippen bewegten sich, und ab und zu stöhnte er leise.

Ich rannte hinüber und kniete mich neben ihn.

„Mitja!" rief ich.

Er bemerkte mich nicht. Seine Augen waren geschlossen, und er schien mit etwas beschäftigt zu sein. Und dann hörte ich, daß er betete...

„Jesus, wenn Du dabist, vergib mir doch meine große Sünde. Ich hin ein Sünder wie kein zweiter... Bitte, bitte, vergib mir..."

Und nach einer Weile flüsterte er:

„Jesus, wenn Du mir das Leben schenkst, will ich Dir dienen für den Rest meiner Tage...

Wenn es aber nicht sein kann, dann nimm doch meinen schwachen Geist auf..."

Mitja!" rief ich noch einmal, „hörst du mich?"

Er sah mich an.

„Olga, du bist hier!"

Und er nahm meine Hand und drückte sie.

Er mußte furchtbare Schmerzen haben.

„Oh, Olga," sagte er, „ich bin deinetwegen verbrannt... Gott hat mich gestraft... Du hast mir nur Gutes getan, und ich habe es mit Bösem vergolten..."

„Ach, Mitja", rief ich, „das ist doch lange vergessen. Das liegt hinter uns. Du bist doch jetzt auch Gottes Kind!"

„Ob es uns wohl vergönnt sein wird, mit Jesus zusammen einen neuen Anfang zu machen?"

Da kam auch schon der Krankenwagen. Vorsichtig wurden die Verletzten hineingehoben.

Es waren nur drei Kilometer bis zum Krankenhaus, doch als wir dort ankamen, konnte Mitja schon nicht mehr sprechen.

Als er aber hineingetragen wurde, sah er mich noch einmal mit so gütigen Augen an, wie noch nie in meinem Leben. Neun Jahre lang hatte ich mit ihm zusammengelebt, aber noch nie hatte ich einen solchen Blick bei ihm gesehen. Ich sah die Liebe Gottes darin. Dann trugen sie ihn fort.

Niemand durfte bei ihm bleiben, selbst ich nicht als seine Frau.

„Kommen Sie morgen früh wieder," sagte die Oberschwester zu mir. „Dann können wir Ihnen mehr sagen."

Am nächsten Morgen war ich schon früh da. Ein Arzt kam gerade den Flur entlang. Ich lief auf ihn zu, um mich nach Mitjas Befinden zu erkundigen.

„Liebe Frau", sagte er traurig, „es tut mir leid, aber ich muß Ihnen sagen, er ist schon eingeschlafen."
„Sie meinen, Herr Doktor, er ist nicht mehr?" flüsterte ich in bodenlosem Erschrecken.
„Ja, liebe Frau, er ist nicht mehr."
Ich begann zu weinen. Es war nichts mehr zu sagen. Doch er blieb stehen und sah mich mit gütigen Augen an.
„Ihr Mann ist jetzt bei Jesus", sagte er leise.
Unter Tränen sah ich auf zu ihm. War dieser Doktor mein Bruder im Herrn?
„Ja," sagte er noch einmal, „ich bin sicher, daß er dort ist."
„Wie wollen Sie das wissen?" schluchzte ich.
„Ich hörte, wie er mit Gott redete. Es war das Gebet eines tief gläubigen Menschen. Und dann sah ich auf seinem Gesicht, wie ein großer Friede über ihn gekommen war, und aus seinen Augen leuchtete die Liebe Gottes..."
„Hat er nach mir gefragt?"
„Er rief öfter nach einer Olga. Sind Sie das?"
„Ja, das bin ich. Was wollte er mir sagen?"
„Ich weiß es nicht. Aber seien Sie beruhigt, Sie werden ihn wiedersehen, denn ich habe keinen Zweifel, er ist bei Gott. So wie er sterben nur Gottes Kinder."
Und so gab der Herr mir Gewißheit.
Sehr traurig, aber doch getröstet, ging ich nach Hause. Es wäre so ein wunderbarer Neuanfang gewesen, und jetzt war schon alles zu Ende...
Zu Ende? Eigentlich ja nicht, denn ich wußte jetzt, ich würde ihn wiedersehen.
Ich war jetzt Witwe und mußte lernen, mich allein zurechtzufinden um für unseren Lebensunterhalt aufzukommen.
Auch außerhalb meines unmittelbaren Lebenskreises hatten sich allerhand Änderungen ergeben: Deutschland befand sich seit einiger Zeit im Kriegszustand mit der Sowjetunion. Hitler hatte sich nicht an den Nichtangriffspakt gehalten und war mit seinen Truppen in Rußland einmarschiert. Und es dauerte gar nicht sehr lange, bis wir auch in der Ukraine eine deutsche Besatzung hatten, vorübergehend wenigstens.
Ich hatte inzwischen viele Brüder und Schwestern im Herrn erhalten, und auch meine Nachbarn waren freundlicher geworden.
Drei Monate lang ging alles gut. Dann kam eines Morgens Micja, meine Schwägerin, herübergelaufen und hämmerte mit ihren Fäusten gegen meine Tür.

„Oh, Olga, du lebst!" rief sie erleichtert.
„Natürlich lebe ich, wie du siehst", gab ich verwundert zurück.
„Was ist denn los?"
„Kann ich hereinkommen?" rief Micja, „ich möchte nicht, daß uns jetzt jemand sieht."
Wir gingen hinein.
„Gestern Abend, als ich schon im Schlafzimmer war, hörte ich, daß Kolja sich mit einigen Männern beriet, wie sie dich umbringen wollten!"
„Mich umbringen? Was habe ich ihnen denn getan?"
„Du hast ihre Frauen zum Glauben gebracht!"
„Oh, Micja!"
„Es war unmöglich für mich, aus dem Haus zu kommen und dich zu warnen. Ich war ganz verzweifelt. Und so habe ich immer wieder gebetet, daß Gott es nicht zulassen soll."

Es war offensichtlich, Gott hatte mich bewahrt, und zusammen mit Micja konnte ich Ihm jetzt von Herzen für Seinen wunderbaren Schutz danken.

Drei Tage später kam die deutsche Polizei, um Kolja abzuholen, da es bekanntgeworden war, daß durch ihn viele Menschen unschuldig verhaftet worden waren. Wie wir hörten, sollte er erschossen werden.

Als mir diese Nachricht zu Ohren kam, kniete ich mich nieder und betete:

„Vater, Du weißt, Kolja ist noch nicht bereit zum Sterben. Bitte laß es doch nicht zu, denn er kennt Dich noch nicht..."

Ich war jedoch so unruhig, daß ich mich aufmachte, um zur Polizei zu gehen, ohne direkt zu wissen, was ich dort sagen sollte.

„Was wünschen Sie?" wurde ich nach meinem Eintreten gefragt.

Alles, was mir einfiel, waren die Worte: „Bitte, erschießen Sie doch nicht den Mann, den Sie gerade festgenommen haben. Nehmen Sie doch mich an seiner Stelle..."

Der Beamte sah mich verdutzt an. Er war auf so etwas nicht vorbereitet.

Ich betete.

„Kennen Sie ihn?" fragte er schließlich.

„Ja, ich kenne ihn. Er ist der Bruder meines Mannes."

„Dann wissen Sie vielleicht auch, was er für eine Person ist", sagte er. „Wir haben hier einen Brief erhalten mit 25 Unterschriften, der aussagt, daß durch ihn viele Menschen umgekommen sind..."

„Ja, ich weiß", sagte ich. „Er hat sich viel zuschulden kommen lassen. Aber er hat drei Kinder und seine Schwiegermutter lebt noch bei ihm. Ich habe aber nur ein Kind. Außerdem, er ist nicht bereit zu sterben, aber ich bin es."

„Wie ist Ihr Name?"

„Olga Okunewitsch".

Er ging im Zimmer auf und ab und wußte offensichtlich nicht, was er tun sollte.

Ich betete weiter.

„Ich weiß selbst nicht so genau, weshalb ich jetzt nachgebe," sagte er schließlich. „Obwohl es nicht direkt unserer Polizeiordnung entspricht, will ich ihn ausnahmsweise gehen lassen. Wenn er sich aber wieder etwas zuschulden kommen läßt, gibt es kein Pardon!"

Ich hätte die ganze Welt umarmen können…

„Oh, Vater," betete ich, „danke, danke. Ach hilf doch, daß Kolja auch Dein Kind wird!"

Dann riefen sie ihn herein.

Er war blaß und nervös. Als er mich sah, wurde er noch nervöser, denn er glaubte, ich hätte auch gegen ihn ausgesagt. Er sah mich an, und ich bemerkte, daß er geweint hatte.

„Hier ist Ihr Entlassungsschein", sagte der Beamte auf einmal. „Geh'n Sie jetzt nach Hause! Und bedanken Sie sich bei der Frau da." Mit einer Handbewegung zeigte er auf mich. Dann waren wir entlassen.

„Olga", sagte er dann draußen auf dem Flur zu mir unter Tränen, „Du hast mich gerettet. Warum hast du das getan? Durch mich hast du doch nur Böses erfahren…"

Er drückte mir in tiefer Dankbarkeit die Hand.

„Kolja", sagte ich ebenfalls tief bewegt, „ich habe dich nicht gerettet, Jesus war es, der Jesus, den du verfolgt hast, wo es nur möglich war".

„Jesus Christus? Du meinst also, daß er doch lebt?"

„Ja, Kolja, Er lebt, und Er ist es, der dich befreit hat."

Dieses Ereignis gab den Anstoß dazu, daß auch Kolja zum Glauben kam. Und er wurde nicht nur ein schweigendes Mitglied der Gemeinde, sondern nahm später die Bibel und predigte allen Menschen das Evangelium. Viele fanden durch ihn zum Herrn, so daß unsere Gemeinde mehr wuchs als zu allen anderen Zeiten. Bald waren wir 200 Personen, die sich regelmäßig zum Gottesdienst trafen und auch durch ihr Zeugnis sein Wort weiter verbreiteten.

Dann kam die Zeit, daß auch wir, wie so viele, aus Rußland in den Warthegau nach Polen und schließlich nach Deutschland umgesiedelt wurden.

Ich war bereits seit sieben Jahren Witwe, doch überall, wohin wir auch kamen, sorgte der Herr dafür, daß wir Brüder und Schwestern fanden, so daß wir nie ganz allein waren.

Schließlich kam auch für uns der Aufruf, uns zum Rücktransport nach Rußland zu melden.

‚Olga, mußt du denn wirklich zurück?" fragte ein Bruder bedauernd.

Er hätte es gerne gesehen, wenn ich in Deutschland geblieben wäre.

„Ja", sagte ich, „ich muß. Es ist ein Befehl, und es ist wahrscheinlich auch Gottes Wille für mein Leben. Vielleicht braucht der Herr mich in Rußland..."

# 9

## DIE ERDE BEBT IN ASCHCHABAD

Ein Tag verlief wie der andere. Wir waren zwar in gewisser Weise frei, wenn wir uns mit den Insassen des nahen Gefängnisses verglichen, die jeden Tag unter strenger Bewachung zur Arbeit geführt wurden, jedoch von Freiheit konnte auch bei uns keine Rede sein. Da wir Deutsche und somit angeblich am 2. Weltkrieg mitschuldig waren, hatte man uns dazu bestimmt, hier in der Verbannung zu leben und für den Staat zu arbeiten – als Wiedergutmachung sozusagen.

20 Jahre! Nur Gott wußte, ob wir das unter diesen klimatischen Bedingungen so lange aushalten würden...

Obwohl die Arbeit schwer war, hatten wir im Gegensatz zu den Gefangenen täglich unseren Feierabend und auch einen freien Tag in der Woche. In dieser Zeit liebten wir es, mit unseren Freunden in die Kopet-Dag-Berge zu gehen. Es war genauso, wie Jakob Martens es uns damals im Zug erzählt hatte. Am schönsten war es natürlich im Frühling, wenn alles grün wurde, die Blumen an den Hängen blühten und die Sonne schon wärmer schien. Manchmal ging ich auch mit Olga allein. An diesen Tagen wanderten wir meistens durch das nahe Tal und erklommen einen Hügel, auf dem wir oben, windgeschützt und warm, unseren Lieblingsplatz hatten.

Von hier aus konnten wir fast die ganze Stadt Aschchabad überblicken, die für mehrere Jahre noch unser Zuhause sein sollte. Oft saßen wir hier lange und sprachen von vergangenen Zeiten. Ob wir die Ukraine wohl jemals wiedersehen würden? Wer wußte schon, was nach diesen Jahren der Verbannung lag! Vielleicht würde man uns unter irgendeinem Vorwand doch noch weiter hierbehalten. Und wenn nicht, wie sollten wir jemals in die Ukraine zurückkommen? Die Entfernung war zu groß. Doch auch wenn wir die Möglichkeit dazu haben würden, was würde noch dasein, an das wir uns erinnern konnten? Es war keine Heimat mehr für uns, denn nichts würde uns jetzt vertraut sein, selbst Grünwald, das Dorf meiner Kindheit, hatte man in Ackerland umgewandelt.

Wo wohl meine Familie jetzt war? Ob mein Vater noch lebte? Das waren alles Fragen, die mich immer wieder bewegten.

So gingen die Wochen und Monate dahin. Der Sommer war

wieder unerträglich heiß gewesen, so daß wir froh waren, als es endlich Herbst wurde. Wenn wir gewußt hätten, welcher Schicksalsschlag die Stadt in Kürze treffen sollte, hätten die meisten Menschen nicht so sehr auf das Ende des Sommers gewartet. Es war der 6. Oktober des Jahres 1948. Olga, die jetzt 14-jährige Sophie und ich hatten Nachtschicht und arbeiteten wie immer in der Ziegelei.

Sie beluden wieder ihre Schubkarren und stapelten die Steine zum Trocknen auf, während ich nicht weit vom Gefängnis arbeitete. Hier bediente ich oberhalb der großen Grube einen Bagger, mit dem der Lehm zur Ziegelherstellung nach oben befördert wurde.

Auf einmal, es muß so kurz nach 1 Uhr gewesen sein, hörten wir ein Geräusch wie ein tiefes Donnergrollen. Ich blickte auf, aber der Himmel war sternenklar. Dann hörten wir es wieder, ein tiefes, drohendes Grollen, das immer lauter wurde. Und dann spürte ich, es war nicht *über* uns, es war *unter* uns! Die Erde ächzte und stöhnte und schien in ihren Grundfesten zu erschüttern.

Zu diesem unheimlichen Donner kamen jetzt noch die Schreie von Menschen und die Geräusche fallender Mauern und Arbeitsgeräte. Es war ein Chaos, in dem niemand wußte, was es zu bedeuten oder wie er sich zu verhalten hatte.

Auch ich war zu Boden getaumelt und suchte nach einem Halt, um nicht in die tiefe Grube zu rutschen. Und während ich mich krampfhaft an einem Pfahl festhielt, sah ich noch, wie die Mauern des Gefängnisses auseinanderbrachen und die Wachtürme umfielen, als wären sie nicht aus Stein sondern aus Pappmachee.

Dann ging die Lichtanlage aus.
Die Erde bebte weiter und weiter.
Ob es wohl je aufhören wird? dachte ich verzweifelt. Ich versuchte aufzustehen, doch ich fiel sofort wieder hin. Es gab kein Fundament mehr, alles bewegte sich, Menschen schrien, und die Berge schienen auf uns zu fallen.

Es war stockdunkel.
Endlich, endlich ließen die Erdstöße nach, wenigstens mit dieser ungeheuren Heftigkeit.

Ich wartete noch einige Sekunden, denn ich wollte nicht sofort wieder zu Boden geworfen werden. Doch es war vorbei, nur ab und zu hörte man ein leichtes unterirdisches Grollen, von dem man allerdings nicht wußte, ob es der Ausklang des vergangenen Bebens oder die Einleitung eines neuen war.

Ich sprang jetzt auf, denn von allen Ecken konnte man die Schreie von verwirrten und verletzten Menschen hören.

Oh, Herr, hoffentlich hast Du Olga und Sophie bewahrt! fuhr es mir durch den Sinn. Sie zu finden war so gut wie aussichtslos, denn es war finstre Nacht.

Die größte Not war offensichtlich drüben bei der Fabrik. Um dort hinzukommen, mußte ich an der zertrümmerten Gefängnismauer vorbei. Doch ich war kaum hundert Meter davon entfernt, als Schüsse die Luft zerrissen. Einige der Gefangenen mußten wohl versucht haben zu fliehen... Viele waren aber auch verschüttet, und ihre dumpfen Hilferufe drangen aus der Tiefe herauf. Auch dort brannte kein Licht. Nur die Schreie und Schüsse ließen auf das schließen, was sich dort abspielen mußte.

Mein Gehilfe, Johann Heidt – wir nannten ihn Wanja –, der unten in der Grube den Bagger beladen hatte, holte mich jetzt ein, denn er hatte meine Stimme erkannt, als ich nach Kameraden rief.

So gut es in der Dunkelheit ging, rannten wir hinüber zur Ziegelei. Es war ein einziger Schutthaufen, und die Leute liefen in größter Verwirrung herum, einige, um zu helfen, wo es möglich war, andere auch nur laut weinend und klagend.

Ich rief nach Olga, erhielt aber keine Antwort.

Wir stolperten beinahe über einen umgefallenen Stapel von Rohziegeln, unter dessen Trümmern das laute Stöhnen eines Mannes zu hören war. Was sollten wir tun? Die anderen Leute rannten alle kopflos durcheinander. Jeder wollte nach Hause, um nach seiner Familie zu sehen, und so stolperten sie in der Finsternis den Weg entlang, ohne auf die Hilferufe in ihrer unmittelbaren Nähe zu achten.

Wanja und ich sahen uns in unserer Aufgabe allein, den Mann unter dem Ziegelhaufen hervorzuholen. In aller Eile warfen wir die Steine beiseite, bis wir im schwachen Lichtschein einer Laterne einen Kopf entdeckten.

„Ooooh..." stöhnte der Mann, „helft mir, bitte helft mir!"

Es gelang uns, ihn ganz von der Steinlast zu befreien und ihn herauszuziehen.

Er war in Panik.

„Oooh, laßt mich nicht hier liegen!" jammerte er.

Wir beruhigten ihn, so gut wir konnten, doch wir mußten weiter. Wir stolperten über die Trümmer des kleinen Büros, die auf den Weg gefallen waren. Halb darin vergraben lag unser Meister. Er bewegte sich nicht mehr und gab auch keinen Laut von sich. In Panik liefen wir weiter. Die Toten wollten wir morgen ausgraben.

Zu unseren Rechten brannte das Feuer des großen Ofens, doch niemand achtete darauf. Die Frau, die ihn mit ihrer Kohlenschaufel bediente, mußte – so hörten wir später – hineingefallen und verbrannt sein, denn sie wurde nicht mehr gesehen, und auch ihr Körper wurde nicht gefunden.

Dort hinten mußten die Baracken liegen. Wir beeilten uns noch mehr, so gut es in der Dunkelheit möglich war. Wir hatten ja nicht einmal Taschenlampen bei uns, und sämtliche Straßenbeleuchtungen waren ausgefallen.

Als wir dort ankamen, konnten wir zunächst absolut nichts erkennen. Die ganze Siedlung war ein riesiges Trümmerfeld. Wege und Straßen existierten nicht mehr, denn sie waren von den auseinandergefallenen Gebäuden verschüttet worden. Eine dicke Staubwolke lag über diesem Platz der Verwüstung und machte es noch schwieriger, sich zurechtzufinden, was in der Dunkelheit schon schwierig genug war. Nach ziemlicher Mühe; Klettern, Stolpern, Suchen, Rufen und Weiterrennen, kamen wir endlich zu dem Platz, wo unsere Baracke gestanden hatte.

Gott sei Dank! Da waren Olga, Sophie und auch Opa Neumann, ein alter Mann aus unserer Gemeinde, den wir bei uns aufgenommen hatten. Ich hätte weinen können vor Freude, daß sie noch lebten. Wir umarmten uns und waren dankbar, daß wir inmitten dieser Zerstörung, des Todes und des Elends wenigstens einander hatten.

„Wo sind unsere Nachbarn?" fragte ich, doch ich hatte Angst, die Antwort zu hören.

„Sie sind alle verschüttet!" rief Olga.

„Nur Opa Neumann ist unversehrt? Wie ist das möglich?"

„Ja, es war ein Wunder, nichts anderes!" sagte er noch recht mitgenommen.

„Ich lag auf dem Bett, und auf einmal begann die ganze Baracke zu wackeln, und auch der Fußboden vibrierte und schwankte. Ich wußte aus Erfahrung, es konnte nur ein Erdbeben sein und wollte hinauslaufen, doch die Tür war verklemmt! Als ich noch verzweifelt versuchte, sie einzuschlagen, wußte ich nicht, daß gerade der versperrte Ausgang meine Rettung sein sollte. Ich wäre nämlich nicht weit gekommen, denn alle, die den Korridor entlangrannten, wurden Sekunden später verschüttet. Sie liegen jetzt dort unter den Trümmern.

Da ich nun nicht aus der Tür konnte, lief ich schließlich zum Fenster, doch ich hatte es noch nicht erreicht, als eine ungeheure ruckwelle mich regelrecht hinausschleuderte. Ich flog hinaus und kam erst einige Minuten später wieder zu mir, als ich hier draußen auf den Steinen lag."

„Ja, es ist ein Wunder, Opa", sagte ich bewegt. „Der Herr hat dich so vor dem sicheren Tode errettet."

Und wir dankten Ihm, daß Er uns den Opa auf so wunderbare Weise erhalten hatte. Er war unser Glaubensbruder, und wir mochten ihn sehr gern. Wir waren übrigens die einzige gläubige Familie in der ganzen Baracke gewesen.

„Olga", rief ich, „verstehst du jetzt, weshalb der Herr es immer wieder verhindert hat, daß ich ein Gitter am Fenster anbringen konnte?"

Wir sahen uns an, und zurückblickend wurde uns jetzt Seine weise Führung bewußt:

Wir besaßen alle nicht viel an irdischen Gütern, und trotzdem wurde immer wieder in unseren Häusern eingebrochen, während wir auf der Arbeitsstelle waren. Wir hatten herausgefunden, es waren Russen. Sie waren wahrscheinlich noch ärmer als wir und stahlen deshalb von uns, wo sie nur konnten.

Da es bekannt war, daß ich als Schlosser arbeitete, kamen meine Nachbarn einer nach dem anderen zu mir:

„Arthur, mach uns doch ein Gitter ans Fenster..."

„Wann machst du *uns* eins?" hatte auch Olga schon wiederholt gefragt. „Wir werden eines Tages nach Hause kommen und ein leeres Zimmer vorfinden!"

„Ja, ich werde es tun, sobald ich die letzten beiden fertig habe", tröstete ich sie.

Aber ich kam merkwürdigerweise nie dazu. Und jetzt wußten wir auch, weshalb der Herr es immer wieder verhindert hatte. Mit einem Gitter vor dem Fenster wäre unser Opa Neumann umgekommen!

Und wir knieten uns nieder und dankten dem Herrn für Seine große Güte, daß Er uns alle einander erhalten hatte.

Als wir wieder aufblickten, waren wir von Leuten umringt, die in den Nachbarbaracken gewohnt hatten. Vorher hatten sie uns geringschätzig behandelt, weil wir gläubig waren und wollten nicht viel mit uns zu tun haben. Jetzt aber in ihrer Not schienen sie sich zu erinnern, daß Gott doch stärker war als sie, doch sie hatten die Verbindung zu Ihm verloren...

„Betet mit uns", riefen sie.

„Warum ist keiner tot in *eurer* Familie?"

„Ja, wir wollen jetzt beten!"

„Überall sind Tote, nur bei euch Gläubigen nicht!"

„Wir wollen, daß Gott uns auch bewahrt!"

„Wie sollen wir beten?"

„Arthur, bete mir uns..."

„Heute ruft ihr nach Gott", sagte ich, „gestern habt ihr noch über Ihn gelacht! Vielleicht werdet ihr wieder lachen, wenn es euch gut geht!"

„Nein!" riefen sie in Todesangst, „wir werden nie mehr lachen!"

„Wir wollen jetzt auch gläubig werden, denn euer Gott hat euch bewahrt!"

Dann knieten wir uns auf die Erde und beteten. Sie bekannten ihre Sünden, daß sie den Herrn vernachlässigt hatten, dann baten wir um Seinen Schutz in dem Chaos, in dem wir uns befanden.

Während des Gebetes noch hörten wir die Schreie der Verschütteten. Wir faßten uns deshalb kurz, denn wir waren uns bewußt, daß die gewaltige Aufgabe auf uns wartete, sie unter den Trümmern hervorzuholen.

Viele mußten tot sein, doch sehr viele waren auch lebendig begraben.

Wir begannen deshalb gleich in unserer Nachbarschaft, und überall, von wo wir ein Lebenszeichen hörten, warfen wir mit unseren bloßen Händen die schweren Steine beiseite und zogen sie heraus, oft mehr tot als lebendig. Es blieb jedoch keine Zeit, uns intensiv um sie zu kümmern, denn von allen Seiten drangen Hilferufe zu uns herüber.

Die ganze Nacht brachten wir damit zu, Menschen aus den Trümmern zu graben.

Plötzlich bemerkten wir einen ungewöhnlichen Geruch. Er schien stärker zu werden und erinnerte irgendwie an Ammoniak. Doch wir hatten keine Zeit, uns weitere Gedanken darüber zu machen, denn wir waren gerade damit beschäftigt, eine Frau zu befreien, die unter einem großen Balken eingeklemmt war. Im Schein einer Taschenlampe, die einer der anderen bei sich gehabt hatte, sahen wir, daß ihr ganzer Körper blau angelaufen war, doch sie lebte noch. Ihr Mann lag tot daneben. Sie wimmerte leise vor sich hin, doch als wir schließlich soweit waren, daß wir den Balken anheben konnten, schrie sie auf:

„Mein Bauch zerreißt! Mein Bauch, mein Bauch!"

Wir ließen den Balken wieder los. Sie mußte wohl schon zu lange so eingequetscht gelegen haben. Was sollten wir tun? Wir konnten doch jetzt nicht aufgeben, und so verbrachten wir viel Zeit damit, sie so vorsichtig, wie es nur ging, zu befreien. Sorgfältig legten wir sie neben die Steine, wo sich dann auch ihr Blutkreislauf nach einiger Zeit wieder zu normalisieren begann.

Der strenge Ammoniakgeruch in der Luft wurde immer stärker. Es mußten giftige Gase sein, denn sie hatten eine betäubende Wirkung.

Jemand schrie: „Die Amerikaner haben Gasbomben geworfen!"

„Gasbomben!" wurde der Ruf weitergetragen.

„Gasbomben!"

Und Schreie der Verzweiflung zerrissen die Luft und schwollen an zu einer gigantischen Hysterie.

Ich sah Leute einfach umfallen, andere hatten sich die Kleidung vom Leibe gerissen und rannten wie wahnsinnig um ihr Leben, obwohl es gar keinen Platz gab, wohin man hätte rennen können.

Jetzt wurde auch mir ganz schwindlig, und dann wußte ich nichts mehr. Als ich wieder zu mir kam – dieses Gas bewirkte offensichtlich nur vorübergehende Ohnmachtsanfälle – wurde auch ich von der allgemeinen Überzeugung angesteckt, daß es Gasbomben waren, die man auf uns herabgeworfen hatte.

„Wir werden wohl sterben müssen", sagte ich zu Olga, Sophie und Opa Neumann.

„Sterben???"

Sie sahen mich mit weit aufgerissenen Augen an.

„Ich weiß es nicht, aber es ist schon möglich..."

Und während die anderen Leute vor Angst beinahe den Verstand verloren, knieten wir uns nieder, hielten uns bei der Hand und übergaben uns dem Herrn.

Es war immer noch dunkel. Die Luft war so staubig, daß wir nicht einen einzigen Stern sehen konnten.

Doch irgendwie in diesem großen Chaos fühlten wir den Frieden Gottes in uns und so warteten wir auf unser Ende.

Auf einmal rief ein Mann: „Es sind keine Gasbomben! Es ist das Schlachthaus! Die Kühlrohre sind geplatzt!"

Ein hörbares Aufatmen ging durch die Reihen der Überlebenden. „Es sind die Kühlrohre!" wie ein Lauffeuer verbreitete sich die Nachricht.

„Das Gas ist Ammoniak!"

„Ja, Ammoniak ist giftig!"

„Kann man es denn nicht abstellen?"

„Wer denn? Und wie? Es ist offensichtlich keiner da, und so schnell geht es auch nicht!"

Der Wind kam auch ausgerechnet aus der Richtung des Schlachthauses. „Ein Feuer!" rief jemand. „Wir müssen ein Feuer machen. Ein Feuer wird das Gas vertreiben!"

Wir wußten nicht, ob es wirklich so war, aber es war der Strohhalm, nach dem wir jetzt zu unserer Rettung griffen. In aller Eile suchten wir ein paar Bretter zusammen, fanden auch etwas Kleinholz und hatten in kurzer Zeit ein loderndes Feuer brennen. Der Mann hatte recht gehabt. Durch das Feuer wurde die Luft tatsächlich besser. Der Ammoniakgeruch war zwar noch spürbar, aber er war nicht mehr so stark, daß die Leute umfielen, Schwindelanfälle und Nasenbluten bekamen.

Bald brannte überall Feuer, und mit der Verdünnung des Gases konnten wir jetzt auch mit unseren Rettungsarbeiten fortfahren.

Manche Menschen zogen wir tot aus den Trümmern, viele waren verletzt, doch einige konnten wir überhaupt nicht erreichen. Es war nicht einfach, denn die Erde bebte immer noch, zwar nicht mehr so stark wie vor einigen Sekunden, aber es grollte fast ununterbrochen in der Tiefe.

Plötzlich erschütterte ein neuer Stoß die Erde. Wir wurden wieder zu Boden geworfen und versuchten krampfhaft, uns irgendwo festzuhalten. Die Baracken, die die ersten Beben gerade noch überstanden hatten, fielen jetzt auch in sich zusammen und begruben unter sich alle, die sich gerade darin aufgehalten hatten. Und wieder drangen neue Schreie zu uns herüber.

Wo sollten wir nur zuerst helfen? Es war fast zu viel für uns. Unter Einsatz unseres Lebens befreiten wir, wen wir konnten. Es war gefährlich, denn wir mußten dazu in Gänge und Öffnungen kriechen, um die Verschütteten herauszuziehen. Ein neuer schwerer Erdstoß hätte auch uns begraben.

Endlich wurde es hell. Jetzt konnten wir erst richtig sehen, was dieses Erdbeben, das selbst jetzt immer noch nicht zu Ende war, angerichtet hatte.

Es war ein Bild des Grauens!

Als es dunkel war, hatten wir uns nur auf die Hilferufe konzentriert, um zu wissen, wo die Leute verschüttet lagen, doch jetzt waren wir entsetzt, als wir sahen, wo wir die ganze Nacht gearbeitet hatten.

Es waren Trümmer, Staub und Verwüstung, als wenn Hunderte von Bomben hier herabgefallen wären.

In der Nacht waren wir darauf bedacht gewesen, die Lebenden zu retten, doch jezt sahen wir mit Grauen die vielen Toten, die überall herumlagen. Viele mußten versucht haben, sich zu retten und wurden dabei verschüttet oder von fallenden Steinen erschlagen. Die meisten waren gar nicht dazu gekommen, das Haus zu verlassen. Es war etwa eine Stunde nach Mitternacht gewesen, als der erste gewaltige Stoß die Erde erschütterte, eine Zeit, in der die meisten Leute schliefen. Viele von ihnen sind danach nicht mehr aufgewacht.

Einer Frau, die mit einer unserer Glaubensschwestern verwandt war, mußte es so ergangen sein. Sie hatte, wie viele hier im Herbst, unter Augenschmerzen zu leiden gehabt. Ein allgemein angewandtes Mittel dagegen waren Kräuterkompressen, die vor dem Einschlafen auf die Augen gelegt wurden. Und genauso gruben wir sie aus, mit dem in Tee getränkten Tuch auf den Augen, als wenn sie nichts von allem gespürt hätte, – nur, daß sie nicht mehr lebte...

Die Nachricht von diesem großen Erdbeben hier in Aschchabad mußte umgehend nach Moskau gemeldet worden sein, denn noch am gleichen Tag trafen die ersten Hilfsmannschaften ein. Es waren Soldaten aus verschiedenen Teilen der Sowjetunion, die zu den dringend benötigten Hilfeleistungen eingeflogen wurden, und mit vereinten Kräften gingen wir wieder an die Arbeit.

Wir hätten es nie allein bewältigen können. Da waren immer noch Menschen aus den Trümmern zu graben, die Verwundeten in Flugzeuge zu verladen, Trinkwasser, Lebensmittel und Decken zu verteilen, und Notunterkünfte für die Überlebenden zu schaffen.

Die ganze Welt schien sich an dieser großen Hilfsaktion zu beteiligen, obwohl wir immer dachten, hier in Turkmenien krähte kein Hahn nach uns.

Ungefähr sieben Tage lang leisteten wir Erste Hilfe und begruben die Toten – Tag und Nacht.

Aus jedem Haus waren Menschen umgekommen, Vater, Mutter, Bruder oder Schwester. Es war ein unbeschreibliches Elend, und der Schmerz der Hinterbliebenen kannte keine Grenzen. Gestern waren sie noch zusammengewesen, und heute war alles vorbei! Es kam so plötzlich, daß niemand bereit war, es als unabänderlich hinzunehmen. Die Trauer ging daher ins Unermeßliche, und das Weinen der Angehörigen umgab uns, wohin wir uns auch wandten.

Erstaunlicherweise hatte es in den Familien der Gläubigen keinen Todesfall gegeben, eine Tatsache, die manchen mit Mißgunst erfüllte, denn sie hatten vorher immer auf uns herabgesehen, weil wir so ,,rückständig" waren und an Gott glaubten. Anderen aber gab es zu denken, daß unser Glaube vielleicht doch nicht so lächerlich war, wie sie immer angenommen hatten.

Wir arbeiteten gegen die Zeit. Es gab in den ersten Tagen kein Wasser, und das Thermometer kletterte immer noch täglich auf

28 Grad im Schatten, einer Temperatur, in der man normalerweise einen Verstorbenen im Kühlhaus aufbahrte. Wir schafften es nicht mehr, die Toten würdig zu begraben, denn unter diesen Umständen sahen wir uns der zusätzlichen Gefahr einer Seuchenentwicklung gegenüber. Wir hatten keine andere Wahl, als sie einzeln in Decken zu wickeln, auf einen Lastwagen zu laden und aus der Stadt zu fahren. Hier wurden sie mit Chlor begossen und eiligst in einem Massengrab beerdigt.

Doch auch das war noch zu langsam, denn, gefördert durch die Wärme des Tages verbreitete sich bald ein widerlich süßlicher Gestank über der Stadt, der Geruch der Verwesung...

Drei Tage nach dem Erdbeben wurde eine Frau ausgegraben, die mit ihrem Kind unter einem Bett Schutz gesucht hatte. So war sie zwar von fallenden Steinen bewahrt geblieben, und auch als alles um sie herum verschüttet wurde, blieb der Hohlraum unter dem Bett unversehrt. Da sie jedoch nicht rechtzeitig aus diesem Gefängnis befreit werden konnten, ging nach einiger Zeit der Sauerstoffvorrat zur Neige, und als sie schließlich gefunden wurden, war die Mutter bereits tot. Das Kind an ihrer Brust lebte noch. Für dieses waren die Retter gerade noch zur rechten Zeit gekommen, doch für seine Mutter war es zu spät.

Bei den Aufräumungsarbeiten unten in Aschchabad war es genauso kritisch wie hier in unserer Siedlung. An allen Ecken und Enden arbeiteten Hilfstrupps fieberhaft, die Verschütteten zu befreien. Doch auch hier wurde der Wettlauf mit der Zeit oft verloren.

Fast zwei Wochen wurden zum Beispiel gebraucht, um den größten Teil der Trümmer des großen Krankenhauses zu beseitigen, die Verletzten abzutransportieren und die Erschlagenen und Erstickten zu beerdigen. Als die Arbeit hier fast beendet war, fand man unter einem zusammengefallenen Fenster ein kleines bekritzeltes Stück Papier, das offensichtlich durch eine Ritze im Mauerwerk gesteckt worden war. Es war ein Hilferuf, der ungehört verhallte: „Wir sind mit zehn Mann hier eingeschlossen. Erbarmt euch, und rettet uns! Wir haben keine Luftzufuhr. Bitte, beeilt euch..."

Als man sich dann in aller Eile einen Weg bis zu diesem Raum gebahnt hatte, der für die Kranken zum Gefängnis geworden war, waren sie alle tot...

Es wurde geschätzt, daß von den 150 000 Einwohnern der Stadt etwa die Hälfte umgekommen waren. Und die, die verschont wurden, blieben in großem Elend zurück.

Viele besaßen nur das, was sie auf dem Leibe trugen und was sie in den Trümmern wiedergefunden hatten.

Es wurde nachts schon ziemlich kalt, und deshalb mußten in aller Eile Unterkünfte gebaut werden, denn die Baracken waren alle zerstört. Es wäre verhältnismäßig leicht gewesen, wenn wir nur unsere eigene Lehmhütte zu bauen gehabt hätten, doch es gab jetzt viele Frauen mit Kindern, die keine Männer mehr hatten. Und sie waren darauf angewiesen, daß man ihnen dabei half.

Wir hatten wirklich alle Hände voll zu tun.

Es blieb natürlich keine Zeit, sehr sorgfältige Arbeit zu leisten, denn alle brauchten ein Dach über dem Kopf und Schutz vor dem Wind. Die schnellste und einfachste Lösung war deshalb eine Art Erdhütte, die beide Voraussetzungen erfüllte.

Zunächst bauten wir solche Behausungen, die alle Witwen mit ihren Kindern beherbergen sollten. Wir schachteten dazu lange Gruben aus, über die wir ein spitzes Dach setzten. Man mußte sich bücken, um hineinzugelangen und sich auch an die Dunkelheit gewöhnen, denn da wir kein Glas zur Hand hatten, ließen wir nur oben an jeder Längsseite eine Öffnung, in die etwas Licht fiel.

Nun, eine solche Hütte war zwar kein Luxus, aber es war im Moment der beste Schutz, den wir uns in solch kurzer Zeit schaffen konnten. Es gab keine Zugluft, es regnete nicht durch, und es wurde sogar warm, wenn das Feuer in dem dafür bestimmten Platz brannte. Hier wurde gekocht, gegessen und geschlafen, bis jeder sich nach und nach ein eigenes Häuschen bauen konnte. Steine gab es ja genug.

Nachdem die bedürftigsten Familien zunächst versorgt waren, machte ich mich mit Opa Neumann daran, auch für uns eine solche Lehmhütte zu bauen. Sie hatte zwei Räume. Die Küche war ungefähr zwei Meter breit und einheinhalb Meter lang und unser Wohnraum, in dem sich unser Familienleben abspielte, war vier Meter breit und sechs Meter lang. Möbel hatten wir nicht, wenigstens nichts, was man hätte als solche bezeichnen können. Da war ein Tisch, notdürftig aus Brettern zusammengeschlagen, ein altes eisernes Bettgestell, in der Mitte mit Draht zusammengehalten, daß man nicht hindurchfiel, je ein hölzernes Notbett für Opa Neumann und Sophie und eine Kiste, in der wir unsere wenigen Habseligkeiten aufbewahrten. Nun, es war kein Luxus, aber es reichte zum Leben, wenigstens vorläufig.

Als die Tage vergingen, begann sich unser Leben wieder zu stabilisieren, und die Verhältnisse normalisierten sich, wenn auch nur langsam und unter großen Mühen.

Nachdem wir unser Soll in der Ziegelei erfüllt hatten, mußten wir jetzt in unserer Freizeit noch daran arbeiten, unsere unmittelbaren Lebensumstände zu verbessern, denn niemand wollte länger als nötig in den engen Erdhäusern wohnen bleiben. Doch es dauerte natürlich seine Zeit, zumal auch die Tage schon recht kurz geworden waren.

Da wir schon damit gerechnet hatten, einige Monate in der Lehmhütte zu wohnen, hatten wir den Wohnraum extra geräumig gebaut, da er gleichzeitig als Versammlungsraum für unsere Gottesdienste dienen sollte. Erstaunlicherweise waren es nach dem Erdbeben nur wenige Mitglieder mehr geworden. Man hätte meinen sollen, die Leute wären sich zu Hunderten der Allmacht Gottes bewußt geworden und hätten sich über den Sinn des Lebens Gedanken gemacht. Aber das war wohl nur in der äußersten Not der Fall gewesen. Doch das war vorbei, und so lebten sie wieder wie zuvor.

Einige allerdings waren inzwischen zum Glauben gekommen, selbst junge Menschen, die doch in besonderer Weise ununterbrochen mit atheistischer Propaganda bombardiert wurden.

Die Parteifunktionäre hier sahen mit Mißbilligung zu, wie unsere kleine Gemeinde im Wachsen begriffen war und versuchten, uns Schwierigkeiten zu bereiten, wo sie nur konnten.

So beschuldigte man uns zum Beispiel jetzt, später sogar offiziell, daß wir die Leute nach dem Erdbeben noch mehr aus dem Gleichgewicht gebracht hätten, als sie es sowieso schon waren, und man warf uns vor, psychisch auf sie eingewirkt, sie erschreckt und in ihrer gesunden Denkweise gestört zu haben.

Nun, so konnte man es auch auslegen.

Wir leugneten nicht, daß wir nach dieser Katastrophe, in der es so viele Tote gegeben hatte, in besonderer Weise auf Jesus Christus hinwiesen, der von sich selbst gesagt hat:

„Ich bin der Weg und die Wahrheit und das Leben..."

Es waren die ersten Steine, die ins Rollen kamen und die mich später um dieser Glaubensgewißheit willen ins Gefängnis bringen sollten.

# 10

GETHSEMANE

Es wurde Winter und wieder Sommer. Die Zeit begann, langsam die Wunden zu heilen, und nach und nach wurden auch die primitiven Notquartiere durch bessere Häuser ersetzt. Noch lange wurde über das furchtbare Erdbeben gesprochen, denn es hatte zu viele Menschen in unvorstellbares Elend gestürzt, aber im allgemeinen schien sich fast jeder damit abgefunden zu haben, persönlich sowie materiell einen neuen Anfang machen zu müssen.

Auch wir konnten im nächsten Sommer bereits unsere Erdhütte verlassen und in ein geräumigeres Haus umziehen. Gewiß, das Wort „geräumig" ist ein relativer Begriff. Wenn ich heute daran denke, war selbst dieses Haus nicht groß, aber verglichen mit dem, was wir vorher hatten, war es schon durchaus geräumig zu nennen.

Auch für unsere Gottesdienste hatten wir jetzt mehr Platz, und das war auch notwendig, denn unsere kleine Gemeinde war inzwischen auf etwa 50 Personen angewachsen. Unser Wohnzimmer, das wir für diesen Zweck schon so groß wie möglich gebaut hatten, war bald zu klein geworden, so daß die Leute noch in der Küche und im Flur sitzen mußten.

Wir waren froh, daß es bald Herbst wurde, denn, wie nicht anders zu erwarten, war es in der Hitze des turkmenischen Sommers bei den Versammlungen oft unerträglich heiß. Doch die Leute kamen. Sie kamen nicht nur am Sonntagmorgen, sondern auch mitten in der Woche. Unsere Gottesdienste, Gebets- und Bibelabende waren der Kern unseres sonst recht freudlosen Lebens geworden, und die meisten unserer Glaubensgeschwister ließen keine Gelegenheit aus, daran teilzunehmen. Natürlich konnten nicht alle Versammlungen in unserem Hause stattfinden, denn das wäre zu auffällig gewesen.

Zwar war man in der ersten Zeit nach dem Erdbeben noch etwas nachsichtig, und es wurden keine Strafen für religiöse Aktivitäten verhängt, doch wir bemerkten, daß wir vom MGB mißtrauisch beobachtet wurden. Außerdem ist es überall in Rußland eine allgemein bekannte Tatsache, daß wirkliche Glaubensfreiheit nur auf dem Papier steht. Was bedeutete schon der Artikel 124 der Verfassung, in dem die Freiheit, nach seiner religiösen Überzeugung zu leben, für jeden Sowjetbürger garantiert war? Es bedeutete in Wirklichkeit gar nichts, denn es war verboten, von Gott zu sprechen und Gottesdienste abzuhalten. Jeder weiß hier von Kindheit an, daß eine ernsthafte Beschäftigung mit göttlichen Dingen nicht erlaubt ist, ohne erst vom Staatssicherheitsdienst informiert oder gewarnt werden zu müssen.

Wir waren deshalb vorsichtig und versammelten uns mal hier, mal dort, um jedes unnötige Aufsehen zu vermeiden. Doch einen Gottesdienst mit 50 Gemeindemitgliedern abzuhalten, ohne daß jemand davon erfährt, ist beinahe ein Ding der Unmöglichkeit, und so blieb es natürlich nicht aus, daß wir eines Tages in Schwierigkeiten gerieten.

Wir waren gerade zu einem Gebetsabend in unserem Hause versammelt, als es auf einmal laut an die Tür klopfte.

Wer konnte es sein? fragten wir uns, denn Glaubensgeschwister kamen gewöhnlich bei diesen Gelegenheiten ohne anzuklopfen herein.

Nachdem ich geöffnet hatte, standen mir einige Männer gegenüber, die ich nicht kannte.

„Wir haben einen Hausdurchsuchungsbefehl", sagte der eine von ihnen, nachdem er sich kurz vorgestellt hatte.

Hinter mir waren alle totenstill geworden. Niemand machte Anstalten, seine Bibel zu verstecken, denn eine Beschlagnahmung von christlicher Literatur war hier in unserer Gegend noch nicht vorgekommen.

Die Männer gingen an mir vorbei, geradewegs ins Wohnzimmer, wo sie zunächst etwas unbeholfen stehenblieben.

„Geben Sie Ihre Bibeln und Gesangbücher ab!" sagte der Anführer dann in bestimmtem Ton „und auch, was Sie sonst an christlicher Literatur bei sich haben!"

Entsetzen malte sich auf allen Gesichtern.

Keiner rührte sich.

Der Mann begann sich zu ärgern.

„Los! Los! Worauf wartet ihr denn? Soll ich jedem von euch eine extra Einladung geben?"

Und er ging durch die Reihen und nahm alle Bücher und Notizhefte an sich, die er sehen konnte. Die Leute hatten auf einmal Angst und wehrten sich nicht, denn er war mit bärenstarken Männern gekommen, die keinen Hehl daraus machten, daß sie nur darauf warteten, zuschlagen zu dürfen.

Dann wurden alle außer unserer Familie hinausbeordert und nach Hause geschickt, damit sie für die folgende Hausdurchsuchung eine bessere Übersicht hatten. Sie taten gründliche Arbeit und wühlten alles durcheinander, um solche Literatur zu finden, die offensichtlich verboten war.

Alles, was sie entdecken konnten, nahmen sie mit. Wir standen machtlos daneben und mußten zusehen, wie sie unseren kostbarsten Besitz hinaustrugen. Es waren fast alles Bücher, die wir noch aus Deutschland mitgebracht hatten, und wir wußten, daß sie hier nicht zu ersetzen waren.

„Hoffentlich werdet ihr noch lernen, euch wie vernünftige Sowjetbürger zu verhalten!" sagte der MGB-Beamte noch im Hinausgehen. „Wie kann man nur so rückständig sein und an einen Gott glauben, den es gar nicht gibt!"

Wir weinten.

Einige Bücher hatten sie nicht gefunden, weil die Leute sie schnell in ihrer Kleidung versteckt hatten, und ein paar unserer Glaubensgeschwister waren auch an diesem Abend nicht hiergewesen. Es waren uns als Gemeinde daher einige wenige Exemplare erhalten geblieben, die jetzt natürlich noch wertvoller waren als vorher. Was das Wort Gottes wirklich für einen Menschen bedeutet und welche unerschöpfliche Kraftquelle es ist, wird vielleicht nur derjenige verstehen, der sich schon einmal in großer Not befunden hat.

Es ist wie lebendiges Wasser für eine durstende Seele....

Wir hatten keine Zweifel daran, daß Gott uns liebte. Gewiß, Er hätte diesen Zwischenfall verhindern können, aber Er muß wohl Seine Gründe gehabt haben, daß Er es diesmal nicht getan hatte. Erfahrungsgemäß wußten wir, daß gerade durch Leiden die Gemeinde Jesu Christi stark wird, eine Philosophie, die manchem vielleicht nicht einleuchten wird, aber doch hat es die Geschichte immer und immer wieder bewiesen.

„Freuet euch", sagte der Apostel Petrus sogar, „je mehr ihr der Leiden Christi teilhaftig seid, freuet euch, damit ihr auch bei der Offenbarung seiner Herrlichkeit frohlocken könnt. Selig seid ihr, wenn ihr um des Namens Christi willen geschmäht werdet! Denn der Geist der Herrlichkeit und Gottes ruht auf euch! Bei ihnen ist er verlästert, bei euch aber gepriesen. Niemand aber unter euch leide als Mörder oder Dieb oder Übeltäter, oder weil er sich in fremde Dinge mischt. Leidet er aber als Christ, so schäme er sich nicht, verherrliche aber Gott mit diesem Namen!" (1. Petrus 4, 13–16)

Nun, wir wollten Gott mit diesem Namen Ehre machen, wenn es so Sein Wille für uns war.

Wir waren nicht verbittert, denn wie konnten wir diejenigen hassen, die es nicht besser wußten? Sie glaubten, das Richtige für das Wohlergehen des sowjetischen Staates zu tun, aber letztendes waren *sie* die Betrogenen.

Da wir uns nun nicht damit abfinden wollten, daß man uns unsere Bibeln weggenommen hatte, kauften wir uns jetzt Notizhefte und begannen, das Wort des Herrn von denen, die es noch besaßen, abzuschreiben. Am Tage arbeiteten wir in der Ziegelei, und abends arbeiteten wir bis in die späten Nachtstunden an unseren Bibel- und Liederheften. Erstaunlicherweise empfingen wir selbst dadurch viel Trost. Nun, vielleicht war es gar nicht einmal so ungewöhnlich, denn dadurch, daß wir die Schriftstellen Wort für Wort so sorgfältig abschrieben, erhielten sie für uns noch eine ganz besondere persönliche Bedeutung, so daß diese kleinen Notizhefte vielleicht mehr Wert hatten als manche wunderbar gebundene Bibel.

Ich habe hier im Westen viele solcher Bibeln gesehen, die zwar äußerlich schön waren und zu ihrem Schutz hinter Glas oder auf dem obersten Bücherregal aufbewahrt wurden. Gewiß, sie sind schön, und wenn man darin blättert, sind die Seiten neu und unmarkiert. Es fallen auch keine Lesezeichen und Anmerkungszettel heraus, und nicht eine einzige Seite hat ein Eselsohr! Ja, man kann nicht umhin festzustellen, eine solche Bibel wurde gut behandelt, doch nur insoweit, als man darin nichts anderes sieht als ein gewöhnliches Buch oder vielleicht noch eine Art Talisman, von dem man gut zu tun glaubt, ihn irgendwo im Hause aufzubewahren.

Das Wort Gottes aber ist kein Buch, welches man so ehrfürchtig behandeln muß, daß man es nie in die Hand nimmt. Es ist kein Buch, kein Druck, und durch einen Ledereinband mit Goldschnitt wird es nicht wertvoller. Es ist lebendig! Es ist das tatsächliche Wort des lebendigen Gottes, egal, in welcher Form es übermittelt wird.

Wir besaßen es nur auf handgeschriebenen Seiten aus minderwertigem Papier, doch wir fanden darin neue Kraft, wir predigten daraus, und es war wie das tägliche Brot für uns.

Bald, nachdem die Razzia auf christliche Literatur bei uns stattgefunden hatte, mußte ich mich auf der Polizeiwache melden. Ich hatte es schon erwartet und war deshalb gar nicht einmal so sehr überrascht, als ich eines Tages die Vorladung bekam.

„Herr Gesswein, Sie sind sich doch wohl hoffentlich im klaren darüber, daß Sie sich durch Ihre Hausversammlungen gegen den Staat vergangen haben?"

„Nein, Herr Inspektor."
„Sagen Sie mal, aus welchem Jahrhundert stammen Sie eigentlich? Haben Sie noch nie etwas von einem modernen, fortschrittlichen Staat gehört, in dem für solche altmodischen Hirngespinste kein Platz mehr ist?"
„Sie meinen die Sowjetunion, Herr Inspektor?"
„Was denn wohl sonst, Sie Trottel! Könnt ihr denn nicht endlich lernen, mit beiden Beinen im Leben zu stehen und den Realitäten ins Auge zu sehen?"
„Wir sehen ja den Realitäten ins Auge, Herr Inspektor, denn unser Gott lebt!"
„Er lebt! Er lebt! Was für ein Unsinn! Haben Sie ihn denn schon mal gesehen?"
„Nein, Herr Inspektor, aber ich weiß, Er lebt..."
„Wie könnt ihr nur so verbohrt sein! Zeigen Sie mir Ihren Gott, und ich werde auch glauben, aber so..."
Er schüttelte geringschätzig den Kopf.
„Ich habe manchmal den Eindruck, ihr Christen habt nicht alle Tassen im Schrank! Wie dem auch sei, Hausversammlungen abzuhalten ist verboten!"
„Herr Inspektor," wagte ich noch einmal einzuwenden, „in der Verfassung unseres Landes steht doch aber, daß allen Bürgern Glaubensfreiheit gewährleistet ist!?"
„Haben wir ja auch, haben wir ja auch! In der Verfassung ist Glaubensfreiheit garantiert, und Glaubensfreiheit haben wir auch! Ich habe die Freiheit, ein Atheist zu sein, und ihr habt die Freiheit, an irgendeinen imaginären Gott zu glauben. Aber ihr dürft über euren Glauben nicht sprechen. Das ist verboten. Das ist Agitation!"
„Agitation?"
„Ja, Agitation gegen die Sowjetunion! Meinetwegen können Sie mit Ihrer Frau an Gott glauben, Sie können auch zu ihm beten, aber bitte, alles in Ihren eigenen vier Wänden und ohne Anwesenheit dritter Personen!"
„Ja, aber, Herr Inspektor..."
„Unterbrechen Sie mich nicht, Gesswein. Ich hoffe, ihr kriegt es ein für allemal in eure dicken Schädel, daß es verboten ist, zu anderen von Eurem Gott zu sprechen, Leute einzuladen und Versammlungen abzuhalten. Es ist verboten! Verboten! Verboten! Haben Sie verstanden?"
Ja, ich hatte verstanden.
Ich machte keinen Versuch mehr, ihn davon zu überzeugen, daß

er etwas Unmögliches verlangte, denn er war inzwischen ziemlich in Wut geraten.

„Geh'n Sie jetzt! Doch seien Sie gewiß, wenn Sie sich wieder schuldig machen, werden Sie nicht so leicht davonkommen. Es kann 25 Jahre Gefängnis bedeuten..."

Ich war entlassen.

25 Jahre Gefängnis! hatte er gesagt. Jetzt, wo ich draußen war, wurde ich mir der Worte erst richtig bewußt. War es eine solche Strafe wert, mit anderen unter dem Wort Gottes Gemeinschaft zu haben?

Ja, vielleicht war es das wert...

Doch es war auch verboten, anderen, die ein kummervolles, miserables Leben führten, von Jesus, dem Licht, der Wahrheit und dem Leben zu erzählen...

Ja, es war eine solche Strafe wert!

Und doch...

Wir versammelten uns weiter, zwar noch weniger offen als vorher, doch wir kamen zusammen, und wir luden auch Ungläubige ein. Was hätten wir sonst tun sollen? Entweder ist man von einer Sache überzeugt und steht dazu, oder man ist nicht so sehr überzeugt, und dann ist der Glaube daran nicht viel wert. Für uns konnte es keine Frage der Bequemlichkeit sein, denn wir hatten die Wirklichkeit des lebendigen Gottes erfahren.

Wir mußten uns nur etwas umstellen, denn wir durften jetzt noch weniger auffallen als vorher. So wurden wir bald Experten in Geburtstagsfeiern, auch eine Hochzeit kam sehr gelegen, und selbst Beerdigungen waren bald mehr als nur ein einfacher Begräbnisgottesdienst.

Bei dieser Art von Versammlungen waren die Tische gedeckt, Kaffee und Gebäck standen darauf und auch ein paar Feldblumen. Wenn dann jemand hereinkam, um herauszufinden, was dieses Zusammensein zu bedeuten hatte, konnte er bereits beim Eintreten sehen, daß es sich nur um eine gewöhnliche Geburtstagsfeier oder dergleichen handelte.

Wir waren durch unsere Erfahrungen klüger geworden, nicht gerissener, möchte ich sagen, sondern nur klüger. Einmal hatten sie uns unsere Bücher abgenommen, doch ein zweites Mal sollte es uns nicht passieren, außerdem, wer wollte schon für 25 Jahre ins Gefängnis gehen?

Eine Schwierigkeit lag nur immer darin, wenn wir Ungläubige einluden, denn man konnte natürlich nie sicher sein, ob sie als Suchende nach der Wahrheit oder als Spione kamen. Äußerlich war einer vom andern nicht zu unterscheiden, denn leider trugen MGB-Agenten keine Anstecknadel als Erkennungszeichen.

Wir mußten uns deshalb auf unsere Menschenkenntnis, unser Gefühl und Gottes Führung verlassen. Mit unseren Versammlungen aufzuhören, kam selbst jetzt nicht in Frage, nachdem es immer schwieriger geworden war und wir immer mißtrauischer beobachtet zu werden schienen, denn es hätte ja bedeutet, daß wir uns selbst unseres Glaubens nicht sicher gewesen wären. Außerdem, wie hätten wir uns jetzt abkapseln und jeder für sich ein Gläubiger sein sollen, wenn doch um uns herum so viele Menschen in absoluter Verlorenheit am eigentlichen Sinn des Lebens vorbeilebten? Nein, wir mußten eine offene Tür haben für alle, die nach der Wahrheit suchten.

Eines Tages kam eine etwa fünfzigjährige Frau in unsere Versammlung. Ihre Haltung und Kleidung ließen auf einen gehobeneren Stand schließen, obwohl sie sich offensichtlich bemühte, nicht weiter aufzufallen. Ich war etwas unruhig, als ich sie hereinkommen sah, denn es wäre nicht das erste Mal gewesen, hier jemanden von der Geheimpolizei zu sehen, der sich Notizen über alles machte, was im Gottesdienst gesagt wurde. Wir hatten ab und zu auch schon ein Tonband unter der Kleidung von Besuchern versteckt gesehen. Man sammelte offensichtlich Anklagematerial, um zu einem vernichtenden Schlag gegen uns auszuholen.

Diese Frau jedoch machte sich keine Notizen, und sie hatte auch kein Tonbandgerät bei sich. Sie saß nur da und hörte zu. Ich war ziemlich nervös, doch ich hatte keine eigentlichen Anhaltspunkte, die mich hätten veranlassen können, den Gottesdienst abzubrechen. So fuhr ich denn fort zu predigen, war jedoch sehr darauf bedacht, nicht etwa etwas zu sagen, was später gegen uns ausgelegt werden konnte.

Am Schluß der Versammlung bat diese Frau dann darum, etwas sagen zu dürfen. Erstaunt und immer noch mißtrauisch, gewährte ich ihr diese ungewöhnliche Bitte.

„Ich bin Richterin von Aschchabad," begann sie.

Ein staunendes, teilweise erschrecktes Gemurmel von leisen Stimmen ging durch die Reihen.

Als sich alle wieder beruhigt hatten, fuhr sie fort:

„Ja, Sie haben richtig gehört. Ich bin Richterin von Aschchabad und habe im Laufe der Jahre schon tausende von Menschen vor mir gehabt. Auch Christen waren darunter, die schließlich verurteilt wurden, weil sie sich weigerten, ihrem Glauben abzusagen. Ich habe sie zu überzeugen versucht, daß es keinen Gott gibt, aber sie waren an dem, was ich zu sagen hatte, überhaupt nicht interessiert. Sie schienen eine Gewißheit zu haben, für die es sich zu leiden lohnte. Mir war es immer wieder unverständlich, wie jemand so in eine Idee verbohrt sein konnte, denn schließlich ist es ja kein ausgesprochenes Vergnügen, ins Gefängnis oder Arbeitslager gehen zu müssen. Sie taten mir manchmal direkt leid und ich versuchte wirklich alles, sie zu einer Änderung ihrer Ansichten zu bewegen – jedoch erfolglos.

Mit der Zeit begann ich, sie im stillen zu bewundern, denn sie besaßen etwas, was ich nicht hatte. Sie waren von einem Frieden und einer Liebe erfüllt, die selbst im Angesicht des härtesten Urteils nicht von ihnen wichen. Was für eine Gewißheit ist es, fragte ich mich immer wieder, die diese Menschen so bereit macht, dafür alles zu erleiden, was die Haft- und Gefängniszeit mit sich bringt? Ich verstand es nicht. Ich wurde unsicher, so unsicher, daß ich Gerichtsverhandlungen von Gläubigen zu hassen begann. Ich hatte Mühe, mir diese Unsicherheit nicht anmerken zu lassen. Aber jedesmal, wenn ich, wie es meine Pflicht war, zu einem Gläubigen sagte: „Es gibt keinen Gott", fühlte ich eine innere Stimme zu mir sagen: „Du lügst!" Diese Stimme wurde immer lauter und immer unerträglicher: Du lügst! Du lügst! Du lügst!... Schließlich konnte ich es nicht länger aushalten und ging zu meiner Nachbarin, Claudia Tews."

Mit einer Handbewegung zeigte sie auf die ältere Frau neben sich, die schon lange zu unserer Gemeinde gehörte.

Claudia nickte zustimmend.

„Frau Tews", sagte ich, „Sie glauben doch an Gott, nicht wahr?" Sie wußte offensichtlich nicht, was sie mit meiner Frage anfangen sollte, denn es war bekannt, daß durch mich viele Menschen ins Gefängnis gekommen waren.

„Frau Tews", sagte ich noch einmal leise, denn ich wollte nicht, daß mich jemand hörte, „ich bin nicht gekommen, um Ihnen eine Falle zu stellen, Sie zu verhören oder zu verhaften. Ich muß einfach wissen, was es ist, das ihr Gläubigen besitzt, wo ihr diese innere Sicherheit und Gewißheit hernehmt, und diesen unerschütterlichen Frieden, selbst wenn ihr dafür jahrelang ins Gefängnis müßt.

Bitte, sagen Sie mir, was ist es? Ich habe keine Ruhe mehr. Jedesmal, wenn ich ein Urteil über einen Gläubigen unterschreibe, kommt es mir vor, als würde ich mein eigenes Todesurteil unterschreiben. Sie haben alles das, was ich nicht habe: Frieden der Seele. Ich glaube sogar, viele Gefangene liebten mich – ihre Richterin!

So kam es mir jedenfalls vor, denn es war ganz anders, als wenn ich Kriminelle aburteilen mußte.

Was ist es, Frau Tews? Was ist es? Sie müssen mir helfen! Bitte, schicken Sie mich nicht weg!"

Nun, meine Nachbarin glaubte mir. Sie bot mir einen Stuhl an und machte sich daran, eine Kanne Tee für uns zu bereiten.

Als ich dann so dasaß und auf sie wartete, hatte ich auf einmal den starken Drang hinauszulaufen und die ganze Sache zu vergessen. Ich kam mir jetzt sehr dumm vor.

Was sollte ich, die Richterin von Aschchabad, hier bei Claudia Tews? Leute wie sie hatte ich zu Dutzenden ins Gefängnis geschickt... Doch da kam sie schon herein, und ihr freundliches Lächeln ließ mich die Zweifel an meiner Zurechnungsfähigkeit vergessen.

Unsere Unterhaltung dauerte einige Stunden. Doch an diesem Nachmittag begann ich zu begreifen, was es war, um dessentwillen so viele Menschen bereit waren, auch die schwersten Strafen auf sich zu nehmen. Es war die Liebe Jesu Christi.

Mein bisheriges Leben erschien mir auf einmal so sinnlos. Wofür hatte ich eigentlich gelebt? Was war der Zweck meines Daseins gewesen? Und ich begann zu begreifen, daß ich nicht so weiterleben konnte wie zuvor.

Claudia Tews betete mit mir. Ich wollte auch Jesus Christus als meinen Erlöser annehmen, denn ich hatte erkannt, daß in Ihm allein die Wahrheit und das Leben verborgen sind."

Claudia strahlte unter Tränen über ihr ganzes runzliges, gütiges Gesicht, als die Richterin mit gebrochener Stimme fortfuhr:

„Frau Tews sagte zu mir, ich sollte jetzt in eine Gemeinde gehen und meinen neuen Glauben auch öffentlich bekennen. Nun, deshalb bin ich hier. Ich habe den Herrn um Vergebung gebeten für alle schlechten Taten, die ich in meinem Leben begangen habe, und ich möchte jetzt bekennen, daß ich auch ein Kind Gottes geworden bin..."

Sie setzte sich.

Es war für uns überwältigend gewesen, und fast alle weinten. Doch diesmal waren es Tränen der Freude.

Wir hießen unsere neue Glaubensschwester willkommen und dankten zusammen dem Herrn für Seine große Güte, sie auf diesen Wegen zur Umkehr gebracht zu haben.

Es waren unvergeßliche Minuten, in denen uns bewußt wurde, wie groß und unvergleichlich die Liebe Gottes ist, die selbst Standesunterschiede überbrückt, und vereint, wo vorher eine Kluft war. Ich wurde dabei an die Bekehrung des Paulus erinnert, denn auch er hatte die Christen verfolgt, mit der Absicht, ihren Glauben auszurotten. Er war überzeugt gewesen, richtig zu handeln, denn er war ein frommer Jude, der das Gesetz mit größerer Genauigkeit erfüllte, als die meisten seiner Mitmenschen. Doch er mußte vor der Allmächtigkeit dessen kapitulieren, gegen den letztenendes sein Zorn gerichtet war.

Auch der Kommunismus ist ja in gewissem Sinne eine Religion, es ist eine Gott-ist-tot---wir-sind-Gott-Religion. Ein überzeugter Kommunist wird daher wie Paulus bemüht sein, alles auszurotten, was diesem Glauben im Wege steht.

Auch diese Richterin war davon überzeugt gewesen, das Richtige zu tun, denn die glorreiche Zukunft der Sowjetunion schien davon abzuhängen, wie bald man diese Wir-sind-Gott-Vorstellung in die absolute Wirklichkeit umsetzen konnte.

Gewiß, es hatte ihr oft leid getan, Menschen, die keinen Begriff davon hatten, verurteilen zu müssen, aber schließlich war es ja eine bekannte Tatsache, daß der Zweck am Ende doch die Mittel heiligt.

Es würde vielleicht mit jeder anderen Religion funktioniert haben, nicht aber so in einer Kontroverse mit dem lebendigen Gott! Paulus hatte kapitulieren müssen und war zum Missionar geworden. Jetzt hatte auch diese Richterin kapituliert, und auch sie würde in gewisser Weise zur Missionarin werden. Man würde sie zur Rede stellen und vielleicht ins Gefängnis bringen. Doch auch sie konnte jetzt sagen:

„Ich weiß, daß mein Erlöser lebt..." (Hiob 19, 25)

Und das war es, worauf es ankam. Alles andere war von zweitrangiger Wichtigkeit.

Ja, wir wußten, daß unser Erlöser lebt, und wir behielten diese Gewißheit nicht für uns.

Und so kam es dann, daß viele Menschen, ältere und auch jugendliche, sich zu Jesus Christus bekehrten. Wir wurden deshalb von der Geheimpolizei aufs Strengste verwarnt, und es wurde uns geraten, umgehend unsere Versammlungen aufzugeben, es sei denn, wir wären bereit, die Konsequenzen dafür zu tragen.

„Herr, was sollen wir tun?" betete ich.

„Weiterversammeln!" war die Antwort in meinem Herzen.

„Ach Herr, es kann doch Gefängnis für uns bedeuten", haderte ich.

„Liebst du mich?" schien Er mich zu fragen.

„Ja, natürlich habe ich Dich lieb, Herr, Du weißt es. Aber..."

„Liebst du mich?" stand die Frage noch einmal vor mir, groß und unausweichlich.

„Ja, Herr, ich habe Dich lieb."

„Wärest du bereit, für Mich zu leiden?"

„Ich wünschte, ich wäre es, Herr, aber ich glaube nicht, daß ich die Kraft dazu hätte, wenn es auf einmal darauf ankäme. Sieh mich an Herr, ich bin nicht sehr kräftig und auch nicht sehr gesund. Ich würde es wahrscheinlich nicht überstehen. Und Du mußt doch verstehen, Herr, daß ich noch eine Familie habe..."

Warum antwortete Gott mir nicht?

Ich wußte, Er hatte mich lieb, denn Jesus Christus hatte Sein Leben für mich am Kreuz gegeben und mir schon unzählige Male Seine Nähe bewiesen.

Warum ließ Er mich jetzt im Ungewissen? Er ließ einfach die Frage in der Luft hängen: Liebst du mich?

Sie ging mir tagelang durch den Kopf. Natürlich liebte ich Ihn, darüber konnte kein Zweifel bestehen. Aber war ich wirklich bereit, auch für Ihn zu leiden, wenn es sein mußte? Ich wußte es wirklich nicht. Ich hätte doch eigentlich sagen müssen: Ja, Herr, wenn es Dein Wille ist...

Aber ich konnte es nicht.

Jeden Tag sah ich Gefangene, denn wir arbeiteten mit ihnen zusammen in der Ziegelei. Sie waren fast alle aus anderen als Glaubensgründen hier, aber es waren arme, bedauernswerte Menschen. Sie wurden morgens unter strenger Bewachung hierher gebracht, wo sie unter der ständigen Drohung von Maschinengewehren und abgerichteten Schäferhunden Schwerarbeit verrichten mußten. Die Ziegelei selbst war von einem hohen Zaun umgeben, dessen extra Stacheldrahtaufbau alle Ausbruchsversuche verhindern sollte. Es war in gewisser Weise ein Teil des Gefängnisses, das eigentliche Arbeitslager, in das wir jeden Tag mit besonderen Papieren hereingelassen wurden. Doch wir durften es jeden Abend wieder verlassen. Wir waren nur Halbgefangene, sozusagen.

Die anderen wurden in großen Kolonnen wieder ins Gefängnis zurückgeführt.

Sie waren ein Bild des Jammers. Sie sahen grau aus, grau war ihre Kleidung, und grau waren auch ihre Gesichter.

Sie waren mager, und die für die kalte Jahreszeit oft unzureichende, schmutzige Kleidung schlotterte um ihre Glieder. An den Füßen trugen sie Sandalen, die aus alten Autoreifen angefertigt waren, und im Winter waren Lumpen um ihre Füße gewickelt.

Verglichen mit ihrer körperlichen Verfassung war die Arbeit

viel zu schwer, die von ihnen verlangt wurde, und ich sah, wie sie geschlagen wurden, wenn sie ihr Soll nicht erfüllen konnten.

Oft, wenn die anderen nach Hause gingen, um ihren Feierabend zu genießen, stand ich noch lange da und schaute diesen armen Gestalten nach, wie sie wieder ins Gefängnis zurückgeführt wurden. Ein Tag in dieser absoluten Trostlosigkeit war für sie zu Ende, um nach einer trostlosen Nacht in neuer Trostlosigkeit wieder zu beginnen. Und in großer Demut und Traurigkeit faltete ich oft meine Hände und brachte sie vor den Herrn, einen nach dem andern, wie sie langsam an mir vorbeizogen...

„Herr, warum dieses ganze Leiden?" war zur Frage meines Lebens geworden.

Warum? Warum?

Ich konnte es nicht verstehen, und es bedrückte mich sehr.

Doch Gott war Liebe, denn Er hatte Seinen eigenen Sohn für uns gegeben. Dieses Elend hier wurde von Menschen verursacht, nicht von Gott, sondern von Menschen, die Gott haßten. Es muß wohl dieser Konflikt zwischen Gott und Satan sein, der sich immer dann vor unseren Augen abspielt, wenn wir fragen: Warum?

Ich wußte, unter diesen Sträflingen gab es auch Kinder Gottes, die alles verlassen und um Seinetwillen dieses schwere Leben auf sich genommen hatten. Der Gedanke ließ mich micht mehr los: Würde auch ich dazu bereit sein, wenn es sein müßte?

In unserer Gemeinde sangen wir oft Lieder, in denen auch vom Leiden die Rede war, aber ich spürte, ich sang nur mit den Lippen, mit, mein Herz war nicht bereit...

Eines Tages erfuhren wir, daß man einen alten gläubigen Mann aus einem anderen Gefängnis hierher nach Aschchabad gebracht hatte. Wegen seines Alters arbeitete er nicht in der Ziegelei, sondern im Gefängnis selbst, und deshalb hatten wir ihn auch noch nicht gesehen. Es gelang mir jedoch, seinen Namen und die Gefangenennummer zu erfahren, und wir beschlossen, ihn, sobald es möglich war, aufzusuchen. Eine normale Besuchserlaubnis zu erhalten, dauerte in der Regel immer etwas länger, doch um ein einfaches Lebensmittelpaket zu übergeben, brauchte man nicht so lange zu warten. Wir machten uns deshalb gleich am nächsten Sonntagnachmittag auf den Weg ins Gefängnis, um zunächst wenigstens diesen kleinen Dienst für ihn zu tun, denn er war ja unser Bruder...

Es war eine lange Reihe von Menschen vor uns, die alle aus den gleichen Gründen gekommen waren, und alle warteten geduldig, bis auch sie endlich vor dem kleinen Fenster standen, durch das sie ihre Gabe für einen Gefangenen reichen durften. Endlich war es auch für uns soweit. Und während ein Beamter unser Paket aufs Gründlichste durchsuchte, sahen wir ihn im Hintergrund warten. Draußen war es ziemlich hell, und deshalb konnten wir ihn im Halbdunkel des Raumes nicht gut erkennen, zumal er noch etwa fünf Meter vom Fenster entfernt stehen mußte.

Er fragte sich bestimmt, wer ihm in Turkmenien ein Geschenk machen konnte, denn er war fremd hier und kannte niemanden.

Als er sah, daß es sein Paket war, das gerade kontrolliert wurde, beugte er sich auf einmal nach vorn und fragte uns mit leiser Stimme:

„Seid ihr Fischer von Galiläa?"

„Ja, wir sind Fischer von dort!" antworteten wir leise, erfreut, ihn gefunden zu haben.

Es war bei diesen Gelegenheiten nicht erlaubt, mit den Gefangenen zu sprechen, und der Beamte sah uns strafend an.

Wir sagten nichts mehr.

„Hier, nimm dein Paket und verschwinde!" sagte er in barschem Ton zu dem alten Mann.

Er nahm es und sah uns dabei mit tiefer Dankbarkeit an, während Tränen der Freude über seine Wangen rollten. Dann mußte er den Raum verlassen. Wir waren selbst den Tränen nahe, und für eine ganze Weile sagte keiner von uns etwas. Jeder war in seinen eigenen Gedanken versunken.

Nach etwa zwei Wochen wurde endlich unser Gesuch genehmigt, diesen Bruder persönlich im Gefängnis besuchen zu dürfen. Zwar hatte man uns nicht mehr als 30 Minuten zugestanden, doch wir sahen diesem Nachmittag mit großer Freude entgegen.

Diesmal durften wir nichts mitnehmen und wurden außerdem noch gründlich untersucht, für den Fall, daß verbotene Dinge in unserer Kleidung versteckt waren.

Als wir schließlich die Kontrolle hinter uns hatten, führte man uns in einen Besuchsraum mit vielen Tischen und Bänken. Überall saßen Gefangene, denen man für ein paar Minuten erlaubt hatte, ihre Angehörigen zu sehen.

Dann wurde Iwan Schitchkin hereingeführt, Iwan, unser Bruder. Er erkannte uns gleich und kam mit schnellen Schritten auf uns zu. Noch vor wenigen Wochen hatte einer vom andern nichts gewußt, und doch war es jetzt so, als wenn wir uns schon lange gekannt hätten.

Er fiel uns um den Hals und weinte, und wir umarmten ihn und weinten auch. Er war so froh und glücklich, daß wir hier waren, um ihn zu besuchen und konnte gar nicht darüber hinwegkommen. Wie lange mußte es wohl schon hersein, fragte ich mich, daß jemand auf ihn in solch einem Raum gewartet hatte...

Wir setzten uns an einen der großen Holztische in eine Ecke und stellten uns einer nach dem andern vor.

„Weshalb bist du hier, Bruder?" fragten wir ihn dann.

„Ja," sagte er, „es ist schon lange her. Ich habe zu meinen Nachbarn von der Liebe Jesu gesprochen, und sie wurden gläubig. Als es bekannt wurde, bin ich verhaftet worden."

„Du sagtest, es ist lange her. Wie lange bist du deswegen schon im Gefängnis?"

„19 Jahre!" antwortete er leise.

„19 Jahre!" riefen wir alle wie aus einem Munde, und wir sahen ihn beinahe ungläubig an.

Mir waren die Hände heruntergefallen, und ich starrte ihn an. Hier war ein Mann, der bereit war, um seines Glaubens willen all das auf sich zu nehmen. 19 Jahre lang!

Und während die anderen mit ihm sprachen, saß ich nur da, ergriffen von dem, was ich sah und hörte, und ich spürte, daß Gott in einer Weise, der ich mich diesmal nicht entziehen konnte, zu meinem Herzen redete.

Iwan Schitchkin wurde mir zu einer lebendigen Predigt. Ich sah ihn an und war gefangen. Äußerlich war nichts an ihm, was in irgendeiner Weise beeindruckend gewesen wäre. Er war schlecht gekleidet, schmutzig und so ärmlich, daß man schon sagen konnte, zerlumpt. Sein Gesicht war von der Sonne verbrannt und hatte tiefe Falten. Es erinnerte mich an gegerbtes Leder. Seine Lippen waren von der Trockenheit aufgeplatzt, und seine Hände waren rissig. Etwas Hautcreme würde den Schaden bald behoben haben, aber solche Luxusartikel, die für uns so selbstverständlich sind, existieren nicht im Leben eines Gefangenen.

Seine Gesichtszüge waren vom Leid gezeichnet, von jahrelanger Schwerarbeit, unzureichender Versorgung und Einsamkeit, und doch – seine Augen strahlten in einem Glanz, den man beinahe als übernatürlich beschreiben konnte.

Ich war tief beeindruckt. Dieser Mann hatte sich selbst verleugnet und sein Kreuz auf sich genommen...

Gott aber hatte ihm solchen Frieden der Seele gegeben, daß wir in seinen Augen die ganze Liebe, Güte und Weisheit des lebendigen Gottes erkennen konnten.

Ich hatte keinen Zweifel mehr darüber, der Herr hatte auch für mich diese Begegnung mit Iwan Schitchkin geplant, denn Er bereitete mich auf etwas vor, gegen das ich mich bis jetzt immer noch gewehrt hatte. Gewiß, Seine Wege erscheinen uns oft unverständlich, aber so viel war mit inzwischen klargeworden: Es gibt viele Dinge zwischen Himmel und Erde, die wir nicht verstehen, was deshalb aber nicht bedeuten muß, daß sie nicht existieren oder daß man sie verwerfen muß.

Ich kam mir auf einmal vor wie Jeremia, der vom Herrn in das Haus des Töpfers geschickt wurde, um eine bestimmte Botschaft zu empfangen. Jeremia ging und beobachtete ihn, wie er aus Ton wunderbare Gefäße formte, und der Herr sprach zu ihm:

„Siehe, wie der Ton in der Hand des Töpfers, also seid ihr in meiner Hand..." (Jeremia 18, 6)

Ja, Gott ist der Töpfer und wir der Ton, den Er nach Seinen Plänen formt, und doch wissen wir,

„daß denen, die Gott lieben, alles zum Besten mitwirkt,
denen, die nach dem Vorsatz berufen sind. Denn welche
Er zuvor ersehen hat, die hat Er auch vorherbestimmt,
dem Ebenbilde Seines Sohnes gleichgestaltet zu werden". (Römer 8, 28–29)

Es war letztenendes Gottes Plan, daß wir, Seine Kinder, dem Ebenbilde Seines Sohnes gleichgestaltet werden sollten...

Und hier im Gefängnis zeigte Er mir einen Mann, der diesem Ziel sehr nahegekommen war. Dieser Mann, Iwan Schitchkin, war bereit gewesen, sich von Ihm formen zu lassen, so wie der Töpfer auf der Scheibe ein wunderbares Gefäß hervorbringt. Und sein Beispiel sprach zu mir mehr als hundert Predigten es je vermocht hätten. Ich war überwältigt, und dann spürte ich, daß der Herr zu meinem Herzen redete, so laut und eindringlich, daß ich es nicht überhören konnte, auch wenn ich es gewollt hätte:

‚Du sagst, du liebst mich...

Wärest auch du bereit, einen schweren Weg wie dieser Mann zu gehen? Wärest du bereit, deine Freiheit aufzugeben, deine Frau und dein Kind?'

Ich befand mich in einem großen Zwiespalt. Konnte ich dem Herrn nicht auch *so* dienen, ohne daß ich so schweres Leid auf mich nehmen mußte?

Millionen Menschen glauben ja schließlich an Gott, haben ein schönes Zuhause, eine glückliche Familie, gehen sonntags oder auch in der Woche zum Gottesdienst, und keiner verlangt von ihnen, alles aufzugeben. Warum *ich* gerade, fragte ich mich immer wieder... Warum sollte *ich* alles aufgeben und sogar meine Frau und mein Kind? Gerade das war die wundeste Stelle in meinem

Leben, denn ich liebte Olga und Nelli mehr als alles andere auf der Welt. Ich konnte dem Herrn doch auch *so* dienen...

Doch andererseits, konnte ich es wirklich? Es würde bedeutet haben, zu keiner Versammlung mehr zu gehen und schon gar keine in unserem Hause abzuhalten, niemandem von Jesus zu erzählen, Nelli von Gott fernzuhalten und sie kommunistisch zu erziehen.

Ich wußte, ich konnte es nicht. Es ist anders in Rußland als in einem Land, in dem Glaubensfreiheit gegeben ist. Es sind einfach andere Maßstäbe.

Unser Glaube an Gott war nicht nur eine vage Vorstellung, es war Gewißheit, die Gewißheit von der Existenz des lebendigen Gottes und Seiner unendlichen Liebe für uns. Wie konnten wir da Kompromisse eingehen und dann nach und nach aufgeben, von dem wir wußten, daß es das Einzige war, was in unserem Dasein überhaupt zählte?

Ich hatte dem Herrn immer noch nicht geantwortet. Ich dachte an Olga und Nelli und Iwan Schitchkin. Ich liebte den Herrn aufrichtig und von ganzem Herzen, doch ich konnte noch nicht sagen: ,,Ich bin bereit..." Und so seufzte ich nur innerlich:

,,Ja, Herr, Du weißt, ich will Dich lieben, aber Du mußt mich dazu bereit machen zu sagen, ‚Nicht mein Wille, sondern Dein Wille geschehe...'"

Unsere Besuchszeit ging zu Ende. Nachdem wir leise und unauffällig noch zusammen gebetet hatten, umarmten wir unseren Bruder noch einmal und versprachen, so bald es ging, wiederzukommen. Dann wurde er wieder in seine Zelle geführt.

Wir haben ihn nie wiedergesehen. Wahrscheinlich wurde er wieder in ein anderes Gefängnis verlegt, vielleicht ist er auch inzwischen entlassen worden, oder er ist gestorben. Eines Tages werden wir es erfahren, denn ich bin gewiß, daß wir ihn wiedersehen werden.

Wir versammelten uns weiter wie zuvor. Es war das Jahr 1951. Unsere Gemeinde war im Laufe der Zeit auf ungefähr 150 Personen angewachsen, und wir wurden von der Geheimpolizei mit wachsendem Unwillen beobachtet. Es schien nur eine Frage der Zeit zu sein, wann sie zuschlagen würden.

Wir hörten von vielen Verhaftungen in Aschchabad, Gemeindehäuser wurden geschlossen, und Gläubige verloren ihre Arbeitsstelle.

Große Gemeinden zerstreuten sich deshalb und hatten nur noch kleine Hausversammlungen, bei denen höchstens 15 Personen anwesend waren. Vielleicht war es in anderen Gegenden nicht so streng, aber wir waren gezwungen hierzubleiben, denn ohne besondere Genehmigung der Behörde durften wir weder Wohn- noch Arbeitsplatz verlassen. So sahen wir mehr oder weniger gefaßt dem entgegen, was unvermeidlich auch auf uns zukommen mußte.

Wir wußten, daß wir von Verrätern umgeben waren, doch wir hatten keine andere Wahl, als zu dem zu stehen, von dem wir wußten, daß es die Wahrheit war.

In der Zwischenzeit nahmen wir jede Gelegenheit wahr, den Namen Jesu zu verkünden, und viele kamen noch in diesen schwierigen Tagen zum lebendigen Glauben an Ihn.

Eines Tages hörten wir, daß sie wieder drei Christen verhaftet hatten. Es waren zwei Männer und eine Frau aus Krasnowodsk, die hier gerichtet werden sollten.

Wir kannten sie gut, vor allem die Frau. Sie war Ärztin, doch für uns war sie nur Schwester Emma gewesen. Wir verfolgten deshalb den Prozeß mit größter Anteilnahme und waren erschüttert, als wir hörten, daß sie alle drei zu 25 Jahren Zwangsarbeit verurteilt worden waren.

Nach der Gerichtsverhandlung erfuhren wir, daß gerade die Ärztin Emma sehr in ihrer Standhaftigkeit versucht worden war. Fast ihre sämtlichen Verwandten, die so gut wie alle höhere Positionen bei der Partei bekleideten, waren hier erschienen, um alles zu tun, was in ihren Kräften stand, den bisher „unbefleckten" Familiennamen zu retten. Sie waren mit dem Richter übereingekommen, ihr die Strafe zu erlassen, wenn sie ihrem Glauben absagen würde. Der Richter willigte ein, teils aus Verpflichtung den Parteiangehörigen gegenüber, teils aus eventuellen Propagandagründen. Jetzt lag es nur noch an Emma.

„Emma, du bist zu 25 Jahren verurteilt worden! Macht dir das gar nichts aus?" fragten sie.

„Ob mir das nichts ausmacht?" gab sie verwundert zurück, „wer möchte schon gerne seine Freiheit verlieren, und dazu noch für 25 Jahre! Natürlich macht es mir etwas aus."

„Du brauchst es aber nicht, Emma," sagte der Vater, „du brauchst nur deinem lächerlichen Glauben abzusagen, und du kannst mit uns nach Hause gehen. Der Richter hat es uns zugesagt. Es liegt an dir!"

„Bitte, blamier' uns nicht, Emma", bat jetzt auch ihr Bruder, „verschone doch dich und uns!"

„Bedeutet dir denn deine Familie gar nichts?"

„Doch", sagte Emma traurig, aber bestimmt, „ihr bedeutet mir mehr, als ich es euch sagen kann. Ich habe immer meine Familie geliebt, und ich liebe jeden Einzelnen von euch, aber Jesus gab Sein Leben für mich auf Golgatha. Ich kann Ihn nicht verleugnen..."

„Emma, ist dir dein Jesus, den du nicht siehst, mehr wert als wir, die wir hier leibhaftig vor dir stehen? Komm, werde wieder eine von uns! Wir werden dir nichts nachtragen, und alles wird wieder so sein wie früher..."

„Bist du dir überhaupt klar darüber, wie lang 25 Jahre sind?"

„Ja, ich weiß", sagte sie, „es ist eine lange Zeit. Aber auch wenn ich wüßte, daß ich nie mehr zurückkäme, würde das an meiner Entscheidung nichts ändern."

Ihre Verwandten mußten unverrichteter Dinge nach Hause gehen, mißgestimmt und verärgert, wie ihre sonst so intelligente und tüchtige Angehörige sich in solch eine offensichtlich hirnverbrannte Idee verrannt haben konnte.

Wie sollten sie es auch begreifen, denn
„der natürliche Mensch nimmt nicht an, was vom Geiste Gottes ist; es ist ihm eine Torheit, und er kann es nicht verstehen, weil es geistlich beurteilt werden muß." (1. Korinther 2, 14)

Wenn sich aber jemand dagegen sträubt, geistliche Dinge zu verstehen, werden sie ihm vom Geist Gottes auch nicht erschlossen werden.

Die Ärztin Emma mußte in ein Arbeitslager nach Sibirien, weil sie sich geweigert hatte, ihre Glaubensgewißheit zu verleugnen. Ihr mutiges Verhalten vor dem Gericht war bald in aller Munde. Wir hörten es von Ungläubigen, die es wieder von anderen Ungläubigen gehört hatten. Es verbreitete sich wie eine Welle in der Stadt, daß jemand zu 25 Jahren Zwangsarbeit verurteilt worden war und die angebotene Freiheit als Preis für einen Gesinnungswandel ausgeschlagen hatte. Und alle, selbst Angehörige der Geheimpolizei, verwunderten sich, wo ein Mensch solche Kraft hernehmen konnte. Wir wußten es. Es war Jesus Christus selbst, der ihr half, wo ihr eigener Mut vielleicht nicht ausgereicht hätte.

Wir waren überwältigt von der Güte Gottes. Und während wir unsere Knie vor Ihm beugten, dankten wir Ihm, daß Er Emma die Kraft gegeben hatte, in dieser schweren Stunde der Versuchung treu zu sein.

Auch mir persönlich bedeutete dieses Erlebnis unendlich viel. Ich wußte jetzt, wenn der Herr dieser Schwester den Mut gegeben hatte, so zu antworten, dann würde Er auch mir die Kraft geben, die ich brauchte, wenn es soweit war.

Später, nach sieben Jahren, traf ich Emma wieder. Sie hatte wie ich durch eine Amnestie wieder die Freiheit erhalten.

„Arthur," sagte sie, „als ich im Untersuchungsgefängnis war, habe ich euch eines Tages singen gehört. Du glaubst gar nicht, was mir das bedeutet hat!"

„Du hast uns singen gehört?"

„Ja, ich habe euch an euren Stimmen erkannt."

Und auf einmal fiel es mir wieder ein: Wir hatten eine Beerdigung gehabt. Der Friedhof befand sich in der Nähe des Gefängnisses, so daß wir mit dem Leichenzug daran vorbei gingen und dabei mußte sie uns gehört haben. Da wir es uns zur Gewohnheit gemacht hatten, jeden äußeren Vorwand zum Predigen des Wortes Gottes zu benutzen, dauerten auch Beerdigungen wesentlich länger, als es normalerweise der Fall war.

Wir zogen jedesmal langsam mit dem Leichenwagen die Straße entlang. Dann blieben wir stehen, sangen, und es wurde gepredigt. Nach einer Weile gingen wir weiter, um bei der nächsten Gelegenheit, wo sich Zuschauer einfanden, wieder stehenzubleiben und einen kleinen Gottesdienst abzuhalten.

Viele Menschen, die sonst nie in ein Gemeindehaus gekommen wären, haben auf diese Weise das Wort Gottes gehört.

Man konnte nie wissen, wie viele dadurch angesprochen wurden, aber in so manches Herz wurde der Same des Wortes gelegt, der vielleicht erst Monate oder Jahre später aufgehen sollte. Eines Tages sprach mich zum Beispiel ein älterer Mann in Aschchabad mit den Worten an:

„Sei gegrüßt, mein Sohn."

„Ich kenne Sie doch gar nicht", gab ich verwundert zurück.

„Aber ich kenne dich," sagte er. „Kannst du dich erinnern, als du einmal bei einer Beerdigung über das Gleichnis vom reichen Mann und Lazarus gesprochen hast?"

Ja, ich erinnerte mich jetzt, aber es war schon lange her.

„Nun, ich war noch nicht gläubig zu dieser Zeit," fuhr er fort, „aber diese Worte ließen mich nicht mehr los, und jetzt bin auch ich ein Christ. Ich danke Gott noch heute, daß ich damals an diesem Beerdigungszug vorübergehen mußte."

Auch an diesem Tag, als Emma uns gehört hatte, fand eine Beerdigung statt. Wir waren langsam an der hohen Gefängnismauer vorbeigezogen. Unsere Gedanken weilten bei unseren Glaubensgeschwistern, die dahinter gefangen waren, Emma und die beiden

Männer, die mit ihr gerichtet werden sollten. Wir konnten niemanden sehen, doch wir hofften, daß sie uns hören würden, und so sangen wir, so laut wir konnten, viele Lieder, die gerade in ihrer Situation die Botschaft von der Liebe Gottes und Trost im Leid in ihre Zellen tragen sollten. Wir erhielten keine Antwort. Nichts rührte sich, und so zogen wir schließlich weiter, in der Hoffnung, daß unsere Stimmen nicht ungehört verhallt waren.

Und jetzt nach sieben Jahren erzählte uns Emma, welch ein Trost diese Lieder für sie gewesen waren.

„Ja," sagte sie, „es war, als hätten Engel zu mir gesungen..."

Es waren wahrscheinlich auch Engel gewesen, die diese wunderbaren Worte, die von unseren ungeschulten Stimmen gesungen wurden, in ihre Zelle getragen hatten.

Es wurde von Woche zu Woche schwieriger. Die Verhaftungen nahmen zu, und immer mehr Hausversammlungen wurden unter schweren Bestrafungen aufgelöst. Mir wurde es inzwischen immer klarer, daß auch ich eines Tages ins Gefängnis gehen mußte, es sei denn, ich wäre bereit gewesen, meinen Glauben nur im stillen Kämmerlein auszuüben.

Diese Möglichkeit selbst als vorübergehenden Ausweg zu erwägen, war ausgeschlossen. Es wäre Verrat gewesen.

Doch ich liebte meine Freiheit, Olga und Nelli, und ich dankte Gott jeden Tag dafür. Ich hatte Angst, daß mir die Frage noch einmal gestellt würde:

„Bist du bereit, um Meines Namens willen alles aufzugeben, was dir jetzt so teuer ist?"

Ich hätte sagen müssen: „Nein Herr, ich kann es nicht. Ich kann es nicht, es sei denn, Du stärkst mich dafür..."

Und so betete ich zu meinem himmlischen Vater um Kraft, ich fastete und betete. Und oft, wenn ich Nachtschicht hatte und nicht sehr viel zu tun war, ging ich ein Stückchen zur Seite, wo ein paar Dornenbüsche standen und beugte meine Knie im Sand und rief zum Herrn.

Und Gott hörte mich. Nachdem ich lange so mit Ihm gerungen hatte, gab Er mir schließlich die Kraft zu sagen:

„Ja, Herr, wenn es Dein Wille ist, dann nimm meine Freiheit... Ich bin jetzt bereit, sie um Deinetwillen aufzugeben..."

Ich fühlte mich auf einmal von einer Last befreit, und ich dankte Gott dafür, ja es war mir, als wäre ich jetzt innerlich freier als in all den Tagen, wo ich noch so um meine Freiheit gekämpft hatte.

Wie aber war es mit Olga und Nelli? Es würde bedeuten, auch sie aufzugeben, wenn ich ins Gefängnis müßte...

Doch ich liebte sie und wollte sie um keinen Preis verlassen.

„Um keinen Preis?" schien Gott zu fragen.

Ich wußte, es gab nur einen Preis, und das war der Herr selbst. Und wie ich hier im Sand auf den Knien lag, fielen mir auf einmal die Worte Jesu ein:

„Wer Weib oder Vater oder Mutter oder Sohn oder Tochter mehr liebt als mich, der ist meiner nicht wert." (Mathh. 10, 37)

Der ist meiner nicht wert...! Der ist meiner nicht wert...! hallte es in meinen Gedanken nach.

„Oh, Herr, ich möchte Deiner wert sein," betete ich, „bitte hilf mir doch!"

Und der Herr half mir auch diesmal und stärkte mich.

„Oh, Jesus, Du weißt, wie sehr ich Olga und Nelli liebe, mehr als alles andere auf der Welt... Aber ich möchte nicht, daß irgendetwas stehenbleibt zwischen Dir und mir... So nimm denn alles hin, meine Freiheit, meine liebe Frau und mein kleines Mädchen..."

Ich weinte.

Und der Herr gab mir eine solche innere übernatürliche Kraft, die mein Herz mit einem größeren Frieden erfüllte, als ich ihn je in meinem Leben erfahren hatte.

Ich war bereit, den Kelch aus Gottes Hand anzunehmen...

# 11

GIB GOTT AUF, UND SEI FREI!

Heute war der 7. August 1951. Es hatte tatsächlich nicht mehr lange gedauert, bis sie auch mich abgeholt hatten.
Gewiß, wir hatten schon damit gerechnet, aber dann war doch alles so plötzlich gekommen.
Meine Familie und meine Freunde waren ganz in der Nähe, und doch war es, als wäre ein großer Strich unter mein bisheriges Leben gezogen worden. Ich war noch so verwurzelt darin, daß ich mir nur schwer vorstellen konnte, daß es zu Ende war, zumindest für lange Zeit.
Olga war nun schon im neunten Monat schwanger, und bald würden wir ein weiteres kleines Mädchen oder einen kleinen Jungen haben. Sie brauchte mich so zu Hause! Und ich saß hier auf der Bank im Untersuchungsgefängnis...
Ich konnte nicht bei ihr sein, doch ich wußte, Gott war es. Wenn es einen anderen Weg gegeben hätte, dem Herrn treu zu sein, ohne zum Verräter zu werden, wäre ich ihn bestimmt gegangen. Aber es gab keinen Mittelweg, nur ein Entweder...Oder...
Plötzlich wurde ich aus meinen Gedanken gerissen. Ich hörte Schritte im Flur und das unverkennbare Geräusch des Schlüssels in der eisernen Tür. Sie waren gekommen, um mich zum Verhör zu holen. Es war nur kurz, doch das erste von vielen, die noch folgen sollten.
Unter Bewachung wurde ich in einen vornehm eingerichteten Raum der Geheimpolizei geführt. Er kam mir jedenfalls sehr elegant vor, wenn ich ihn mit dem übrigen Teil des Gefängnisses verglich. Die Wände waren hellgrün angestrichen, und an einer Seite des Zimmers hing neben einer Blattpflanze ein Bild von Lenin als Revolutionär. Es hatte einen braunen Teppich und braune Vorhänge, was ihm irgendwie eine gediegene Atmosphäre verlieh. Der Blickfang war jedoch ein überdimensionaler Schreibtisch, hinter dem ein höherer Beamter saß und mich aus eiskalten Augen ansah.
Meine Bewacher ließen mich mit ihm allein.
Nachdem er mich eine lange Weile, die mir wie eine halbe Ewigkeit vorkam, geringschätzig gemustert hatte, ohne auch nur ein Wort zu sagen, begann er endlich:

„Herzlich willkommen, Geßwein! Gefällt es Ihnen bei uns?"
Er lächelte sarkastisch.
Ich schwieg.
„Warum antworten Sie nicht? Sie wollen wohl nicht zugeben, daß Sie lieber woanders wären?"
Er lachte wieder, und ich konnte den Haß in seinen Augen sehen. Er blickte mich durchdringend an.
„Wenn es Ihnen nicht bei uns gefällt, brauchen Sie es mir nur zu sagen. Es ist nämlich gar nicht nötig, daß Sie hier sind. Sie können sogar nach Hause gehen. Das Einzige, was Sie dafür zu tun brauchen, ist, Ihrem Glauben an einen Gott, den es gar nicht gibt, abzusagen, und Sie versprechen uns, ein verantwortungsbewußter Staatsbürger zu werden."
Ich nickte und gab ihm damit zu verstehen, daß ich verstanden hatte.
Er sagte nichts mehr und sah mich nur noch an, kalt und abwartend. Nach einer langen Zeit des Schweigens, die mir wie eine Unendlichkeit vorkam, nahm er endlich den Telefonhörer ab und wählte eine Nummer. Wenige Augenblicke später kamen meine beiden Bewacher herein.
„Geßwein, Sie können jetzt gehen", sagte er noch, „doch vergessen Sie nicht, Sie *brauchen* nicht hier zu sein..."
Ich wurde wieder in meine Zelle geführt.
Es vergingen Tage, ohne daß sich jemand um mich kümmerte. Ich sah nur den Wärter, der mir schweigend die armseligen Mahlzeiten durch die Tür schob und sonst niemanden.
Es war eine Ordnung des Gefängnisses, daß jedem Gefangenen täglich 15 Minuten frische Luft zustanden, doch niemand schien sich besonders daran zu halten. Wenn ich dann doch an manchen Tagen für eine Viertelstunde in den inneren Gefängnishof durfte, war es wie ein Geschenk, das man bis zur letzten Sekunde auskostete. Und man freute sich an allen Dingen der Natur, die einem selbst hier hinter den Mauern die wunderbare Schöpfung Gottes bewußt werden ließen, über den blauen Himmel, die weißen Wolken in verschiedenen Formen und Schattierungen, die laue Sommerluft oder ein paar Grashalme am Mauerwerk.
Nach zwei Wochen und zwei Tagen hörte ich wieder Schritte auf dem Flur, die schließlich vor meiner Zellentür haltmachten. Der Schlüssel wurde wieder herumgedreht, und die beiden Wachen, die mich schon einmal begleitet hatten, kamen herein.
„Komm mit, Gesswein!" sagte der eine von ihnen in barschem Ton.

Ich stand auf, sie nahmen mich in die Mitte, und dann gingen wir wieder Flure und lange Korridore entlang, bis wir schließlich vor der gleichen Tür standen, durch die ich schon einmal eingetreten war.
lich? Ich setzte mich und sah ihn verwundert an.
„Nun, Gesswein, wie geht's?" fragte er verbindlich.
Ton zu mir, nachdem ich eingetreten war. Das letzte Mal war er voller Haß und Sarkasmus gewesen. Warum war er jetzt so freundlich? Ich setzte mich und sah ihn verwundert an.
„Nun, Geßwein, wie geht's?" fragte er verbindlich.
„Danke, Herr Inspektor, ich will nicht klagen."
„Weißt du, daß deine Frau vor einigen Tagen dein Kind zur Welt gebracht hat?"
Ich hatte mir ausgerechnet, daß es soweit gewesen sein müßte und in Gedanken betend hinter ihr gestanden, doch ich hatte noch keine Nachricht erhalten.
„Nein", sagte ich deshalb, „ich weiß es noch nicht."
„Nun, es ist ein Junge, ein kräftiges Kind, das dir sehr ähnlich sein soll..."
„Oh, wirklich?" rief ich erfreut aus, „und wie geht es meiner Frau?"
Ich hatte für ein paar Momente vergessen, daß der Mann hinter dem großen Schreibtisch ein Angestellter der Staatssicherheitspolizei war.
„Deiner Frau geht es gut und auch dem Kind. Sie wollen es Arthur nennen..."
Etwas unsicher sah ich ihn an. Er mußte wissen, wie gern ich gerade jetzt zu Hause gewesen wäre.
„Deine Frau ist sehr glücklich über das Baby. Sie möchte natürlich, daß du es siehst... Sie ist einsam und sehnt sich nach dir... Auch dein kleines Mädchen fragt immer nach ihrem Papa..."
Ich glaubte jetzt zu wissen, warum er so freundlich war. Diese Methode mußte schon oft Erfolg gehabt haben.
Und wieder spürte ich eine große Versuchung, stärker sogar als je zuvor. Er mußte es mir angesehen haben, denn er fuhr fort:
„Geßwein, überleg dir doch, was du tust! Du kannst die Freiheit haben, heute noch! Freiheit...
Freiheit, nach Hause zu gehen, Freiheit, deine Frau zu umarmen, Freiheit, deine Kinder zu sehen..."
Ich war den Tränen nahe.
„Sieh dich doch an, wie du aussiehst! Unrasiert, blaß, elend,

schmutzig, nicht gerade attraktiv, muß ich schon sagen... Und wofür, frage ich dich! Wofür? Für eine fixe Idee!

Geßwein, sei doch vernünftig! Denk an deine Familie! Sie brauchen dich...

Es ist ganz einfach: Sage deinem Gott ab, wirf alles, was damit zu tun hat, über Bord und kehre als neuer und freier Mensch in die Welt zurück!"

Mein Herz schien ein Schlachtfeld zu sein, in dem die irdische und die göttliche Liebe miteinander rangen. Natürlich wollte ich zu meiner Familie zurück, zu Olga, Nelli, Sophie, und wie gern wollte ich meinen kleinen Sohn sehen! Sollte ich?

‚Oh, Herr', flehte ich voller Verzweiflung in meinem Herzen, höre mich doch! Bitte, hilf mir doch, denn ich will nicht schwach werden. Ich liebe meine Familie, und ich weiß, sie brauchen mich, aber Dich liebe ich auch, und es ist uns ja geboten, Dich an erster Stelle zu lieben! Bitte, gib mir doch die Kraft, der Versuchung zu widerstehen...

Gib mir doch die Freudigkeit zu bekennen, daß die göttliche Liebe noch weitaus größer ist als die natürliche.'

Und der Herr hörte mich. Er war mir nahe in diesen schweren Momenten der Versuchung und half mir, standhaft zu bleiben.

„Ja, Herr Inspektor", antwortete ich schließlich, „ich möchte gerne nach Hause gehen, denn meine Frau und meine Kinder sind mir sehr teuer, und ich liebe sie sehr. Aber Jesus Christus ist für mich auf Golgatha gestorben. Ich kann Ihn nicht verleugnen, denn Er lebt, und ohne Ihn bin ich, sind wir alle verloren..."

Als der MGB-Beamte meine Antwort hörte, starrte er mich lange sprachlos an. Ihm schienen die Worte zu fehlen, denn meine Reaktion ging anscheinend über sein Begriffsvermögen hinaus.

Kopfschüttelnd griff er zum Telefon und rief die Wachen herein, damit sie mich abführen sollten.

„Verfaulen wirst du hier und jämmerlich umkommen mit deinem Gott!" waren seine letzten drohenden Worte, die er mir noch hinterherrief.

„Verfaulen!!!"

Als ich wieder allein war, fiel ich auf die Knie und dankte dem Herrn von ganzem Herzen, daß Er mir in so wunderbarer Weise geholfen hatte. Aus eigener Kraft hätte ich es nicht gekonnt.

Jetzt begann die Zeit meiner intensiven Verhöre. Es sind meistens Wochen und Monate, an die jeder Gefangene nur mit Grauen zurückdenkt. Man konnte jederzeit gerufen werden, tagsüber oder auch mitten in der Nacht. Man wurde beschuldigt, mußte sich verantworten, zuhören, wie falsche Zeugen ihre Aussagen machten und sehen, wie das Netz um einen immer enger gezogen wurde.

Wie oft habe ich vor dem Herrn auf den Knien gelegen und um Weisheit gebetet, um auf alle Fragen richtig zu antworten.

Es waren meistens vier, fünf oder sechs Mann anwesend, die das Untersuchungskomitee bildeten, manchmal war es aber auch nur der Vernehmungsoffizier allein.

Vor ihm auf dem Tisch lag das Neue Testament, das sie mir bei der Verhaftung weggenommen hatten. Erstaunlicherweise wußten sie gut darin Bescheid, denn sie stellten mir oft solch schwierige Fragen, um die Unlogik und Widersprüchlichkeit des Wortes Gottes zu beweisen, daß ich manchmal keine Antwort wußte. Sie mußten es auf einer atheistischen Schule studiert haben, nicht, um es besser zu verstehen sondern um mit Gegenargumenten den Glauben zu bekämpfen.

,,Gesswein", riefen sie oft mit großem Unwillen, ,,ihr Gläubigen seid eine Pest für das Volk!!!

Ihr vergiftet alle, mit denen ihr zusammenkommt!!!

Eure Religion ist Gift! Opium!!!

Ihr macht die Leute weltfremd und als Staatsbürger untauglich!!!

Ihr seid zurückgeblieben, schwachsinnig!!!

Eure Bibel paßt ins Mittelalter, aber nicht ins 20. Jahrhundert!!!"

Oft machten sie sich über mich lustig, dann wieder behandelten sie mich, als wenn ich nicht voll zurechnungsfähig wäre oder bei anderen Gelegenheiten, als wenn wir Gläubigen mit Gerissenheit und Hinterhältigkeit das Fundament des Staates untergraben würden. Und immer wieder stellten sie mir die Frage, freundlich, drohend, hohnvoll, überheblich oder sarkastisch:

,,Warum bist du noch hier? Gefällt es dir so gut bei uns? Überleg' es dir, du kannst frei sein... Du brauchst dich hier nicht zu quälen... du kannst wie alle ehrlichen Leute zu Hause bei deiner Familie leben..."

,,Ich will lieber mit Jesus hier sein", gab ich bescheiden, aber bestimmt zurück, ,,als zu Hause und ein Verräter!"

Nach solchen Aussagen wurden sie oft wütend und schrien mich an oder sie machten so geringschätzige Bemerkungen, als wenn sie es mit einem Idioten zu tun gehabt hätten.

,,Verrotten wirst du hier!" riefen sie. ,,Verfaulen!!! Und kein Gott wird dich davor erretten!"

Doch in solchen schweren Momenten war es der Herr, der mir immer wieder neue Kraft gab. Ich spürte es, Er war nahe bei mir, wenn ich das Gebäude betrat, in dem die Verhöre stattfanden. Jemand gebrauchte den Ausdruck: Es ist wie der Vorhof zur Hölle. Die Atmosphäre ist so gottlos, und man fühlt sich so verloren, als wenn man ganz allein auf einem Schlachtfeld stände.

Es ist nur natürlich, daß einen manchmal eine große Furcht und ein Zagen überfällt.

Oft fragte ich mich, wie soll ich es nur noch länger durchstehen? Aber irgendwie ging es doch immer weiter, und der Herr gab mir jedesmal so viel Kraft, wie ich gerade für diesen Tag oder diese eine Nacht benötigte. Ich lernte, von Minute zu Minute in Seiner Abhängigkeit zu leben wie nie zuvor in all den Jahren.

Oft brachten sie falsche Zeugen herbei, die darüber aussagen sollten, wie ich mich gegen den Staat vergangen hätte. Verschiedentlich sah ich hier diese Menschen wieder, die ab und zu in unseren Versammlungen aufgekreuzt waren und sich Notizen gemacht oder ein Tonbandgerät unter der Kleidung versteckt gehabt hatten. Vieles, was beim Gottesdienst gesagt worden war, wurde jetzt mit völlig anderer Auslegung wiedergegeben, so wie ich es ursprünglich nie gemeint hatte.

Als Angeklagter durfte man natürlich nicht widersprechen sondern nur reden, wenn man gefragt wurde.

Eines Tages sah ich hier auch Nina, eine junge Glaubensschwester, wie sie völlig verängstigt vor dem Vernehmungsoffizier stand.

,,Erzähl uns doch jetzt mal", begann der Beamte freundlich, ,,was im Einzelnen hat der Arthur damals gesagt? Hat er euch nicht erschreckt, indem er behauptet hat, das Erdbeben sei eine Strafe Gottes gewesen?"

,,Was Arthur dazu gesagt hat, weiß ich nicht mehr so genau", antwortete sie mutig, ,,aber in der Bibel steht auch von Erdbeben geschrieben."

,,Seit wann kennst du ihn?

Was tut er nach der Arbeit?

Hat er christliche Literatur zu Hause?

Stimmt es, daß er gesagt hat, die Amerikaner seien stärker als die Russen?"

Das waren nur einige der Fragen, auf die das junge Mädchen antworten mußte. Sie war sehr nervös und offensichtlich bemüht, ihre Antworten so zu geben, daß sie nicht gegen mich ausgelegt werden konnten.

Aber obwohl alles, was sie sagte, keine Anklage gegen mich

enthielt, machte sich der Beamte doch laufend Notizen, welche sie nachher unterschreiben mußte.

Wie es sich später herausstellte, waren ihre Aussagen fast alle verdreht worden, so daß sie jetzt gegen mich gerichtet waren.

Ich war nach diesen Verhören oft so entmutigt und verzagt, zumal ich bald wegen meiner Weigerung, meinem Glauben abzusagen, mit noch größerer Strenge behandelt wurde.

Wenn ich nachts ein Verhör zu durchstehen hatte und völlig erschöpft wieder in meine Zelle zurückkam, durfte ich mich am Tage nicht etwa hinlegen und mich ausruhen. Es war nur erlaubt zu sitzen und zwar mit dem Gesicht zur Tür, in die ein Guckloch eingebaut war, das „Auge", wie es hier genannt wurde. Als ich mich dann endlich abends auf das harte Bettgestell mit der dünnen Matratze niederlegen durfte, bedeutete auch das kein Ausruhen, denn das Gesicht mußte der Tür, dem „Auge", zugewandt sein. Ich hatte bald blaue Flecken am Körper von dieser unbequemen Art zu liegen, doch ich konnte mich noch freuen, nicht härter behandelt zu werden. Ich bemühte mich auch, mir nicht mehr als nötig zuschulden kommen zu lassen, denn von anderen Gefangenen hatte ich gehört, wie es war, eine Zeit in der Strafzelle verbringen zu müssen. Es war eine Spezialzelle, die zu jeder Zeit etwa einen halben Meter hoch mit Wasser gefüllt war. Darin mußten die Gefangenen oft stundenlang stehen, bis zu den Knien im kalten Wasser. Es war eine große Qual, und ich sah mich sehr vor, nicht extra unangenehm aufzufallen. Oft rang ich im Gebet mit dem Herrn. In dieser gottlosen Atmosphäre hatte man manchmal das Gefühl, als sei man beinahe ganz allein in einer Welt voller Haß übriggeblieben. Und während ich eines Tages so entmutigt mit dem Herrn redete, fiel mir auf einmal Eliah ein, wie auch er so verzagt war, weil es den Anschein hatte, als wäre er der einzige Gläubige auf der Welt. Doch Gott sagte zu ihm: „Du bist nicht allein. Es sind noch siebentausend Seelen, die ihre Knie nicht vor Baal gebeugt haben."

Diese Worte waren mir ein großer Trost, denn ich wußte, egal, wie es hier drinnen aussah, daß es noch viele Geschwister draußen gab, die ihre Knie nicht vor der Religion des Kommunismus gebeugt hatten.

Ich mußte nicht nur erleben, wie falsche Zeugen gegen mich herbeigezogen wurden, sondern auch von mir wurde verlangt, gegen einen Bruder oder eine Schwester auszusagen.

Da war zum Beispiel der Prediger Wladimer, gegen den ich ein unwahres Zeugnis abgeben sollte. Man warf ihm vor, sich in einer

Predigt negativ über die kommunistische Partei geäußert zu haben, und ich sollte als Zeuge diese Anklage unterschreiben. Ich wußte jedoch nichts davon und hätte mir auch nie vorstellen können, daß er jemals so unvorsichtig gewesen wäre. Ich hätte lügen müssen.

Sie setzten mich Tage und Nächte unter Druck, um diese Unterschrift von mir zu erpressen.

„Geßwein, unterschreibe es! Es wird dein Vorteil sein... Dieser Wladimer ist kein guter Mann, wir wissen es. Wie kann ein angeblicher Christ so tun, als hätte er nur das Wohl seiner Gemeinde im Sinn, und dann bringt er sie durch seine Handlungsweise in Schwierigkeiten!"

Ich war müde, erschöpft, ich wollte meine Ruhe haben, nur schlafen, schlafen... vergessen...

„Geßwein, hör mal, eure Bibel sagt doch, man soll sich der Obrigkeit unterordnen. Habe ich recht?"

„Ja, es ist schon wahr, aber..."

„Hör zu, Geßwein, dieser Mann, der behauptet, die Bibel ernst zu nehmen, hat gegen den Staat gesprochen. Er hat damit doch eine Sünde begangen, nicht wahr?

Du willst doch keinen Mann unterstützen, der Sünden begeht?"

„Nein, natürlich nicht."

„Dann bist du jetzt also bereit zu unterschreiben?"

Ich war am Ende meiner Kraft. Es war schon stundenlang so gegangen. Ich war so müde...

„Nein", sagte ich schwach, „ich kann es nicht, denn ich habe es nicht selbst gehört, daß er gegen das sowjetische System gesprochen hat."

„Hier, vielleicht interessiert dich das hier!" sagte der Vernehmungsoffizier triumphierend zu mir.

„Wenn du siehst, daß auch die beiden anderen, die mit dir verhaftet wurden, sich erinnert haben..."

Ich sah auf das Stück Papier, das er mir vor's Gesicht hielt. Ja, es war ihre Unterschrift, Dimitri Riback und Seofan Kirejew. Ich kannte ihre Namenszüge. Es war ein Dokument über eine falsche Aussage! Wenigstens kam es mir so vor, und mein Herz sank noch tiefer. Sie hatten unseren Bruder verraten!

„Geßwein, du siehst, sie haben sich auch erinnert. Willst du nicht auch endlich unterschreiben?"

Ich war nicht mehr fähig, richtig zu denken. Wenn ich meine Unterschrift gebe, werden sie mich in Frieden lassen, dachte ich, wenigstens für eine Weile. Oh, was hätte ich darum gegeben, mich einmal ausschlafen zu können und endlich etwas Ruhe zu haben...

„Ja, ich sehe, sie haben unterschrieben", sagte ich müde.

„Na, und du?" fragte der Verhörer beinahe wohlwollend.

„Ich weiß es nicht. Bitte lassen Sie mich noch bis morgen überlegen..."

Ich wurde abgeführt.

In meiner Zelle angekommen, fiel ich nieder und flehte zum Herrn, was ich tun sollte. Gewiß, ich wußte, daß dieser Bruder nichts gegen den Staat geredet hatte, aber ich war so zermürbt. Doch die anderen hatten unterschrieben. Vielleicht hatten sie es gehört...

Und Gott gab mir auch hier wieder neue Kraft und neuen Mut. ‚Nein, ich werde es nicht tun', beschloß ich. ‚Ich weiß, es ist nicht wahr, und schließlich ist er mein Bruder...'

Eine große Last war mir vom Herzen gefallen, und erleichtert schlief ich ein – mit dem Gesicht zur Tür.

Aus einem mir unverständlichen Grunde wurde ich weder am nächsten, übernächsten oder irgendeinem anderen Tag zu dieser Unterschrift aufgefordert...

Als ich die beiden Brüder später bei der Gerichtsverhandlung wiedersah, fragte ich sie:

„Wann habt ihr eigentlich gehört, daß Wladimer öffentlich gegen den Staat gesprochen hat?"

„Nie! Warum fragst du danach?"

„Habt ihr denn nicht ein Zeugnis gegen ihn unterschrieben?"

„Wir? Unterschrieben? Niemals! Sie versuchten, uns dazu zu zwingen, aber wir haben es nicht getan!"

Es war also alles ein Betrug gewesen!!

Jetzt wurde mir erneut die Gnade Gottes bewußt, der mir gerade dann wieder solche Kraft gegeben hatte, wo es am nötigsten war. Er hatte auch diesmal nicht eine Anfechtung über mein Vermögen hinaus zugelassen. Wie unendlich dankbar war ich jetzt, daß ich nicht unterschrieben hatte...

Ich war nun schon fast zwei Monate im Gefängnis, und ein Ende war noch nicht abzusehen. Eines Tages dann erlebte ich eine große Überraschung: Ich erhielt ein kleines Lebensmittelpäckchen von zu Hause!

Wie ich später erfuhr, war Olga krank gewesen und hatte sich auch von der Geburt unseres kleinen Jungen noch nicht richtig erholt. Doch trotz ihres schlechten Gesundheitszustandes nahm sie eines Morgens das Baby auf den Arm und Nelli an die Hand und machte sich auf den Weg ins Gefängnis. Es dauerte eine ganze

Weile, bis es ihr gelang, das Päckchen abzugeben, aber schließlich konnte ich es doch in Empfang nehmen. Es waren alles Köstlichkeiten, die man vorher für so selbstverständlich genommen hatte und erst jetzt bemerkte, wie wunderbar sie waren: Etwas Wurst, ein Stück Käse, ein paar Bonbons und als besondere Überraschung weiße Brötchen, die sie für mich gebacken hatte. Diese weißen Brötchen aß ich für mein Leben gern, und mit Milch zusammen waren sie meine erklärte Lieblingsspeise!

Hier im Gefängnis gab es nur muffiges, schwarzes Brot, das schon für einen gesunden Magen eine Belastung bedeutete. Doch in den wenigen Wochen, die ich hier war, hatte meine Gesundheit schon stark gelitten, mein Magen bereitete mir oft Beschwerden, und wenn ich an mir herabsah, konnte ich nicht umhin festzustellen, daß ich nur noch aus Haut und Knochen zu bestehen schien.

Diese weißen Brötchen waren deshalb für mich die größte Köstlichkeit, die ich mir hätte wünschen können.

Wie dankbar war ich daher Olga, daß sie trotz ihrer Schwäche den schweren Gang nicht gescheut hatte, um mir diesen Dienst der Liebe zu erweisen.

Leider durfte ich sie nicht sehen sondern mußte damit noch bis zur Gerichtsverhandlung warten, aber dies hier war ein Lebenszeichen, ein Zeichen der Liebe von meinem Zuhause...

Stunden wurden Tage, einer wie der andere, und doch war jeder von einer neuen Ungewißheit erfüllt.

Ich begann, mich nach dem Umgang mit anderen Menschen zu sehnen, denn außer dem Wächter, der mich zum Verhör brachte, dem Gefängnisaufseher, der für unseren Flur zuständig war und den Vernehmungsoffizieren sah ich niemanden. Es waren nur ein paar Mann, alle in Uniform und entweder gar nicht oder nur in negativer Weise an mir interessiert.

Eines Tages wurde ich wieder verlegt, diesmal in Zelle Nummer 2. Es war wieder eine Einzelzelle, – ein Bett, ein Stuhl, ein Nachtgeschirr.

Hoch oben hatte sie jedoch ein kleines Fenster. Ein Fenster nach draußen! Und wenn ich mich auf die Zehenspitzen stellte, konnte ich sogar hinaussehen.

Es war keine großartige Aussicht, nur ein Bretterzaun, etwa 6 Meter von mir entfernt. Doch dieser Bretterzaun hatte Ritzen, durch die man einen winzigen Teil vom Leben in der Freiheit sehen konnte. Es war mehr ein Ahnen und Sichvorstellen als ein Beobachten, doch ich sah Menschen...

Es war auch keine Straße, nur ein Fußgängerweg, auf dem die

Leute ihren Weg zum Markt abkürzten. Doch ich stand hier oft stundenlang und beobachtete sie durch die Spalten im Zaun.

Manchmal sah ich Mütter oder Väter, die ihre Kinder an der Hand hielten oder auf den Armen trugen, und gerade bei solchen Bildern erfaßte mich eine besondere Sehnsucht nach meiner eigenen kleinen Familie.

Man hätte zu mir sagen können: ‚Warum schaust du ihnen dann zu, wenn du weißt, daß es dich traurig macht?'

Diese Frage hört sich sogar sehr logisch an, aber vielleicht wird es derjenige verstehen, der schon einmal diese absolute Einsamkeit verspürt hat. Ich *wollte* Menschen sehen, auch wenn es mich traurig machte...

Der Herr hatte meine Not gesehen. Ich hatte keinen Zweifel darüber, denn Er schickte mir manchmal kleine Sonnenstrahlen, die mich für eine Weile meine Abgeschiedenheit vergessen machten. Ein solcher Sonnenstrahl war zum Beispiel ein kleiner bunter Singvogel, der oft an mein Fenster geflogen kam und sich auf das eiserne Gitter setzte. Er hüpfte sorglos auf den metallenen Stäben herum und sang ein Liedchen nach dem andern.

Ich hatte noch nie in meinem Leben so die wunderbare Schöpfung eines kleinen Singvogels bewundert. Er ist eines von den kleinen Dingen im Leben, an denen wir oft so achtlos vorübergehen oder sie als selbstverständlich hinnehmen.

Dieser kleine Vogel nun wurde mir zu einer anschaulichen Predigt: Er erinnerte mich daran, was Jesus gesagt hatte:

„Sorget euch nicht um euer Leben, was ihr essen
und was ihr trinken sollt, noch um euren Leib, was
ihr anziehen sollt. Ist nicht das Leben mehr als
die Speise und der Leib mehr als die Kleidung?
Sehet die Vögel des Himmels an! Sie säen nicht
und ernten nicht und sammeln auch nicht in
ihre Scheunen; und euer himmlischer Vater er-
nährt sie doch. Seid ihr nicht viel mehr wert als sie?
Wer aber von euch kann durch sein Sorgen zu
seiner Lebenslänge eine einzige Elle hinzusetzen?"
(Matth. 6, 25–27)

Dann flog er fort.

Doch er kam wieder, und es dauerte gar nicht lange, da begann auch ich den Herrn zu preisen – selbst in meiner verzweifelten Lage, denn ich wußte, ich war in Seiner Hand.

Nach vier Monaten endlich kam es zur Gerichtsverhandlung. Einerseits sah ich diesem Tag mit Bangen entgegen, denn das Urteil konnte meinen Freispruch oder auch Iahrelange Zwangsarbeit bedeuten, andrerseits wußte ich aber auch, daß ich meine Familie und andere Glaubensgeschwister wiedersehen würde. Endlich! Nach all den Wochen der Einsamkeit...

Kurz vor der Verhandlung wurde ich dann mit Dimitri Riback und Seofan Kirejew unter Bewachung und in Handschellen in den Gerichtsraum geführt. Draußen auf dem Gang sah ich Olga mit beiden Kindern. Sie blickte angestrengt in meine Richtung, doch sie erkannte mich nicht!

Auf einmal mußte es ihr aber doch bewußt geworden sein, daß ich es war, denn ich sah, wie sie gegen die Wand taumelte und das Baby aus ihren Händen glitt...

Später erzählte sie mir, daß es nur mein Hemd war, an dem sie mich schließlich erkannt hatte.

Obwohl ich wußte, daß ein Gefängnisaufenthalt sich auf die äußere Erscheinung eines Gefangenen negativ auswirkte, war es mir doch nicht in den Sinn gekommen, daß ich mich so verändert haben konnte.

Es tat mir leid, daß sie sich so erschrocken hatte, denn ich hatte mich trotz der gespannten Umstände auf unser Wiedersehen gefreut.

Als die Verhandlung schließlich eröffnet wurde, saß sie aber doch unten auf der Bank und lächelte mir ermutigend zu. Auch Nelli winkte verstohlen mit der Hand. Wie lieb sie aussah! Meine liebe kleine Nelli! Ach, wenn ich sie doch einmal in meine Arme nehmen dürfte!

Vielleicht??

In den Armen meiner Frau lag mein kleiner Sohn, nun schon drei Monate alt. Ich versuchte, ihn deutlicher zu sehen. War er mir wirklich ähnlich? Doch ich konnte nicht viel erkennen, denn etwa sechs unüberwindliche Meter trennten uns.

Nun, vielleicht später...

Die Verhandlung begann. Der Staatsanwalt brachte die Anklage gegen mich und die beiden anderen vor, die Zeugen sagten aus, was sie wußten, was sie sich ausgedacht hatten oder wozu man sie unter Druck gesetzt hatte, und schließlich sollte das Urteil gesprochen werden.

Mein Herz tat einen Sprung vor Freude, als ich hörte, wie der Richter sagte:

„Diese Leute, die hier als Angeklagte stehen, kann ich nicht richten. Sie haben nichts getan, wofür eine längere Strafzeit verhängt werden könnte..."

Ein hörbares Aufatmen ging durch die Reihen der Anwesenden. Viele waren Glaubensgeschwister von uns. Wie froh waren wir, daß sie in so großer Zahl gekommen waren.

Die ungeheure Spannung, die bisher lastend in diesem Raum gehangen hatte, hatte sich gelöst, als der Staatsanwalt auf einmal aufstand und um das Wort bat.

Nichts Gutes ahnend wurden alle wieder still. Man hätte eine Stecknadel zu Boden fallen hören können.

„Meine Herren", begann er, eindringlich und mit offensichtlich unterdrücktem Unwillen, „ich bitte das Gericht, in dieser Angelegenheit nicht einen voreiligen Schluß zu ziehen. Gewiß, diese Männer, die hier auf der Anklagebank sitzen, geben den Eindruck, als wenn sie keine besonders strafbare Handlung begangen hätten. Doch lassen wir uns nicht täuschen! Diese Gläubigen bedeuten eine ungeheure Gefahr für den sowjetischen Staat, gefährlich deshalb, weil sie nicht offen sondern im Verborgenen arbeiten. Wir haben ihr Verhalten studiert und wissen, daß sie mit Gerissenheit und kalter Berechnung unsere Gesellschaftsordnung unterminieren. Es ist uns dabei nicht entgangen, daß sie mit ihren antisozialistischen Ideen mehr und mehr junge Leute auf ihre Seite ziehen, gerade junge Leute, die doch vom Staat die beste Erziehung erhalten haben. Die Jugend ist die Zukunft der Sowjetunion, und damit, daß sie unsere Jugend vergiften, untergraben sie auch das Fundament unseres Staates. Bedenken Sie, meine Herren, mit welchen Menschen wir es hier zu tun haben: Es sind Verbrecher der schlimmsten Art! Sie sind so gefährlich, weil sie im Verborgenen arbeiten! Sie verstreuen ihr langsam wirkendes Gift der Gedanken, wo sie auch sind, und ehe andere nichtsahnende Menschen es sich versehen, sind sie auch schon in ihrem Netz gefangen.

Hohes Gericht! Wenn Ihnen etwas am Wohl und an den Prinzipien des sowjetischen Staates liegt, bitte ich Sie, Ihre Entscheidung noch einmal zu überprüfen..."

Es war ganz still im Raum. Für eine Weile sprach niemand. Der Richter war durch diese Rede offensichtlich eingeschüchtert. Er wollte selbstverständlich nicht auf der Seite von Staatsfeinden stehen, hatte aber auch nicht genug Beweismittel, um uns hier in einer öffentlichen Gerichtsverhandlung zu verurteilen.

Es herrschte eine geradezu knisternde Spannung im Raum.

„Meine Herren", begann er deshalb noch einmal. „Die Ausführungen des Herrn Staatsanwaltes verdienen, noch einmal erwogen zu werden, denn wie Sie alle wissen, herrscht in der Sowjetunion

absolute Gerechtigkeit. Und dieses Prinzip der Gerechtigkeit, besonders im Hinblick auf unsere Gesellschaftsordnung und das Fundament unseres Staats, soll natürlich um keinen Preis aufgegeben oder durch persönliche Gefühle in eine andere Richtung gebogen werden. Ich entscheide deshalb, das endgültige Urteil der Angeklagten
>Dimitri Riback
>Seofan Kirejew und
>Arthur Gesswein

zu vertagen und zum Beweis ihrer Schuld oder Unschuld weitere Untersuchungen durchzuführen.

Die Verhandlung ist beendet."

Eine große Hoffnung, die uns alle noch vor wenigen Minuten erfüllt hatte, fiel in sich zusammen wie ein leergebranntes Häufchen Asche.

Ich sah zu Olga und den anderen hinüber. Es zerriß mir das Herz, und ich fühlte mich beinahe schuldig vor meiner Familie, denn sie brauchten mich so sehr.

Ich hatte nie gewußt, welch unüberwindliche Entfernung sechs Meter sein konnten!

Wir durften nicht miteinander sprechen, auch nach der Verhandlung nicht.

Die Wachen kamen und führten uns ab. Ein letzter Blick... Olga, Nelli, Arthur, Freunde, Zuhause...

Ich wurde gezwungen, mich umzuwenden und hinauszugehen...

In Handschellen und unter Bewachung wurden wir wieder in unsere Zellen zurückgeführt. Mechanisch setzte ich mich auf den Stuhl vor dem „Auge", nachdem die eiserne Tür zugeschlagen und der Schlüssel herumgedreht worden war.

Wir waren der Freiheit so nahe gewesen...

Jetzt ging alles noch einmal von vorn los, nur mit dem Unterschied, daß die nächste Verhandlung nicht stattfinden würde, bis man so viel Beweismaterial gegen uns gesammelt hatte, daß ein Freispruch ausgeschlossen war. Die Frage war nur noch, wieviele Jahre es sein würden...

‚Oh, Herr...', seufzte ich resignierend.

Mein Kopf war so leer.

Ich weiß nicht, wie lange ich so dagesessen habe.

Oft spricht man im Westen von uns als Helden des Glaubens. Ich finde diese Bezeichnung äußerst unzutreffend, denn unter einem Helden hatte ich mir immer etwas anderes vorgestellt. Nein, ich war ein ganz gewöhnlicher Mensch, mit Gefühlen, Fehlern, Ängsten und Hoffnungen. Es war allein die Gnade Gottes, die mich aus dieser Zerschlagenheit wieder emporrichtete, nur die Gnade Gottes allein, die mich stärkte und mir wieder neue Kraft gab. Eine Person im Alten Testament hatte mich schon immer besonders beeindruckt. Es war Hiob, der wirklich Grund gehabt hätte zu klagen und sich über eine ungerechte Behandlung zu beschweren. Doch „er fiel zur Erde nieder und betete an. Und er sprach: Nackt bin ich von meiner Mutter Leibe gekommen, nackt werde ich wieder dahingehen; der Herr hat gegeben, der Herr hat genommen, der Name des Herrn sei gelobt! Bei alledem sündigte Hiob nicht und benahm sich nicht ungebührlich gegen Gott." (Hiob 1, 21)

Nun, auch ich wollte den Namen des Herrn loben, obwohl der Lobpreis Gottes manchmal über unser unmittelbares Verständnis hinausgeht.

„Saget allezeit Gott, dem Vater, Dank für alles, in dem Namen unseres Herrn Jesus Christus..." heißt es im Epheserbrief. (Epheser 5, 20)

Für alles? Wirklich für alles? fragte ich mich, doch das Wörtchen „alles" ließ keine Zweifel und gestattete auch keine verschiedenen Auslegungen. Es schloß alles ein und auch alle Lebensumstände. Auch Hiob hatte nach diesen Prinzipien gehandelt, obwohl das Neue Testament ja erst Hunderte von Jahren später geschrieben wurde.

Und so begann auch ich schließlich den Herrn zu loben, obwohl mir verständlicherweise eigentlich gar nicht danach zu Mute war. Ich brachte Ihm durch mein Gebet ein Dankopfer dar...

Die Verhöre wurden wieder aufgenommen. Drei Monate lang bemühte man sich jetzt mit allen Mitteln, Beweismaterial für unsere Schuld zusammenzutragen.

Es wurden dazu viele Zeugen vorgeladen, und auch wir wurden wieder und wieder vernommen, tagsüber oder auch mitten in der Nacht.

Es erfüllte mich immer wieder mit großer Traurigkeit, wenn ich sehen mußte, wie sie gerade die schwächsten Glieder aus unserer Gemeinde herbeiholten und, nachdem sie sie unter Druck gesetzt und geängstigt hatten, dazu brachten, vor dem Vernehmungsrichter falsche Zeugnisse abzugeben.

Da war zum Beispiel Ljonja Maleew, der Sohn einer gläubigen Mutter. Er hatte zwar noch nicht den Schritt getan, Jesus als seinen Herrn anzunehmen, aber er besuchte mit Interesse unsere Ver-

sammlungen und war auch oft bei uns zu Hause gewesen.
Jetzt saß er ein Stück von mir entfernt auf der Zeugenbank.

„Kennst du Arthur Gesswein?" fragte der Vernehmungsoffizier.

„Ja, ich kenne ihn."

„Wie war bisher dein Verhältnis zu ihm?"

„Nun, ich hab' nichts gegen ihn. Ich kenne ihn nur so."

„Warst du schon bei ihm zu Hause?"

„Ja, ab und zu."

„Ist dir dabei etwas an ihm aufgefallen? Als was für einen Mann würdest du ihn beschreiben?"

Ich sah, wie Ljonja nervös wurde. Er holte Luft, als wenn er etwas sagen wollte, blieb dann aber stecken, bevor er noch richtig angefangen hatte, und ich bemerkte, wie er vor Aufregung einen Knoten nach dem andern in sein Taschentuch machte.

„Du wolltest uns doch gerade etwas sagen... Warum tust du es denn nicht? Nur Mut, junger Mann! Heraus mit der Sprache!"

Der Vernehmungsoffizier lächelte ihn ermunternd an.

„Also, als was für einen Mann würdest du den Arthur beschreiben?"

„Als antisowjetischen Aufrührer", sagte er daraufhin, wobei er geflissentlich vermied, mich anzusehen.

Der Vernehmungsrichter lächelte zufrieden.

„Nun, damit hast du uns schon ein ganzes Stück weitergeholfen", sagte er. „Welche Bemerkungen hat er denn sonst noch in dieser Richtung gemacht?"

„Als ich einmal in seinem Hause war, habe ich gehört, wie der Arthur sagte: ,Die Amerikaner sind stärker als die Russen, und wenn es mal zum Krieg kommt, werden die Russen verspielen.' "

Er war so verängstigt, daß er mir beinahe leidtat. Wie mußten sie ihn bearbeitet haben, daß er so gegen sein Gewissen redete!

Er durfte gehen. Ich sah ihm nach, doch er blickte weder nach rechts noch nach links sondern nur geradeaus auf die Tür, durch die er schließlich nach draußen treten konnte.

Es wurden noch verschiedene Zeugen vernommen, deren Aussagen fast alle gegen mich ausgelegt wurden.

Ich wurde wieder abgeführt.

Am nächsten Tage ging es weiter. Ich saß wieder im Zimmer des ernehmungsoffiziers und mußte zusehen und -hören, wie verschiedene Leute aus unserer Bekanntschaft befragt wurden.

Zu reden war mir nicht erlaubt. Ich saß nur da und hatte zu antworten, wenn ich gefragt wurde.

Auf einmal sah ich Maria Cerebrjakowa eintreten.
Maria!!!...
Ich hatte nicht erwartet, sie hier als Zeugin zu sehen!
Wir hatten ihr nur Liebe erwiesen. Nach dem Erdbeben hatte sie keine Bleibe mehr, so daß wir sie für einige Monate sogar in unser Haus aufnahmen. Es war ziemlich eng gewesen, aber wir konnten ihr doch wenigstens ein Dach über dem Kopf geben. Wollte sie jetzt als Dank dafür gegen mich aussagen?
Als sie mich sah, hatte es sogar den Anschein, als wenn sie sich freute.
„Oh, Arthur, wie gut ist es, dich zu sehen! Wie geht es dir?"
Ich lächelte sie erstaunt und fragend an.
„Ich bin schon drei Tage lang hier", klagte sie, „drei Tage!"
Ich wußte, was es bedeutet, drei Tage lang von der Geheimpolizei unter Druck gesetzt zu werden.
„Ja, drei Tage war ich nicht zu Hause! Die ganze Zeit mußte ich hier in diesem muffigen Gefängnis verbringen!"
„Maria", sagte ich resigniert, „ich kann mir vorstellen, in den drei Tagen haben sie dich geladen wie eine Maschinenpistole, und jetzt wirst du anfangen zu schießen..."
„Halt's Maul, Gesswein!" schnauzte der Vernehmungsoffizier mich an. „Du bist nicht gefragt!"
Dann machte er sich weiter Notizen. Maria durfte offensichtlich mit mir sprechen, wahrscheinlich hatte sie sogar den Auftrag dazu, denn er schien sie zunächst nicht weiter zu beachten.
„Arthur", fuhr sie deshalb fort, „du tust mir so leid. Es ist ja wirklich nicht schön hier. Und du bist noch so jung... Es ist wirklich bedauerlich, daß die Alten dich verführt haben..."
Welche Alten? dachte ich im Stillen. Wo hat sie denn diese Phrase her?
„Du brauchst doch gar nicht hierzusein", fuhr sie fort. „Es ist gar nicht nötig, daß du deine Frau und deine Kinder allein zu Hause läßt..."
„Maria", sagte ich mit gedämpfter Stimme, „bedaure mich nicht! Natürlich möchte ich meine Familie sehen. Ich sehne mich wirklich nach ihnen. Ja, ich wäre der elendeste Mensch auf Erden, wenn ich nicht wüßte, *an wen* ich glaube. Aber, Maria, ich weiß, an wen ich glaube, und das ist meine Stärke."
Der Vernehmungsoffizier mußte gehört haben, daß ich geredet hatte, denn er hob jetzt den Kopf und schrie mich an:
„Hab ich dir nicht gesagt, du sollst das Maul halten? Mach gefälligst den Mund nur auf, wenn du gefragt wirst!"

Ich sagte nichts mehr, und auch Maria hatte es aufgegeben. Für eine Weile saß jeder auf seinem Stuhl und wartete.

„Maria Cerebrjakowa", sagte dann in die Stille hinein der Beamte, während er einen Bogen Papier in seine Schreibmaschine spannte, „Sie sind als Zeugin für den Prozeß Arthur Gesswein vorgeladen worden. Ihre Personalien bitte!

Geburtstag?"

„15. April 1903."

„Geburtsort?"

„Kischinew, Moldawien."

„Verheiratet?"

„Nein."

„Verwitwet?"

„Ja."

„Kinder?"

„Nein."

„Woher kennen Sie Arthur Gesswein?

Wie lange haben Sie in seinem Hause gewohnt?

Haben Sie christliche Versammlungen besucht?

Haben auch Sie sich taufen lassen?

Wieviele Taufen hat Gesswein in der Zeit, die Sie ihn kennen, vollzogen?

Wie oft hat er gepredigt?

Was hat er bei den Versammlungen gesagt?..."

Maria beantwortete jede Frage und aus der Art, wie sie es tat, bemerkte ich, daß sie schon seit längerer Zeit gegen uns gearbeitet und Anklagematerial gesammelt haben mußte.

Mir fiel es auch jetzt wieder ein, daß ich oft bemerkt hatte, wie sie während der Gottesdienste und vor allem während der Predigten alles mitschrieb, was gesagt wurde.

Sie war also schon seit längerer Zeit in Verbindung mit der Geheimpolizei, und wir hatten sie immer als Schwester behandelt!

Olga allerdings hatte eines Tages zu mir gesagt:

„Weißt du, Arthur, Ich traue der Maria nicht recht. Meinst du wirklich, sie ist gläubig?"

„Ja", antwortete ich, „ich meine schon. Sie ist ja noch sehr jung im Glauben, und sie muß noch reifer werden, aber ich glaube, daß sie auf dem richtigen Weg ist. Denk doch nur mal, mit welchem Interesse sie zu den Versammlungen kommt. Gib ihr etwas Zeit, so daß sie im Glauben wachsen kann."

„Ich weiß nicht recht", sagte Olga, „aber irgendetwas gefällt mir nicht. Ich kann nur nicht direkt sagen, was es ist."

Eines Tages kam Maria zu mir und sagte:

„Arthur, ich will mich jetzt taufen lassen!"

Ich kannte sie gut, da sie ja bei uns wohnte, vielleicht zu gut und war mir deshalb nicht sicher, wie ernst sie es mit diesem Vorsatz meinte.

„Maria", sagte ich deshalb, „ich glaube, es ist noch zu früh damit. Warte lieber noch etwas, bis du ganz sicher bist, daß du Jesus wirklich folgen willst."

„Ich komme ja schon so lange in die Versammlungen", gab sie verärgert zurück, „und ich sehe gar nicht ein, weshalb ich mich jetzt nicht auch taufen lassen soll."

„Maria", sagte ich freundlich zu ihr, „es soll doch nicht sein, daß ein trockener Sünder ins Wasser geht und ein nasser herauskommt. Du mußt wirklich wiedergeboren sein, das heißt, daß du dein altes Leben Jesus hinlegst und mit Ihm zusammen ein neues anfängst. In dem Moment nämlich, wo du ins Wasser tauchst, bezeugst du der Welt, daß der alte Mensch in dir gestorben und der neue mit Christus auferstanden ist. Möchtest du wirklich dieses Zeugnis ablegen?"

„Ach, Arthur", sagte sie, jetzt böse werdend, „du hast ja keine Ahnung! Fahr doch mal nach Leningrad zur Universität, und höre dir an, was es mit der Taufe wirklich aufsichhat. Das würde dir tatsächlich guttun!... Du willst mich also nicht taufen?"

„Nein, im Moment noch nicht. Ich muß erst überzeugt sein, daß du es ernst damit meinst."

„Nun gut", sagte sie beinahe drohend, „du wirst schon sehen..."

Am nächsten Freitagnachmittag war sie verschwunden. Sie kam erst am Montag wieder. Sobald sie mich sah, kam sie mir mit triumphierendem Lächeln entgegen.

„Möchtest du gern das Neueste wissen, Arthur?"

„Was ist's?" fragte ich mißtrauisch.

„Ich habe mich in Krasnowodsk taufen lassen!"

„Du hast dich taufen lassen?"

„Ja, von einem russischen Bruder, und jetzt bin ich ein volles Mitglied der Gemeinde!"

Sie sah mich siegesbewußt und fast herausfordernd an. Was konnte ich jetzt noch sagen? Sie hatte mit List ihren Willen durchgesetzt. Wozu nur? fragte ich mich.

Und ich konnte nichts dagegen tun, daß sie jetzt das offizielle Recht hatte, bei allen Gemeindebesprechungen dabei zu sein. Sie machte ausgiebig davon Gebrauch, meist mit ihrem Notizbuch.

Auch Judas war einer des engsten Kreises um Jesus gewesen... Und wie ein Judas verriet sie jetzt *mich*.

Sie mußte auch mit meiner Verhaftung zu tun gehabt haben, denn unmittelbar danach kehrte sie nicht mehr in unser Haus zurück. Sie stand nicht unter der gleichen Arbeitsverpflichtung wie wir, so daß sie die Berechtigung hatte, Aschchabad zu verlassen. Schließlich fand man sie in Moldawien und brachte sie als Zeugin hierher.

„Ich kann es bezeugen", sagte sie jetzt zu dem Vernehmungsoffizier, „daß Arthur antisowjetische Aussagen gemacht hat... Er war überhaupt nach allem, was er sagte, antisowjetisch eingestellt..."

Marias Aussagen belasteten mich schwer. Mit allen Einzelheiten die sie gegen mich vorbrachte, gab sie dem Gericht das meiste Material in die Hände, aufgrund dessen ich schließlich für schuldig befunden wurde.

Von Olga hörte ich später, daß Maria danach wieder verschwunden war. Sie mußte wohl nach Moldawien zurückgefahren sein.

Schließlich, nach 2 1/2 Jahren, während ich schon lange im Gefängnis in Kasachstan war, tauchte sie eines Tages bei uns zu Hause auf. Uns ist bis heute noch nicht klar, was sie dazu bewogen hatte, aber sie stand auf einmal vor der Tür, als Olga auf das Klopfen öffnete.

Sie hatte sich sehr verändert. Damals noch hatte sie wunderschöne dunkle Haare gehabt und ein frisches Aussehen. Jetzt aber sah sie blaß und verhärmt aus, und ihre Haare waren grau.

„Ja, ich bin's, Olga", sagte sie. „Maria..."

„Maria!" rief Olga. „Komm herein!"

Sie trat ein und setzte sich. Olga bewirtete sie mit dem wenigen, was sie gerade im Hause hatte und setzte sich dann zu ihr.

Es dauerte gar nicht lange, da begann Maria zu weinen.

„Olga, du bist so nett zu mir! Kannst du mich wirklich noch lieben und eine Schwester nennen?"

„Nun", sagte Olga, „eine Schwester kann ich dich nicht nennen, aber lieben kann ich dich. Du weißt ja selbst, daß Jesus gesagt hat, wir sollten auch unsere Feinde lieben..."

„Ach, Olga, ich habe deinen Mann nicht ins Gefängnis gebracht!"

Sie seufzte tief und fing wieder von neuem an zu weinen.

„Maria, du weißt, es ist nicht wahr", sagte Olga.

„Wirklich nicht! Ich meinte... ich wollte... bestimmt nicht..."

„Maria, indem du es abstreitest, wird es dir auch nicht leichter ums Herz werden. Ich habe dir vergeben..."

Doch sie konnte es nicht über sich bringen, ihre Schuld zuzugeben. Sie hätte Frieden finden können, doch sie ging wieder so wie sie gekommen war.

Später hörten wir, daß sie über das Kaspische Meer nach Moldawien zurückfahren wollte, doch sie kam nie dort an. Sie hatte sich vom Schiff ins Meer gestürzt.

Ich war jetzt schon fast sieben Monate in Untersuchungshaft. Wie oft hatte ich in dieser Zeit den Weg von der Zelle zu dem Gebäude zurückgelegt, in dem die Verhöre stattfanden! Wir wurden dazu immer in einen geschlossenen Wagen verladen, den „Schwarzen Raben", wie er hier genannt wurde, und dann fuhren wir und fuhren, manchmal 10 Minuten lang, bis wir schließlich vor der Verhörbaracke hielten, doch so dicht vor der Tür, daß man auch hier nicht sehen konnte, wo man sich befand.

Jahre später, als ich bereits aus der Gefangenschaft nach Hause gekommen war, ging ich eines Tages in dieses Gefängnis, in dem ich so lange auf mein Urteil gewartet hatte.

Und hier mußte ich zu meinem Erstaunen feststellen, daß sich beide Gebäude gegenüber lagen, höchstens 60 Meter voneinander entfernt!

Jetzt aber wurde alles unter größter Geheimhaltung abgewickelt. Auch während der Verhöre fand man keine Gelegenheit, sich zurechtzufinden. Alle Fenster waren mit dunklen, undurchsichtigen Vorhängen versehen. Es gab keine Uhr, keinen Kalender, nichts, was uns ein Orts- oder Zeitgefühl gegeben hätte. Auch die Beamten beantworteten unsere Fragen nach der Zeit nur sehr selten und dann auch noch unwillig. Wir wußten nie, wann Montag, Dienstag oder Sonntag war. Letzteres vermuteten wir nur dann, wenn wir nicht zum Verhör gerufen wurden.

Wahrscheinlich sollten wir so leben, als wenn wir uns zwischen Zeit und Raum verloren hätten, eine Taktik, die sich in den Methoden der Geheimpolizei schon oft erfolgreich erwiesen haben muß.

Für eine kurze Zeit, gegen Ende meiner Haft, übernahm ein neuer Vernehmungsoffizier meinen Fall. Er war ein Russe, der einen Ukrainer ablöste. Es war ein Unterschied wie Tag und Nacht. Der Ukrainer war sarkastisch und grob und wurde manchmal so wütend auf mich, daß er einen Stuhl in die Höhe hob und mich damit zu zerschmettern drohte. Der Russe jedoch saß meistens nur da und las in dem kleinen Neuen Testament, das sie mir bei der

Verhaftung weggenommen hatten. Er stellte viele Fragen, manchmal höhnisch, manchmal nachdenklich. Ich saß derweile auf dem Stuhl in der Ecke. Draußen standen die Wachen, was ihn beruhigt haben mußte, denn oft beachtete er mich nicht für lange Zeit.

„Hör' mal Arthur", sagte er eines Tages, „hier ist wirklich etwas Ergreifendes. Kennst du die Geschichte, wo die Ehebrecherin zu Jesus gebracht wird?"

Natürlich kannte ich sie.

„Wie hat doch Jesus hier so weise geantwortet", fuhr er fort. „Ihr Leben hing ja davon ab, was er sagen würde. Was für eine Weisheit! Die Frau blieb am Leben, und die anderen, die sie herbeigeschleppt hatten, wurden überführt und von ihrem eigenen Gewissen angeklagt... Wirklich sehr erstaunlich! Sehr erstaunlich..."

„Ja", antwortete ich, „Jesus ist der Sohn Gottes, und Er ist gekommen, nicht zu verderben sondern die Menschen zu retten, ihnen zu helfen..."

Der Beamte schüttelte den Kopf. Die Person Jesu Christi schien ihn immer mehr zu faszinieren.

So vergingen Tage. Ich saß auf dem Stuhl in der Ecke, und der Beamte las und las.

„Arthur", sagte er plötzlich und unvermutet zu mir, „ich glaube, ich werde bald so ein Christ sein wie du. Es fehlte nur noch, daß ich mich taufen lasse..."

Hatte ich richtig gehört? Ja, er hatte es ernst gemeint.

„Es gibt einen König in der Apostelgeschichte" (Apostelg. 26, 28), sagte ich voller Freude. „Er hieß Agrippa, und Paulus mußte sich vor ihm verantworten. Agrippa sagte *auch*: Du überredest mich bald, daß ich ein Christ werde.

Sie erinnern mich an Agrippa, Herr Offizier, denn auch Sie möchten im Grunde Ihres Herzens glauben."

„Ja", sagte er nachdenklich, „das möchte ich schon."

„Ich bete viel für Sie", fügte ich leise hinzu, „daß auch Sie den Schritt tun werden."

„Oh, Arthur", antwortete er, „du weißt es selbst, und ich sehe es immer wieder, als Christ zu leben, ist sehr schwer. Und wenn du hier auf Erden eine gute Zukunft haben willst, dann darfst du keinen Glauben haben. Mit Gott kommt man in unserem Lande nicht weit..."

„Ja, ich weiß", sagte ich, „die Frage ist nur, was man möchte, eine gesicherte Zukunft, gute Stellung, Ansehen usw. oder die Erkenntnis der absoluten Wahrheit und eine Verbindung mit dem lebendigen Gott, die auch mit unserem Tode nicht zu Ende ist. Auf lange Sicht kommt man nämlich mit Gott doch weiter."

Der Beamte sah mich fast gequält an.

„Gott hat in jedem Menschen ein Vakuum geschaffen", fuhr ich fort, „einen leeren Raum, den nur Er mit seinem Geist füllen kann. – Haben Sie inneren Frieden, Herr Offizier?"

„Arthur", seufzte er, „ich habe bis jetzt noch mit keinem Menschen darüber gesprochen. Ich habe eine gute Stellung, gehöre zur privilegierten Klasse der Partei und leide keinen Mangel. Man könnte es eigentlich ein gutes Leben mit einer guten Zukunft nennen, aber doch fehlt mir etwas. Du fragst, ob ich inneren Frieden habe. Nun, wenn ich so darüber nachdenke, muß ich zugeben, daß es nicht der Fall ist. Ich habe schon alles Mögliche unternommen, um nicht denken zu müssen…"

„Es ist das Vakuum, von dem ich sprach, Herr Offizier, nur Gott kann es füllen", sagte ich leise.

Er sah mich traurig an.

„Ich glaube dir, Arthur, denn das waren auch meine Gedanken, als ich das Evangelium las, aber ich habe nicht die Kraft dazu. Wie oft hat man zu dir schon gesagt: Gib deinen Gott auf und sei frei! Wie kommt es nur, daß du das aushalten kannst?"

„Weil ich weiß, was die Wahrheit ist, Herr Offizier!"

Schon oft war mir eine Stelle in Jeremia zu Bewußtsein gekommen, die auch für mich in meiner Lage in wunderbarer Weise zutraf. Und ich identifizierte mich mit dem Propheten, als er sagte:

„Ich bin zum täglichen Gelächter geworden, jedermann spottet über mich… Sagte ich mir: ich will Ihn nicht mehr erwähnen und nicht mehr in Seinem Namen reden, dann brannte es in meinem Herzen, als wäre ein Feuer in meinen Gebeinen eingeschlossen. Ich suchte es auszuhalten, aber ich konnte nicht…" (Jeremia 20, 8-9)

Nein, ich wollte nicht frei sein, wenn ich dafür Gott absagen sollte.

# 12

SCHICKSALE

In der Freiheit nimmt man so viele Dinge oder Privilegien für selbstverständlich. Man hat sich an ihre Existenz, Gegenwart oder Erhältlichkeit gewöhnt und ist nicht einmal besonders dankbar dafür, eben *weil* sie so selbstverständlich sind.

Heute sehe ich alles ganz anders, nachdem ich einen Ort kennengelernt habe, wo sie nicht oder kaum vorhanden sind, und jeden Tag, den ich genieße, an dem ich mich frei bewegen kann, nehme ich sie als ein Geschenk aus Gottes Hand.

Es ist unendlich demütigend und erniedrigend, ein Gefangener in einem russischen Untersuchungsgefängnis zu sein. Wir waren meistens mit vier, fünf Mann in einer Zelle. Seit Monaten schon war ich nicht mehr in Einzelhaft. Die Zellen waren eng und überbelegt, die Luft war oft so schlecht und auch die Ernährung so unzureichend, daß alle Insassen bald erbärmlich abgemagert waren und eine Gesichtsfarbe hatten, die mich an geräucherte Heringe erinnerte.

Als Gefangener hier ist man kein Mensch mit Rechten.

Man ist vielmehr hier, um von seiner Schuld überzeugt zu werden, und je eher der Widerstand gebrochen wird, desto besser. Viele haben sich schon zu Kompromissen bereit gezeigt, nur um aus dieser Hölle herauszukommen.

Die Erfahrung lehrte uns in dieser Hinsicht, in unseren Äußerungen anderen Häftlingen gegenüber sehr vorsichtig zu sein, denn man wußte ja nie, wen man vor sich hatte. Manchmal kam es vor, daß jemand beauftragt worden war, andere Gefangene zu bespitzeln und zu antisowjetischen Aussagen zu veranlassen. Diese Menschen, „Nasjetkas", wie sie hier genannt wurden, waren entweder selbst Gefangene, denen man eine Hafterleichterung für Spitzeldienste versprochen hatte, oder sie wurden speziell zu diesen Diensten ins Gefängnis geschickt.

Oft wurde ich von einer Zelle in die andere verlegt. Wir erfuhren nie den Grund, und wahrscheinlich gab es auch keinen anderen als den, uns in ständiger Unruhe zu halten.

Im Laufe der Zeit begegnete ich hier verschiedenen Gefangenen, die keine sowjetischen Staatsbürger waren. Sie kamen aus dem Iran, und alle hatten so unglaubliche Geschichten, daß ich hier einige wiedergeben will.

Sie begannen in den meisten Fällen mit einer falschen Vorstellung und endeten mit einer zusammengebrochenen Welt.

Als erstes lernte ich Machmud Klitsch kennen. Er konnte nur sehr wenig russisch, und doch wurde er streng verhört, viel strenger als ich. Da man seine Aussagen kurzerhand als Lügen bezeichnete, schlug man ihn oft so sehr, daß er meist total erschöpft in die Zelle zurückgebracht wurde. Er tat mir unendlich leid, zumal er nichts zugeben konnte, was er nicht schon gesagt hatte.

Noch vor kurzer Zeit war er, wie auch sein Kamerad, der in einer anderen Zelle saß, ein iranischer Grenzsoldat gewesen. Hin und wieder hatten sie Literatur in die Hände bekommen, die sie darüber informieren sollte, was für ein phantastisches Land die Sowjetunion war. Hier gab es weder Arme noch Reiche, Gerechtigkeit, Gleichheit, gute Arbeitsmöglichkeiten für alle, man lebte nach dem Prinzip: Einer für alle, alle für Einen! Kurz, es mußte ein Paradies auf Erden sein!

„Nun," hatte Machmud zu seinem Kameraden gesagt, „wenn es drüben tatsächlich so ist, wie es hier schwarz auf weiß steht, wären wir ja eigentlich dumm, wenn wir hierblieben!"

„Ja, wenn der Iran auch kommunistisch wäre..." gab sein Freund zurück, „aber so...?"

Und eines Tages waren sie mit ihren Waffen, Maschinenpistolen und Handgranaten, über die Grenze gekommen, in ein besseres Leben... dachten sie.

Doch sie blieben nicht lange in dieser Illusion. Sie wurden verhaftet und unter groben Beschuldigungen abgeführt. Sie waren auf einmal Feinde des Volkes, obwohl sie doch als Freunde gekommen waren...

Niemand glaubte ihnen, und sie lernten jetzt einen Teil des sowjetischen Lebens kennen, der in ihrer Propagandalektüre nicht enthalten war.

Was für eine Zukunft hatten Machmud und sein Freund jetzt noch? fragte ich mich. In den Iran konnten sie unter den augenblicklichen Umständen nicht mehr zurück, und hier schien kein Platz für sie zu sein, höchstens vielleicht in einem Arbeitslager irgendwo in Sibirien...

Ich wurde wieder in eine andere Zelle verlegt. Auf einem Stuhl saß ein junger Mann und weinte. Er mußte ungefähr 19 Jahre alt gewesen sein. Er weinte herzzerbrechend und schluchzte in einem fort.

„Was ist, Bruder?" fragte ich teilnehmend. Doch er konnte nur wenig russisch. Er tat mir so leid. Später, als er sich etwas beruhigt hatte, stellte ich fest, daß er tadžikisch sprechen konnte. Ich war froh, ein wenig davon zu verstehen, so daß ich mich mit ihm verständigen konnte. „Wie bist du hierhergekommen?" fragte ich ihn.

Und dann hörte ich eine Geschichte, die ähnlich und gleich unglaublich wie die vorige war:

Sie waren vier Soldaten der iranischen Armee gewesen, die den Auftrag hatten, Munition zur Grenze zu fahren.

Bevor sie jedoch dort ankamen, kehrten sie noch in einem Restaurant ein, aßen eine Kleinigkeit und tranken, wie er zugab, mehr als nur eine Kleinigkeit. Es wurde viel geredet.

„Eigentlich kommt man sich direkt dumm vor, Munition an die Grenze eines so friedlichen Landes zu bringen", sagte der eine von ihnen.

„Ich hatte auch schon oft den Gedanken", stimmte ein anderer zu.

„Habt ihr auch gelesen, wie es dort drüben aussieht?" Die anderen nickten zustimmend. Irgendjemand hatte dafür gesorgt, daß Propagandamaterial über die Sowjetunion in alle Hände geraten war.

„Wenn man es mit unserem Land vergleicht..." sagte einer, „...es muß ja ein Unterschied wie Tag und Nacht sein!" „Glücklich, wer dort leben kann!"

Es wurde weiter getrunken.

„Warum geh'n wir eigentlich nicht rüber?" meinte der erste nach einer Weile. „Wir haben doch die Gelegenheit..." „Warum eigentlich nicht?" riefen die anderen. „Drüben wird es uns besser gehen als hier, und wenn wir da erstmal Staatsbürger sind, holen wir unsere Familien nach!"

Sie diskutierten noch eine Weile und tranken sich dabei immer mehr Mut für das große Abenteuer an.

In einem Zustand, der für einen Autofahrer hier sehr strafbar gewesen wäre, bestiegen sie wieder ihren amerikanischen Jeep und fuhren mutig auf die Grenze los. Hier angekommen, ließen sie den Wagen stehen und gelangten ohne große Schwierigkeiten in das Land, wo angeblich Milch und Honig fließen sollten.

Doch sie mußten sehr bald feststellen, daß der Empfang nicht gerade freundlich und Milch und Honig nur Wasser und hartes Schwarzbrot waren.

Einer von ihnen war der junge Mann in meiner Zelle. Er hatte erwartet, mit offenen Freundschaftsarmen empfangen zu werden, und jetzt fand er sich in einer kleinen Zelle mit einem vergitterten Fenster wieder, zusammen mit Männern, die ganz anders aussahen als die glücklichen zufriedenen Menschen in der Broschüre.

„Wo sind wir denn hier?" hatte er verwundert gefragt, als er am nächsten Morgen aus seinem Rausch aufwachte. Er hatte Angst gehabt, die Antwort zu hören...

Später zeigte er mir ein Bild von seinem Zuhause, das er irgendwie mit ins Gefängnis bringen konnte. Sein Haus war darauf zu sehen, sein Vater, seine Mutter und seine drei Geschwister. Es war so eine nette Familie!

Dann begann er, mir davon zu erzählen. Er beschrieb mir alles anschaulich und in einer Weise, daß ich mich wunderte, weshalb er eigentlich weggelaufen war.

Vielleicht war er auch nur 'mitgekommen' und wollte in seinem angetrunkenen Zustand kein Spielverderber sein. Und jetzt mußte er für seinen Leichtsinn und seine Leichtgläubigkeit genauso bezahlen, wie die drei anderen.

Wie hat dieser Junge geweint! Besonders, wenn sie ihn nach den Verhören wieder in die Zelle zurückbrachten. Ich werde es nie vergessen.

„Oh, Arthur," seufzte er resigniert, „ich kann nie mehr zurück! Auch wenn sie mich hier eines Tages rauslassen, kann ich nicht mehr zurück. Sie würden mich drüben aufhängen..."

Sein Leben war ruiniert, und er wußte es.

Eines Tages brachten sie einen Armenier in meine Zelle. Ich erkannte seine nationale Herkunft sofort an seiner äußeren Erscheinung, denn er hatte eine bräunliche Gesichtsfarbe, dunkle Haare, dunkle Augen und eine etwas gebogene Nase. Sein Name war Harout Pambaklian. Er kam aus Teheran, der Hauptstadt des Iran und war ebenfalls ganz gegen seine Erwartungen in einem russischen Untersuchungsgefängnis gelandet.

Sein Vater war Schuhmacher gewesen und hatte auch noch eine kleine Nebenbeschäftigung, so daß die Familie ihr Auskommen hatte. Es war kein Luxusleben, aber es reichte, daß jeder hätte zufrieden sein können.

Harout Pambaklian selbst war begeisterter Kommunist, der aus Büchern viel über den Marxismus–Leninismus gelernt hatte. Und er war überzeugt, in dieser Ideologie die Lösung der Zukunftsfrage gefunden zu haben. Hier war eine Garantie für Freiheit, Gleichheit, Brüderlichkeit, Frieden und Freundschaft zu anderen Völkern. Es war fast zu schön, um wahr zu sein, und es lohnte sich, dafür zu kämpfen. Sein Einfluß auf die Jugend war groß, und es war ihm gelungen, sehr viele für die kommunistischen Ideen zu begeistern.

Dann, eines Tages, erreichte sie aus der Sowjetunion die Nachricht, daß alle Armenier im Iran, die oder deren Eltern nach der Revolution geflüchtet waren, wieder in ihre Heimat zurückkehren dürften. Vieles wurde versprochen, Freiheit, Arbeitsmöglichkeiten und völlige Rehabilitation.

Was für eine wunderbare Nachricht! Rückkehr in die Heimat und dazu noch in die Sowjetunion, von der man so viel Gutes gelesen hatte.

Viele machten sich deshalb auf, verkauften alles, was sie nicht mitnehmen konnten und zogen los, um in ihrer alten Heimat unter so viel besseren Lebensumständen einen neuen Anfang zu machen. Das erste Unglück traf sie noch in ihrem eigenen Land, als sie auf dem Weg zur Grenze in den einsamen Bergen von Beduinen überfallen und beraubt wurden.

Sie rafften sich jedoch wieder auf und legten das letzte Stück mit einer neuen Hoffnung zurück.

Doch auf sowjetischem Gebiet hieß man sie nicht willkommen, wie ihnen versprochen worden war, sondern warf sie zunächst erst einmal ins Gefängnis...

Harout Pambaklian wurde wieder und wieder vernommen. Er sollte sich wegen Spionage verantworten. Fast jedesmal, wenn er vom Verhör zurückkam, weinte er, fluchte, riß sich an den Haaren und war ganz außer sich vor Verzweiflung.

„Oh", rief er immer wieder, „wenn ich es doch nur gewußt hätte! Wenn ich es doch nur gewußt hätte!..." Wir hatten alle Mitleid mit ihm. Er hatte ja wirklich nichts anderes verbrochen als kommunistischer Propaganda vertraut. „Wenn ich doch nur noch einen Wunsch in meinem Leben haben könnte!" rief er. „Dann möchte ich noch einmal zurück in den Iran und der Jugend, die ich so für den Kommunismus begeistert habe, sagen, wie die Wahrheit wirklich aussieht!

Es war alles Lüge! Lüge! Lüge! Und ich habe es nicht gewußt! Wir sind in eine Falle gegangen, weil wir geglaubt haben!"

„Drei Jahre wirst du wohl hier absitzen müssen", sagte jemand zu ihm.

„Wofür?" rief er laut. „Wofür? Nur, weil ich ihnen geglaubt habe?"

„Danach fragt keiner, Harout, zwei und zwei sind hier noch lange nicht vier", erwiderte ich traurig. Aber wie wir gehört haben, besteht durchaus die Möglichkeit, daß du nach diesen drei Jahren Staatsbürgerschaft annehmen kannst und einen Ausweis bekommst..." „Oh", rief er wieder, „wenn ich es nur gewußt hätte! Wenn ich es nur gewußt hätte!..."

So vergingen einige Wochen. Eines Tages erlebte er eine neue Aufregung: Jemand hatte leise seinen Namen gerufen.

Und er erkannte die Stimme seines Vaters...

„Oh, mein Vater!" rief er erfreut und erschreckt zugleich. „Er ist hier!"

„Ach, wenn er mir doch nicht gefolgt wäre..."

In den nächsten Tagen hörte er noch seine Mutter, seine Schwester und seine Brüder. Sie waren alle im Gefängnis, jeder in einer anderen Zelle und warteten auf den Tag, wo sie wieder eine Familie sein konnten.

Bald wurde ich von Zelle 2 nach Zelle 9 verlegt und verlor damit Harout Pambaklian, den Armenier, aus den Augen.

Ich hoffte sehr, ihn noch einmal wiederzusehen, denn ich hatte an seinem Schicksal großen Anteil genommen, aber ich hörte nie wieder etwas von ihm.

Meine neue Zelle war sehr klein und schlecht beleuchtet. Aus den beiden vorhandenen Bettstellen schloß ich, daß sie für zwei Mann bestimmt war. Für mehr wäre auch kein Platz gewesen. So dachte ich wenigstens...

In der Ecke saß mein neuer Zellengenosse und sah mich aus glanzlosen Augen an. Er bestand nur noch aus Haut und Knochen und war in seiner ganzen Erscheinung ein Bild des Jammers.

Nachdem die Tür hinter mir geschlossen worden war, redete ich ihn auf russisch an, aber er verstand mich nicht.

Der Kleidung nach zu urteilen mußte auch er ein Iraner sein. Nun, leider konnte ich kein iranisch und mit Zeichensprache allein kommt man nicht sehr weit. So beschränkte ich mich denn darauf, ihm freundlich zuzulächeln. Aber auch das kann man nicht ununterbrochen tun, und so saß bald jeder in seiner Ecke und schwieg.

Auf einmal dann, es muß bereits mitten in der Nacht gewesen sein, wurde die schwere eiserne Tür wieder aufgeschlossen und ein junger Mann hereingeschoben. Er hatte schwarze Haare, einen schwarzen Schnurrbart und ebenfalls eine bräunliche Gesichtsfarbe. Er stand zunächst unschlüssig herum, denn er sah, daß für ihn eigentlich kein Platz hier war.

„Setz' dich!" sagte ich zu ihm. „Wie du siehst, ist es eng, aber es wird schon gehen. Wir können ja die Bettstellen zusammenschieben und uns quer darauf legen."

Zögernd setzte er sich.

„Mein Name ist Abutalibow Chalil", sagte er. „Ich bin aus Aserbaidžan."

Ich stellte mich auch vor und deutete auf den anderen Mann. „Er versteht kein russisch. Es sieht so aus, als wenn er ein Iraner ist."

Er war inzwischen aufgewacht, doch er machte keinen Versuch, etwas zu sagen. Wahrscheinlich hatte er inzwischen alle Kommunikationsbemühungen aufgegeben, da er doch nie oder nur selten verstanden wurde.

Wie erfreut und hellwach war er dann auf einmal, als Chalil ihn auf iranisch anredete!

Wie froh war auch ich über die jetzt mögliche Verständigung, denn er hatte mir in seiner Verlorenheit unendlich leid getan. Die restlichen Stunden der Nacht verbrachten wir nun damit, uns mit gedämpften Stimmen zu unterhalten, und ich erkannte später, daß es eine Fügung Gottes war, die uns hier zusammengebracht hatte.

Jetzt erfuhr ich auch die traurige Geschichte, wie der Iraner hierhergekommen war. Er war wirklich ein sehr bedauernswerter Mensch.

Er wohnte im Iran, nicht weit von der russischen Grenze entfernt, wo er auch seine Frau und Kinder zurücklassen mußte. Sie waren sehr arm. Er hatte keine Arbeit, und das letzte Geld war verbraucht.

In seiner Ratlosigkeit sagte er eines Tages zu seiner Frau:

„Ich werde heute noch einmal versuchen, Arbeit zu finden und wenn nicht, dann werde ich ein paar Pilze und Beeren im Wald sammeln, damit wir heute abend etwas zu essen haben."

Er machte sich denn auch auf den Weg, nichtahnend, daß er nicht wieder zurückkehren würde.

Nachdem er im nächsten Dorf keine Arbeit erhalten konnte, beschloß er, im Wald nach Eßbarem zu suchen. Unglücklicherweise verlief er sich aber und geriet, ohne es zu bemerken, über die Grenze, die hier nicht besonders gekennzeichnet war. Plötzlich aber schrien ein paar Soldaten mit lauter Stimme „Stoi! Stoi!"[8] Er blieb stehen und bemerkte zu seinem Schrecken, daß er versehentlich auf russisches Gebiet geraten war.

Es war zu spät. Sie hätten ihn eigentlich ohne viel Aufhebens zurückschicken können, denn er hatte sich ja offensichtlich verlaufen, doch sie führten ihn ab, und er wurde ins Gefängnis geworfen.

„Wissen deine Frau und deine Kinder, wo du bist?" hatten sie ihn gefragt.

„Nein", antwortete er, sie wissen nur, daß ich gegangen war, um Arbeit zu finden oder Beeren im Wald zu suchen."

„Nun, sie werden jetzt wohl eine Weile ohne dich auskommen müssen," sagten sie, „denn du hast illegal das Territorium der Sowjetunion betreten..."

„Ich sitze hier schon monatelang", sagte er resigniert. „Wenn ich doch nur etwas für meine Familie tun könnte!"

Wir haben diesen Mann aus dem Iran sehr bedauert. Er war dünn und abgemagert und sorgte sich noch so um seine Familie, der es wahrscheinlich auch nicht besser ging und die außerdem noch nicht einmal wußte, wo er war.

Dann erzählte uns Chalil aus seinem Leben.

Bereits als Kind bekam er die Bitternis des Kommunismus zu spüren: Sein Vater wurde in ein Arbeitslager verschleppt, und für seine Mutter war dieser Schmerz so groß gewesen, daß sie sich mit Benzin übergoß und verbrannte.

Dies waren die Erinnerungen, die am meisten aus seiner Kindheit haften geblieben waren, doch sie hatten einen immer stärker werdenden Groll gegen die Regierung zur Folge gehabt, der ihn schließlich zu einem mutigen Dissidenten werden ließ. Gern hätte er dieses Land verlassen, durch dessen Führung so viel Leid über die Bevölkerung gekommen war, aber es wurde ihm nicht gestattet. Statt dessen verurteilte man ihn zu einer Gefängnisstrafe.

Er arbeitete hier schon seit einigen Jahren auf der Ziegelei, wo auch ich mein tägliches Soll erfüllt hatte, nur mit dem Unterschied, daß ich nach Beendigung der Schicht nach Hause gehen durfte, er aber in seine Zelle zurückkehren mußte. Da es viele solcher Gefangenen gab, war er mir vorher noch nie aufgefallen.

Eines Tages beschloß er, einen Fluchtversuch zu wagen. Von der Lehmgrube aus, in der er arbeitete, grub er einen Tunnel unter dem nur wenige Meter entfernten hohen Zaun hindurch und dann noch ein Stück weiter, bis er an dem vorbeiführenden Fußgängerweg herauskam. Viele Leute waren zu dieser Zeit unterwegs. Er sprang heraus und mischte sich unter die Menschen. Keiner nahm von ihm Notiz, und wer es vielleicht gesehen hatte, tat so, als hätte er nichts bemerkt.

Sein erster Gang war zu einem Freund, den er von der Arbeit auf der Ziegelei kannte.

„Chalil!" rief dieser. „Was machst du denn hier?" Chalil legte den Finger über seinen Mund und sagte mit gedämpfter Stimme: „Ich bin ausgerissen. Bitte, Kolja, hilf mir, daß ich mich verstecken kann! Für's erste wenigstens..." „Du bist ausgerissen?" wiederholte Kolja. „Sie werden dich suchen kommen! Wahrscheinlich haben sie dich schon vermißt!" „Darum bin ich ja zu dir gekommen", sagte Chalil. „Kannst du mich nicht für ein paar Tage hier oder woanders verstecken?" „Ja, das kann ich schon", meinte Kolja nachdenklich. „Laß uns aber nichts überstürzen und dabei vielleicht einen Fehler machen. Warte hier auf mich, ich bin gleich wieder da!" Chalil wartete. Es dauerte auch gar nicht lange, bis Kolja wiederkam. Er hatte die Polizei mitgebracht...

Jetzt saß er hier im Untersuchungsgefängnis von Aschchabad und wartete auf sein neues Urteil.

Er war verbittert.

Ich konnte ihn verstehen.

„Du bist aber anders, Arthur", nahm er nach einer Weile das Gespräch wieder auf. „Du bist ganz anders als die Menschen, denen ich bisher begegnet bin. Dir würde ich vertrauen, obwohl ich dich gerade erst kennengelernt habe. Du hast etwas, was dich von den anderen Menschen unterscheidet. Was ist es?"

„Chalil", sagte ich, „ich bin ein Christ. Außer mir sind hier noch zwei andere wie ich, die mit mir zusammen verhaftet wurden. Wir werden schon monatelang verhört, nur weil wir an Jesus Christus glauben..."

„Jesus Christus?"

„Ja", antwortete ich, „Gott hat sich uns in Jesus Christus offenbart. Er ist keine Legende, wie man es bereits den Kindern in der Schule beizubringen versucht. Er ist lebendig, denn er ist von den Toten auferstanden und wird wiederkommen."

„Was hat es denn mit dir persönlich zu tun, daß du so für diese Überzeugung eintrittst und dafür sogar ins Gefängnis gehst?"

„Durch Ihn bin ich ein Kind Gottes geworden", sagte ich. „Das bedeutet, daß ich zu Ihm gehöre und damit auch ewiges Leben habe."

„Ich wünschte, ich wäre wie du", sagte Chalil.

„Das Evangelium ist aber auch für dich da, Chalil", versuchte ich ihm zu erklären. „Hier, hör mal diesen Vers, er ist der wichtigste in der ganzen Bibel:

„Also hat Gott die Welt geliebt,
daß er Seinen eingeborenen Sohn gab,
auf daß alle, die an Ihn glauben,
nicht verloren werden, sondern das ewige
Leben haben."

„Alle, die an Ihn glauben, würde ja auch mich einschließen, wenn ich glauben würde", sagte Chalil nachdenklich.

„Ja, wenn du glauben würdest, deine Sünden bereust und Jesus die Kontrolle über dein Leben gibst."

„Solch ein großer Sünder bin ich ja nun auch wieder nicht", bemerkte Chalil.

„Es spielt gar keine Rolle, ob du ein großer oder ein kleiner Sünder bist. In der Bibel steht: Alle haben gesündigt und können deshalb nicht vor Gott bestehen. (Römer 3, 23)

„Dann reicht es also nicht, nur ein gutes Leben zu führen?"

„Nein, es reicht nicht, denn Sünde ist auch der Eigenwille eines Menschen, von Gott unabhängig zu sein. Es kann auch eine Haltung passiver Gleichgültigkeit sein. Hier hör mal, was du noch im Wort Gottes lesen kannst:

„Der Tod ist der Sünde Sold;
aber die Gnadengabe Gottes
ist das ewige Leben in Christus Jesus,
unserem Herrn." (Römer 6, 23)

Ja, Jesus ist der einzige Ausweg aus diesem Dilemma. Durch Ihn kannst du die Liebe Gottes und Seinen Plan für dein Leben erfahren. Er starb stellvertretend für uns, und dadurch hat Gott Seine Liebe zu uns bewiesen.

Jesus ist wirklich der einzige Weg, und er sagte ja auch von sich:
Ich bin der Weg und die Wahrheit
und das Leben; niemand kommt
zum Vater als nur durch mich. (Johannes 14, 6)

Als Jesus noch hier auf Erden war, ist er übrigens auch verraten worden und zwar von einem seiner engsten Freunde..."

„Wirklich? Er hatte doch aber gar nichts getan!"

„Nun, er war in gewisser Weise auch ein Dissident. Er sprach gegen leere Religiosität und ein frommes Äußeres, hinter dem der Kern des Menschen doch verfault war. Viele nahmen deshalb Anstoß an ihm. Er predigte die Wahrheit, aber die Menschen wollen oft nicht die Wahrheit hören.

Chalil, er hat auch für dich Sein Leben auf Golgatha gegeben..."

„Arthur", sagte er nach einer Weile, „ich glaube, daß das was du gesagt hast, die Wahrheit ist. Was muß ich tun, um wie du auch zu Jesus zu gehören?"

„Oh, Chalil", rief ich, „glaubst du, daß Jesus Christus der Sohn Gottes ist, der auch für dich Sein Leben hingelegt hat, damit du ein Kind Gottes wirst?"

„Ja, ich glaube es."

„Dann laß uns zusammen zu Ihm beten." Wir falteten unsere

Hände, und gemeinsam traten wir im Geist vor den Herrn.

„Herr Jesus Christus", sagte Chalil langsam und mit Überlegung, „ich möchte auch gerne ein Kind Gottes werden. Ich bekenne deshalb, daß ich durch meine Gleichgültigkeit gegen Dich gesündigt habe. Bitte, vergib mir doch. Ich lege Dir jetzt mein Leben hin und bitte Dich, mein Herr und Erlöser zu sein. Laß mich doch so werden, wie Du mich haben willst. Amen."

Abutalibow Chalil war mein Bruder geworden.

Wir unterhielten uns noch die ganze Nacht.

„Wenn ich in ein Arbeitslager komme", sagte er noch, „werde ich als erstes versuchen, gläubige Menschen zu finden wie dich. Hoffentlich kann ich auch irgendwo eine Bibel auftreiben!" „Es wird schwer sein, dort eine Bibel zu finden", sagte ich, „aber wenn du mit gläubigen Menschen zusammen bist, werden sie dir gerne alles erzählen, was sie noch aus der Erinnerung wissen. Vergiß nicht, Chalil", erinnerte ich ihn noch, „Jesus ist auferstanden. Er lebt jetzt in dir und wird dich nie verlassen. (Hebräer 13, 5) Es ist eine Verheißung, die Er uns gegeben hat. Verlaß dich nie auf dein Gefühl, denn das kann dich betrügen, weil es von so vielen Dingen abhängig ist. Verlaß dich allein auf Gott und Sein Wort."

„Ja, das will ich tun", sagte Chalil.

Am nächsten Morgen wurde er in eine andere Zelle verlegt. Auch Atheisten sind manchmal Werkzeuge in Gottes Hand, dachte ich, während ich mich von meinem neuen Bruder verabschiedete. Dann fiel die Tür ins Schloß.

Ich bin sicher, Gott hatte ihn für eine Nacht in meine Zelle geführt, damit er die Wahrheit hören konnte, denn er war ein suchender Mann gewesen.

Wie wunderbar sind doch Seine Wege...

# 13

PAPAAA!

Die Verhöre waren abgeschlossen. Wir warteten jetzt nur noch auf den Tag der Gerichtsverhandlung.
 Eines Abends wurde ich herausgerufen. Wozu denn das? fragte ich mich verwundert, die Vernehmungen waren doch beendet?! Mit dem „Schwarzen Raben" wurde ich aber doch wieder zum Verhörgebäude gefahren und in das Zimmer des Vernehmungsoffiziers geführt, der so ungewöhnlich nett zu mir gewesen war. Sowie er mit mir allein war, schloß er die Tür zu und schaltete dann ein kleines Radio ein.
 „Nun, wie geht's, Arthur?" fragte er freundlich.
 „Sie wissen ja, wie es in der Zelle ist," antwortete ich, „was soll ich da sagen?"
 „Ich habe dich rufen lassen, um dir was Gutes zu tun", fuhr er fort. „Setz dich und erfrisch dich ein bißchen in der guten Luft hier und hör mal im Radio, was in der Welt überhaupt los ist."
 Ich traute meinen Ohren nicht. Es war das erste Mal in meiner Untersuchungshaft, daß jemand mir etwas Gutes tun wollte. Dankbar setzte ich mich. Es war wirklich eine wunderbare Erholung von der muffigen Zelle.
 „Ihr werdet alle 25 Jahre bekommen", sagte der Beamte nach einer Weile. „Aber wie ich dich kenne, wirst du dich im Gefängnis benehmen wie hier, und dann brauchst du bestimmt nicht alle Jahre abzusitzen. Wahrscheinlich werden es in Wirklichkeit nur sieben Jahre sein. Man kann es natürlich vorher nie wissen, aber möglich ist es schon."
 Das war es also, 25 Jahre!!
 Es dauerte jetzt nicht mehr lange, bis der Prozeß stattfand. Zwar wäre der ganze Aufwand nicht mehr mötig gewesen, denn man hatte das Urteil ja bereits gefällt, aber nach außen hin sollte wenigstens der Schein der Gerechtigkeit gewahrt werden. Das ganze Kollegium hatte diesmal gewechselt, der Richter, Rechtsanwalt, Staatsanwalt und noch zwei weitere Personen, deren Funktion mir nicht besonders klar war. Es waren insgesamt fünf Mann, die zusammengekommen waren, um uns offiziell zu verurteilen. Ich wollte eigentlich keinen Verteidiger in Anspruch nehmen, da er sowieso programmiert war, doch ich hatte keine andere Wahl.

In einer Ecke des Raumes saßen hinter einer hölzernen Barriere außer mir noch die beiden alten Männer, die mit mir zusammen verhaftet worden waren, Dimitri Riback, und Seofan Kirejew, und vier Wachtposten standen mit ihren Maschinenpistolen neben uns.

Draußen auf dem Flur warteten viele unserer Glaubensgeschwister. Auch Ungläubige waren dabei, die mich kannten und wußten, daß ich hier unschuldig im Gefängnis saß. Es müssen etwa 100 Personen gewesen sein. Sie wurden jedoch nicht in den Gerichtssaal hineingelassen, sondern nur die, die als Zeugen vorgeladen waren.

Wie bei der ersten Verhandlung gab es auch hier wieder viele falsche Zeugen, die die Geheimpolizei zu diesen Diensten erpreßt hatte. Ich war dankbar, daß keine Geschwister darunter waren, sondern nur Ungläubige und solche, die zwar gelegentlich ein Interesse bekundet, sich aber nie zur Nachfolge Jesu entschieden hatten.

Auch Ljonja Maleew war wieder da, und wiederholte jetzt die gleichen Anschuldigungen, die er bereits vor einigen Monaten gegen mich vorgebracht hatte. Diesmal allerdings machte er einen Fehler, der seine Glaubwürdigkeit sehr in Frage stellte. Er behauptete nämlich, um seiner Aussage noch mehr Nachdruck zu verleihen, daß verschiedene Gläubige bei meinen antisowjetischen Bemerkungen anwesend gewesen wären.

Ich erhob daraufhin meine Hand und bat darum, eine Frage stellen zu dürfen.

Der Richter nickte.

„Ljonja," sagte ich, „eben sagtest du, einige Gläubige hätten gehört, daß ich gegen den Staat gesprochen hätte. Würdest du bitte so freundlich sein und angeben, wer es war? Es sind ja fast alle draußen, und die die du mit Namen nennst, könnten ja dann ebenfalls als Zeugen hereingerufen werden."

„Ja, wer war es?" fragte der Richter interessiert, denn weitere Zeugen gegen mich konnten das bereits gefällte Urteil nur noch weiter rechtfertigen.

Ljonja wurde auf einmal sehr unsicher. Er wurde rot und suchte nach Worten. Schließlich sagte er:

„Herr Richter, ich habe über die ganze Sache noch einmal nachgedacht, und dabei ist mir eingefallen, daß es gar nicht der Arthur war, der sich so geäußert hat. Es war der alte Mann, der bei ihm wohnte…"

Eine peinliche Stille folgte.

Ljonja war sehr verlegen, und der Richter ärgerte sich.

Schließlich erhob sich der Staatsanwalt und sagte:
„Ljonja Maleew, Sie haben ein falsches Zeugnis mit ihrem Namen unterschrieben. Sind Sie sich darüber klar, daß Sie dafür gerichtet werden können?"
„Ja, Herr Staatsanwalt", stotterte er, „ich bitte um Entschuldigung. Ich habe mich wirklich geirrt."
Er setzte sich, wobei er vermied, irgendjemanden anzusehen.
Ich bat noch einmal um's Wort.
Der Richter nickte unwillig.
„Hohes Gericht", sagte ich, „bitte bedenken Sie doch, was solche Zeugenaussagen für einen Wert haben. Sie sehen doch selbst, es ist alles nicht wahr, was sie gegen mich vorbringen. Es ist wie leeres Stroh , was hier gedroschen wird..."
„Ja, ja," unterbrach mich der Richter unwirsch, „das sehen wir ja selbst in diesem Fall. Setzen Sie sich, Gesswein!"
Jahre später, nachdem ich aus der Gefangenschaft entlassen worden war, traf ich eines Tages Ljonja auf der Straße.
„Guten Tag, Ljonja", sagte ich und sah ihm dabei in die Augen. Er blieb wie angewurzelt stehen, denn er hatte mich erkannt. Aber er war so erschrocken, daß er offensichtlich am liebsten in ein Mauseloch gekrochen wäre. Er konnte mich nicht ansehen.
„Ljonja," sagte ich, „ich habe dir alles vergeben. Ich habe nichts gegen dich. Möge Gott dir auch vergeben..."
Er sah so gequält aus. Er wurde mal weiß, mal rot, schaute auf die Seite und auf den Boden und wußte nicht, was er sagen sollte.
„Ljonja," sagte ich deshalb. „es muß schwer sein, jetzt hier vor mir zu stehen. Ich will dich deshalb nicht länger aufhalten, aber ich möchte dir noch versichern, daß ich dir alles vergeben habe."
Ljonja antwortete nicht. Er drehte sich traurig um und ging die Straße hinunter. Ich habe ihn nie wiedergesehen.
Es wurden weitere Zeugen vernommen. Auch Gläubige waren unter ihnen, doch bis auf zwei, die schwach geworden waren, sagten sie nichts gegen mich aus.
Besonders beeindruckte mich Iwan Kowalj. Er hatte nur ein Bein und trug eine selbstgefertigte Prothese aus Holz, deren Gewicht das Laufen für ihn sehr beschwerlich machte.
„Iwan Dimitriwitsch Kowalj", wurde er gefragt, „kennen Sie diese Angeklagten?"
„Ja, ich kenne sie", antwortete er mutig, „und zwar als die vorbildlichsten Brüder unserer Gemeinde!"
„Setzen Sie sich!" donnerte der Richter. „Sie sind nicht besser als diese hier! Sie gehörten selbst auf die Anklagebank!"

Iwan setzte sich.

„Wer kam denn auf die Idee, diesen Mann vorzuladen?" hörte ich den Richter sichtlich verärgert fragen. Natürlich wußte niemand, wer es gewesen war.

Ein anderer Bruder dagegen, Nikolai Pawel, war schwach geworden und trug dadurch sehr zum Stimmungswechsel unter dem Gerichtskollegium bei. Er war Ingenieur und vor einiger Zeit aus Sibirien nach Aschchabad gekommen. Er war damals schon gläubig gewesen, doch ließ man diese Tatsache jetzt völlig außer acht.

„Pawel", sagte der Richter zu ihm, nachdem er bereits eine Weile verhört worden war, „wie können denn Sie als ein so gebildeter Mensch an Gott glauben?"

Pawel stand nur da und sah betreten vor sich hin.

„Ist Ihnen eigentlich klar," fuhr der Richter fort, „daß die Sowjetregierung Ihnen die Bildung gegeben und aus Ihnen gemacht hat, was Sie heute sind? Sie haben die Regierung ein Vermögen gekostet, und dann gehen Sie zu solch einem Menschen wie Gesswein in die Lehre! Es ist eine große Schande, was Sie sich da geleistet haben!"

Pawel stand fast reumütig vor dem Richter, obwohl letzteres überhaupt nicht der Fall gewesen war, denn ich hatte ihn bereits als einen gläubigen Menschen kennengelernt.

Er war so verängstigt, daß er nur dastand und nicht viel sagte.

Mit Nikolai Pawel waren die Zeugenvernehmungen beendet, und das Gericht zog sich zu einer angeblichen Beratung zurück. Nach kurzer Zeit schon kamen sie wieder, um das Urteil zu verlesen.

Vorher wurde uns Gefangenen jedoch noch einmal das Wort erteilt, nicht, daß es etwas an dem gefaßten Beschluß geändert hätte, sondern wir sollten das „Recht" haben, vor unserem Strafantritt noch gehört zu werden.

Was gab es da noch zu sagen? Sollten wir aufstehen und unsere Unschuld beteuern? Es wäre verschwendete Zeit gewesen. Doch wenn sie uns schon in ein Arbeitslager schickten, dann sollten sie wenigstens wissen, wofür!

Und so stand einer nach dem andern auf und nutzte die drei bis fünf Minuten, die uns zugestanden wurden, um dem Gerichtskollegium, den Soldaten und allen Anwesenden von der Gewißheit unseres Glaubens und Jesus Christus zu sagen.

„Nun hört euch das an!" rief der Richter nach einer Weile.

„Die predigen selbst hier noch! Was würde erst sein, wenn wir sie auf die Menschheit loslassen!"

„Hohes Gericht," sagte ich schließlich, nachdem ich als letzter an die Reihe gekommen war, „uns wird vorgeworfen, antisowjetisch eingestellt zu sein. Ich möchte noch einmal öffentlich betonen, daß wir nicht gegen die Regierung sind, denn die Verfassung gesteht ja jedem Bürger Religionsfreiheit zu. Wir haben nur, wie es in der Bibel steht, dem Kaiser gegeben, was des Kaisers ist und Gott, was Gottes ist.

Ich möchte mich auch auf die Verfassung berufen, wenn ich darum bitte, unsere Familien gerecht zu behandeln, denn *wir* werden für schuldig befunden, *sie* aber sind unschuldig.

Bevor wir nun verurteilt werden, will ich jedoch die Gelegenheit nicht versäumen, Ihnen zu sagen, daß *Sie* hier zwar die Richter sind, aber Gott ist der höchste Richter, vor dem auch Sie eines Tages stehen werden. Auch für Sie ist es noch nicht zu spät..."

„Setz dich, Geßwein!" rief der Richter wütend. Seine Geduld, von der er sowieso nicht allzuviel gehabt hatte, war erschöpft.

„Wir wollen dein Gefasel nicht mehr hören! Schluß! Aus! Verstanden? Ihr Deutschen seid sowieso damals Feinde des Volkes gewesen, als ihr auf Hitler gewartet habt. Ihr wolltet ja nur die Bourgeoisie!! Und jetzt kommst *du*, und willst *uns* belehren!"

Damit war die Möglichkeit unserer Aussprache beendet.

Das Kollegium erhob sich und auch alle Anwesenden, und dann wurde das Urteil verkündet.

„Im Namen des sowjetischen Volkes werden die Angeklagten für schuldig befunden. Die Strafen, die vornehmlich zur Umerziehung dienen sollen, sind folgende:

Für Dimitri Riback.......25 Jahre
Für Seofan Kirejew...25 Jahre
Für Arthur Gesswein.....25 Jahre
Die Strafe ist sofort anzutreten.
Die Sitzung ist geschlossen."

Es war, als wenn unter den Zuhörern eine unsichtbare Bombe gefallen wäre. Schon stundenlang hatte man unter großer nervlicher Anspannung auf den Moment gewartet, und jetzt war er da, ein Moment, der über unsere Zukunft entschieden hatte: 25 Jahre Zwangsarbeit!

Es wurde uns jetzt nicht viel Zeit gelassen.

Der „Schwarze Rabe" stand schon draußen. Rechts und links von Wachen mit Maschinenpistolen flankiert, mußten wir mit schnellen Schritten an den Reihen der traurigen, schockierten oder empörten Gläubigen vorbeigehen. Wir sollten eigentlich geradeaus sehen, aber wer konnte das schon? Da waren so viele liebe

Geschwister, die ich für viele Jahre, vielleicht sogar nie mehr wiedersehen sollte. Sie winkten mir unter Tränen zu und gaben mir durch Zeichen zu verstehen, daß sie für mich beten würden. Unter einer plötzlichen Eingebung riß sich Iwan Kowalj, derselbe, der so mutig für uns ausgesagt hatte, die Wintermütze vom Kopf und warf sie mir zu. Wie oft habe ich später an diesen lieben Bruder denken müssen, als es auf der langen Fahrt ins Arbeitslager, während wir von Gefängnis zu Gefängnis weitergeleitet wurden, so kalt war. Im August war ich ja verhaftet worden, und jetzt war es schon Ende Februar.

Da stand auch Olga mit Nelli und dem kleinen Arthur. Sie sah so weiß aus, daß ich dachte, sie würde jeden Moment umfallen.

,,Olga," rief ich laut, daß es alle hören sollten, ,,mir geht's gut!"

,,Mir geht's nicht gut," antwortete sie leise, und ich sah noch, wie sich ihre Augen mit Tränen füllten.

Da wurden wir auch schon durch die Tür in den ,,Schwarzen Raben" geschoben...

Ich fühlte mich jetzt, nachdem ich an Olga vorbeigegangen war, noch mehr getroffen, als durch das harte Urteil. ,,Mir geht's nicht gut!" hatte sie gesagt. Und jetzt begann auch ich zu weinen, und in der Zelle warf ich mich auf den Boden und schrie zu Gott in meinem Herzen.

Nein, es waren nicht die 25 Jahre, es waren Olgas Worte, die mich zu Boden drückten. Ja, sie war jetzt allein und hatte obendrein noch zwei kleine Kinder! Was würde jetzt aus ihnen werden? Ich fühlte mich schuldig ihnen gegenüber, und doch gab es keine Möglichkeit für mich, bei ihnen zu bleiben.

Gib Gott auf und sei frei! dröhnte es in meinen Ohren. Nein, nein, ich konnte es nicht! Oh, Herr!...

Es war ein so verzweifelter Kampf in mir, der nur sehr schwer wiederzugeben ist.

Doch schließlich, als ich zum absoluten Ende meiner Kraft gekommen war, füllte der Herr meine Seele mit einem übernatürlichen Frieden und dem erneuten Bewußtsein, daß auch Olga, Sophie, Nelli und Arthur in Seiner Hand waren, und Er gab mir die Gewißheit, daß Er sie nicht verlassen würde.

Es war ,,der Friede Gottes, der allen Verstand übersteigt..." (Phil. 4, 7)

Bevor wir abtransportiert wurden, erhielt Olga noch einmal die Erlaubnis, mich zu besuchen. Gewiß, wir hatten uns bei der Gerichtsverhandlung gesehen, aber wir durften nicht miteinander sprechen, und da war ja auch die unüberwindliche Entfernung von sechs Metern zwischen uns. Jetzt aber durfte sie für 15 Minuten mit den Kindern ins Gefängnis kommen! Ich wurde dazu in einen kleinen Besuchsraum geführt. Auch hier war eine direkte Begegnung nicht möglich, da die Besucher und die Gefangenen durch eine verglaste Wand getrennt waren. Doch ein Fenster war offen, und dahinter sah ich meine Familie stehen! Wir waren alle tief ergriffen vor Freude, daß wir uns noch einmal sehen konnten und dem Gedanken, daß diese Minuten vielleicht die letzten für viele Jahre sein würden. Ja, es war so überwältigend, daß wir gar nicht wußten, was wir miteinander sprechen sollten. Wir weinten nur, beteten noch einmal zusammen und hielten uns an der Hand.

Die Zeit war so kostbar, daß man alle Liebe, alle Freude, alles Verständnis und alle Trauer für 25 Jahre in diese 15 Minuten legen wollte.

Viel zu schnell waren sie zu Ende, und die Aufseherin, die uns ununterbrochen beobachtet hatte, gab uns zu verstehen, daß es Zeit war, zu gehen.

„Ich kann bestimmt noch einmal kommen," versicherte mir Olga, „der Beamte hat es mir vorhin versprochen."

Wie froh war ich darüber. Es war also noch kein endgültiger Abschied. Ich würde sie noch einmal sehen, einmal noch...

Ich mußte den Raum verlassen. Wir winkten uns ein letztes Mal zu, und dann wurde ich hinausgeführt.

Um in meine Zelle zurückzukommen, mußte ich über einen kleinen Vorhof gehen. Die Besucher wurden gleich daneben zwischen Außentor und dem mit Maschendraht bespannten Innentor, durch welches die LKWs in diesen Vorhof zu fahren pflegten, auf verdächtige Gegenstände untersucht, und dabei konnten mich meine Frau und meine Kinder noch einmal sehen.

Und jetzt erlebte ich einen der schwersten Augenblicke in meinem Leben. Als nämlich Nelli, die damals genau zwei Jahre und acht Monate alt war, begriff, daß ich von fremden Männern mit Gewehren weggeführt wurde, rannte sie an das Tor, warf sich dagegen, streckte ihre kleinen Arme hindurch und schrie mit gellender Stimme: „Papaaaa!..." Und sie weinte laut und rief immer wieder: „Papaaa!..."

Ich durfte nicht stehenbleiben, aber ich schaute mich um und sah ihren ganzen verzweifelten Schmerz. Olga lief zu ihr hin und wollte sie an sich ziehen, doch sie hatte sich am Zaun festgeklammert...

Nichts auf Erden wäre mir jetzt teurer gewesen, als zu ihr zu laufen und sie tröstend in meine Arme zu nehmen, doch es konnte nicht sein. Selbst die lange Gefangenschaft erschien mir gering gegenüber der Tatsache, daß ich jetzt weitergehen mußte. Ich habe viel Schweres in meinem Leben erlebt, doch kaum hat mich etwas so tief getroffen wie die verzweifelte Stimme meines kleinen Mädchens.

Ich war noch eine Woche hier im Gefängnis, und jeden Tag wartete ich darauf, wieder in den Besuchsraum gerufen zu werden. Immer wieder wurde es Abend, doch Olga war nicht gekommen.

Endlich, endlich, kamen sie mich holen. Es war frühmorgens. Eine ungewöhnliche Besuchszeit' dachte ich noch, aber ich hatte inzwischen gelernt, daß im Gefängnis alles möglich war.

Doch wir sollten unsere Sachen mitnehmen und ich bemerkte, daß nicht nur ich gerufen worden war, es waren mehrere Gefangene, die jetzt in dem kleinen Vorhof gesammelt wurden.

Wie ein großer Schreck durchfuhr mich diese Erkenntnis. Es war soweit! Das hier bedeutete keine Besuchszeit, es bedeutete Transport in Richtung Sibirien!

Mit einer letzten Hoffnung noch schaute ich zum Tor hinüber. Vielleicht war Olga gerade mit den Kindern gekommen!?...

Doch ich sah niemanden. Immer wieder wanderten meine Augen zum Tor, doch meine Hoffnung auf ein Wiedersehen wurde kleiner und kleiner.

Schließlich wurden wir in einen LKW verladen, zum Bahnhof gefahren und in einen Eisenbahnwaggon verfrachtet. Der Zug fuhr an. Und noch einmal sah ich in großer Verzweiflung durch die vergitterte Luke, ob ich unter den Leuten vielleicht einen Verwandten oder Bekannten sehen konnte, doch es war umsonst. Ich kannte niemanden. Die Menschen draußen, die ihren alltäglichen Gewohnheiten nachgingen, nahmen keine Notiz von uns...

Die Hoffnung auf einen letzten Blick, ein letztes Winken war verschwunden. Sie war ausgelöscht wie eine Flamme, und nur ein bißchen Asche war zurückgeblieben.

Später hörte ich von Olga, daß sie an demselben Tage, an dem ich abtransportiert wurde, mit den Kindern ins Gefängnis gekommen war. Der Beamte warf ihr das Gesuch zurück und sagte:

„Dein Mann ist nicht mehr hier. Er ist schon weg."

Sie begann zu weinen und rief:

„Sie haben mir doch versprochen, daß ich ihn noch einmal sehen kann, bevor er weggebracht wird!"

Der Beamte zuckte die Schultern und begann, sich mit etwas anderem zu beschäftigen.

So nahm sie denn weinend die Kinder, eines auf den Arm, das andere an die Hand und machte sich, innerlich gebrochen, auf den Rückweg. Vor Tränen konnte sie den Weg nicht sehen, doch Nelli führte sie sicher nach Hause. So lange sie noch eine Hoffnung hatte, war es hier nicht so leer gewesen, doch jetzt war das eingetreten, wovor sie sich schon lange gefürchtet hatte. Sie wußte, daß jede Minute uns weiter von einander entfernte...

Der Zug rollte ins Ungewisse. Viele meiner Mitgefangenen weinten. Es war so endgültig, so absolut, und doch... ‚Wenn du dich im Gefängnis benimmst wie hier', hatte der Vernehmungsoffizier gesagt, ‚dann brauchst du sicherlich nicht mehr als sieben Jahre zu sitzen...' Aber dann mußte ich an Iwan Schitchkin denken; er war, als ich ihn kennenlernte, bereits seit 19 Jahren im Gefängnis gewesen!

Nur der Herr wußte, wie lange die Leidenszeit für mich und auch für meine Familie dauern würde.

Mir fiel jetzt ein russisches Lied ein, das wir oft in unserer Gemeinde gesungen hatten. Das ungefähr waren die Worte, die mir jetzt so viel Trost zusprachen:

Der Herr kennt meinen Weg,
Er kennt auch meine Zukunft,
die noch für mich im Dunkeln liegt.
Doch Sein Plan für mich
war schon lange bereit.
Mein Leben liegt in Seiner Hand.

Leise begann ich, das Lied zu singen. Wenn es wirklich so ist, dachte ich, daß Gott meinen Weg kennt und meine Zukunft, weil Er ja einen Plan für mein Leben hatte, warum sollte ich da so unruhig sein? Und indem ich darüber nachdachte, trocknete der Herr langsam meine Tränen. Er gab mir nach und nach einen solchen Frieden, der über alles menschliche Verstehen hinausging. Die äußere Lage hatte sich nicht geändert. Der Zug fuhr weiter und brachte mich immer näher in eine ungewisse Zukunft, während meine Lieben immer weiter hinter mir zurückblieben.

Er war mir sehr nahe und machte mich ruhig, und schließlich wurde ich so stille, als wenn alles in Ordnung gewesen wäre.

Von Olga hörte ich später, daß sie auf die gleiche Weise getröstet worden war.

Ich sang noch einmal dieses Lied, alle Strophen davon, und als ich es beendet hatte, war ich schon weit von meiner Heimatstadt entfernt.

# 14

DER WEG NACH NORDEN

Wir fuhren zunächst die gleiche Strecke zurück, die wir im Jahre 1946 schon einmal gefahren waren.
Damals waren wir von Nordwesten kommend in die Stadt Tschardžou auf diese Bahnlinie gestoßen und von hier weiter nach Aschchabad gefahren.
Jetzt aber rollten wir nordostwärts nach Usbekistan hinein. Wir wußten nicht, wohin wir gebracht wurden, nur daß es nach Norden oder Nordosten ging. Dort aber lag die unendliche Weite Sibiriens mit seinen vielen Arbeitslagern, von deren Existenz nur die wenigsten Leute im Westen wissen. Wir ließen Samarkand hinter uns, und schließlich hielt unser Zug in Taschkent, der Hauptstadt von Usbekistan. Gerne hätte ich mir unter anderen Umständen diese Stadt näher angesehen, von der ich schon so viel gehört hatte, doch auch hier gab es viele ,,Schwarze Raben..."
Wir wurden damit in ein Durchgangsgefängnis gefahren, wieder durchsucht und dann auf verschiedene Zellen verteilt.
Meine Gesundheit, die von Anfang an schon nicht sehr gut gewesen war, hatte durch die Strapazen der letzten Monate so gelitten, daß ich in eine Lazarettbaracke eingewiesen wurde. Nun, eine Lazarettabteilung in einem russischen Gefängnis ist zwar nicht mit einer solchen Einrichtung auf westlichem Boden zu vergleichen, aber im Verhältnis zu den anderen Zellen war es schon beinahe Luxus zu nennen.
Hier in Taschkent hatte ich einen guten Freund, der wie ich ein Kind Gottes war. Wie gern hätte ich ihm jetzt die Nachricht geschickt, daß ich hier im Gefängnis war! Doch ich hatte kein Schreibpapier, keinen Bleistift oder Kugelschreiber, keinen Briefumschlag oder Briefmarke, und wenn ich wirklich alles gehabt hätte, was ja verboten war, hätte es doch keine Möglichkeit gegeben, einen Brief aus dem Gefängnis zu befördern. Doch haben wir nicht einen Herrn, der auch Unmögliches möglich macht? Und so betete ich in kindlichem Vertrauen darum, meinem Freund hier einen Brief schreiben zu können. Wie es geschehen sollte, konnte nur Gott wissen, denn vom menschlichen Standpunkt gesehen, war dieser Wunsch vollkommen aussichtslos.

Ein Tag verging, und nichts geschah. Ich betete weiter. Dann, am nächsten Morgen, ging ein Mann an mir vorbei, der dem Aussehen nach etwas älter als ich gewesen sein mußte. Er hatte freundliche Gesichtszüge und sah interessiert zu mir herüber. Im Laufe des Tages ging er noch verschiedene Male durch die Lazarettbaracke, und jedes Mal sah er mich in besonderer Weise an.

Schließlich kam er an mein Lager.

„Woher kommst du?" fragte er mich, „ich habe das Gefühl, als wenn du unschuldig hier bist."

„Ich wurde zu 25 Jahren verurteilt", „weil ich anderen von Jesus gesagt habe"

„Welch eine Gemeinheit!" rief er voller Entrüstung. „Wie kann man nur solche Menschen wie dich einsperren und dazu noch für so lange! Das war doch kein Verbrechen, was du getan hast!"

„Nein," sagte ich, „ein Verbrechen ist es nicht, aber es ist nicht erlaubt."

„Aber warum denn gleich 25 Jahre? Warum? frage ich, warum? Das ist doch eine Gemeinheit!"

„Gott weiß es", sagte ich leise.

„Kann ich dir irgendwie helfen?" fragte er. „Es wird doch bestimmt irgendetwas geben, was ich für dich tun kann?"

„Ja", antwortete ich voller Hoffnung. „Ich glaube, Gott hat dich zu mir geschickt."

Er sah mich fragend an.

„Ich habe so darum gebetet, meinem Freund in Taschkent ein paar Zeilen schreiben zu dürfen. Das wäre im Moment mein größter Wunsch, aber das ist ja, wie du weißt, sehr schwierig."

„Nicht ganz so schwierig, wie du denkst", rief er. „Dein Gott hat den richtigen Mann für dich ausgesucht. Ich habe Beziehungen, ich kann das schon machen. Du kannst deinem Gott danken...

Sprich vielleicht auch ein Gebet für mich..."

Mit diesen Worten ging er.

Ich war dem Herrn so dankbar und hatte nicht den geringsten Zweifel, daß er mit den erbetenen Dingen wiederkehren würde. Ich wußte, Gott hatte ihn zu mir gesandt.

Ich sollte nicht enttäuscht werden. Am nächsten Tag kam er auch tatsächlich wieder und brachte mir nicht nur Papier, Briefumschlag und Kugelschreiber sondern auch noch weiße Brötchen! Wo gibt es schon im Gefängnis weiße Brötchen? Nun, Gott wußte es. Und wieder einmal wurde es mir bei dieser Gelegenheit auf wunderbare Weise klar, wenn wir ernsthaft und in Liebe zu unserem himmlischen Vater um etwas bitten, gibt Er uns oft nicht nur das, worum wir gebeten haben sondern noch Extras, mit denen wir überhaupt nicht gerechnet hatten.

Nachdem ich dann den Brief an meinen Freud Alexeij geschrieben hatte, holte er ihn unauffällig wieder ab. Mir war es nie begreiflich geworden, wie er es bewerkstelligt hatte, in den Besitz des Schreibmaterials zu gelangen und schon gar nicht, wie es ihm gelungen war, ihn nach draußen zu befördern.

Drei Tage später jedenfalls kam Alexeij mich hier im Gefängnis besuchen. Es war wie ein Geschenk Gottes, und vielleicht wird nur der, der schon einmal in einer ähnlichen Lage war, es ganz verstehen können, was es bedeutet, wenn man krank, allein und verlassen einer dunklen Zukunft entgegengeht, von der man nicht weiß, ob es eine Wiederkehr gibt, und in dieser Lage kommt ein Freund, ein Glaubensbruder! Es ist eine so große Liebestat, die in den Augen eines Gefangenen alles Gold der Welt nicht aufwiegen kann!

Wir trafen uns, wie es hier üblich ist, in dem Besuchsraum.

,,Arthur!"

,,Alexeij!"

Wir umarmten uns und weinten vor Freude.

,,Draußen steht noch Maria Gareimowitsch. Aber sie haben sie nicht reingelassen."

,,Oh, Maria?" Ich kannte sie gut. Sie war vor längerer Zeit in unserer Gemeinde gewesen.

,,Sie mußte draußenbleiben?" Ich war enttäuscht, doch die 15 Minuten waren zu kostbar.

,,Arthur, wie geht es dir?"

Die Minuten gingen schnell vorbei, viel zu schnell, wenn man jede Sekunde noch länger festhalten wollte.

Nur noch zwei Minuten...

,,Alexeij", sagte ich noch, ,,wer weiß, vielleicht wirst du mir bald nachkommen, wenn sie jetzt schon hinter dir her sind."

,,Ich wäre bereit, jetzt schon mit dir zu gehen, Arthur", sagte er bewegt und doch voller Entschlossenheit.

Manche Geschwister wurden schwach, wenn es ernst wurde, aber es waren immer nur sehr wenige. Die Mehrheit war bereit, wenn es sein mußte, für Jesus Christus alle Schwierigkeiten auf sich zu nehmen.

,,Es würde mir eine Ehre sein", sagte Alexeij. ,,Noch vor einem Jahr wäre mir dieser Ausspruch unverständlich gewesen, doch Gott hat mich inzwischen in neue geistliche Dimensionen geführt und mich Wahrheiten erkennen lassen, die mir vorher verschlossen waren oder deren Existenz ich nur geahnt hatte."

Wir mußten uns verabschieden.

„Wir werden am nächsten Sonntag bei der Osterfeier an dich denken und in besonderer Weise für dich beten", versprach er. Ich war ihm unendlich dankbar und drückte ihn fest an mich.

„Alexeij", sagte ich bewegt, „wer weiß ob wir uns hier auf Erden noch einmal wiedersehen werden. Aber eins ist gewiß, wenn du eines Tages vor Jesus stehen wirst, wird Er zu dir sagen:
Ich bin gefangen gewesen, und du bist zu mir gekommen..."
Ich bin auch einer der geringsten von Jesu Brüder...

Wir umarmten uns noch einmal, und dann wurde ich in meine Zelle zurückgeführt.

Ich mußte an Iwan Schitchkin denken, den alten Mann, den wir damals im Gefängnis von Aschchabad besucht hatten und der schon 19 Jahre um seines Glaubens willen gefangen war. Erst jetzt verstand ich es ganz, was unser Besuch für ihn bedeutet haben mußte...

Einige Tage vergingen. Dann, am Karfreitagmorgen, wurden wir sehr früh herausgerufen, und es wurde uns gesagt, wir sollten uns zur Weiterfahrt bereithalten.

Mit dem „Schwarzen Raben" ging es dann auch wieder zum Bahnhof, wo wir in vergitterte Eisenbahnwaggons verladen wurden.

Wir wußten nicht, wohin es ging, doch wir bemerkten, daß der Zug immer weiter nach Nordosten fuhr, in Richtung Sibirien. Die Stunden vergingen unendlich langsam, eintönig und ereignislos, wenn man von dem ungeheuren Ereignis absah, daß jede einzelne Umdrehung der ständig rollenden Räder uns weiter von unseren Lieben entfernte und einer ungewissen Zukunft entgegenführte. Wie viele von uns würden überhaupt jemals eine Rückfahrkarte brauchen?

In dieser traurigen Situation fiel mir jetzt der 42. Psalm ein, dessen Worte so genau auf meine Lage paßten:
„Wie ein Hirsch nach Wasserbächen lechzt,
so lechzt meine Seele, o Gott, nach dir!
Meine Seele dürstet nach Gott,
nach dem lebendigen Gott.
Wann darf ich kommen und erscheinen
vor Gottes Angesicht?
Meine Tränen sind meine Speise Tag und Nacht,
weil man täglich zu mir sagt: Wo ist dein Gott?
Daran will ich denken und meine Seele
in mir ausschütten,

wie ich dahinzog im Gedränge,
sie führte zum Gotteshaus unter lautem Lobgesang,
eine feiernde Menge.
Was betrübst du dich, meine Seele
und bist so unruhig in mir?
Harre auf Gott; denn ich werde ihm noch danken,
daß Er meines Angesichts Heil und mein Gott ist!"
(Psalm 42, 2–6)

Ja, ich wollte geduldig sein und auf Gott harren und Ihm dafür danken, daß Er meines Angesichts Heil und mein Gott war...

Es wurde Ostersonntag, der Tag, an dem alle Gemeinden in Rußland in besonderer Weise der Auferstehung unseres Herrn gedenken. Ich versuchte, mir vorzustellen, wie es zu Hause war oder auch in Taschkent bei Alexeij und Maria.

„Daran wollte ich denken und meine Seele in mir ausschütten, wie ich dahinzog im Gedränge. Sie führte zum Gotteshaus unter lautem Lobgesang, die feiernde Menge..." (Psalm 42,5)

Auch wenn man mit dem Leibe im Gefängnis war, konnte man doch in Gedanken frei sein. Und in Gedanken feierte ich mit meinen Brüdern und Schwestern Ostern, das größte Fest für gläubige Menschen, denn an diesem Tage hatte Jesus Christus den Sieg errungen über Hölle, Tod und Teufel. Jesus Christus, der Herr des Lebens, der Weg, die Wahrheit, das Leben selbst.

„Der Herr ist auferstanden!" ruft der Pastor.

„Er ist wahrhaftig auferstanden!" antwortet die Gemeinde.

Es ist der traditionelle Ostergruß der Gemeinden in Rußland, der Gruß mit der wunderbarsten Bedeutung, die man sich vorstellen kann. Und mein Herz begann zu singen und den Herrn zu loben, ja selbst dafür, daß ich für Ihn durch solche Trübsal gehen durfte. Er hielt mein Leben in Seinen Händen, in den Händen, die um meinetwillen mit Nägeln durchbohrt worden waren, aus Liebe zu mir und zu allen, die diese Liebe annehmen.

„Oh Herr, sende dein Licht und deine Wahrheit,
daß sie mich leiten,
mich bringen zu deinem heiligen Berg
und zu deinen Wohnungen,
daß ich hineingehe zum Altare Gottes,
zu dem Gott, der meine Freude und Wonne ist
und dich preise auf der Harfe, o Gott, mein Gott!
Was betrübst du dich, meine Seele
und bist so unruhig in mir?
Harre auf Gott! Denn ich werde ihm noch

danken, daß er meines Angesichts Heil und mein Gott ist."
(Psalm 43,3–5)

Nachdem wir Džambul und Alma Ata hinter uns gelassen hatten und noch endlos lange durch das östliche Kasachstan gefahren waren, kamen wir in das Altai Gebiet, das bereits zu Sibirien gehört, durch die Stadt Barnaul und schließlich nach Nowosibirsk.

Mein Gesundheitszustand wurde immer schlechter, und das war auch der Grund, weshalb ich wieder einer Lazarettbaracke zugeteilt wurde.

‚Wie lange werde ich noch dieses Leben aushalten?‘, fragte ich mich manchmal. ‚Ein paar Monate? Ein oder zwei Jahre?‘... „Sorget nicht für den morgigen Tag", hatte Jesus gesagt, „denn ein jeglicher Tag hat schon allein Sorge genug". (Matth. 6, 34) Es war eine durchaus einleuchtende Lebensphilosophie, und ich versuchte auch, danach zu leben, obwohl ich zugeben muß, daß es manchmal nicht ganz einfach war.

Zwar befand ich mich hier in einer Lazarettbaracke, aber ich mußte doch feststellen, daß selbst in einer solchen Abteilung niemand richtige Pflege erhielt oder Medikamente, die wirklich nötig gewesen wären.

Ich erhielt schon lange keine Lebensmittelpäckchen mehr von zu Hause, und was ich von Alexeij in Taschkent bekommen hatte, war nur wie ein Tropfen auf einem heißen Stein gewesen.

Gewiß, es hätte eine wunderbare Erquickung sein können, wenn ich diese Köstlichkeiten hätte allein verzehren können. Aber es ist absolut ausgeschlossen, sich vor sechs oder acht Mitgefangenen, die alle hungrig und elend aussehen, hinzusetzen und Brot, Wurst, Käse oder Süßigkeiten zu essen. Acht paar Augen verfolgen jede Bewegung und die traurigen oder auch neidischen Blicke lassen jeden Bissen bitter werden. Ich habe es während meiner Haftzeit immer wieder gespürt, die Interessen der Gefangenen kreisen fast ausnahmslos um die elementarsten menschlichen Bedürfnisse, von denen das Essen an erster Stelle steht. Es ist der Selbsterhaltungstrieb des ausgemergelten Körpers, der alles andere in den Hintergrund treten läßt und zur Befriedigung dieser Bedürfnisse manchen sogar bereitmacht, einen Mitgefangenen totzuschlagen.

Fast immer, wenn jemand ein Lebensmittelpäckchen bekam, spielte sich hier die gleiche Szene ab: Sowie er dieses durch die Klappe in der Tür erhalten hatte und der Aufseher wieder verschwunden war, wurde er von den anderen angeschrien:

„Leg das Paket hin, und verschwinde! – Leg es hin, und mach daß du wegkommst!"

Es waren meist Diebe und Mörder, die sich so herausfordernd verhielten und manchmal den Empfänger der Gabe auch schlugen, nur um in den Besitz von ein paar eßbaren Dingen zu kommen. Was blieb dem armen Mann dann übrig, als sein Paket abzugeben und zu wünschen, daß er nie eins erhalten hätte?

Es konnte sein, daß man ihm eine Kleinigkeit davon abgab, aber oft kam es auch vor, daß er nichts erhielt und man ihm nur das Einwickelpapier vor die Füße warf.

Ich hatte mein Lager zwischen zwei Mördern, von denen der eine, der schon das fünfte Mal im Gefängnis war, eines Abends die Bemerkung machte:

„Einen Menschen umzulegen bedeutet für mich genauso viel wie eine Fliege totzuschlagen..."

Er meinte es ernst. Mir war es eigentlich schon vorher klargewesen, aber jetzt sah ich meine Vermutung noch bestätigt. Ich selbst hatte keine Probleme mit ihnen, und sie nahmen mir auch mein Paket nicht weg. Doch ich ließ sie erst gar nicht dazu kommen, sondern teilte freiwillig mit ihnen und den anderen. Es war eine wunderbare Gelegenheit, hart gewordenen Männern von der Liebe Gottes zu sagen und diese Liebe dann auch durch die Tat glaubhaft zu machen. Die meisten Menschen hier wußten ja gar nicht, was Liebe überhaupt war. Sie kannten nur Gewalt. Und wie sollten sie die Liebe Gottes begreifen, wenn sie nicht sahen, daß sie im Herzen eines Gotteskindes verankert war? Vielen konnte ich hier das Evangelium sagen, und viele hörten auch zu und dachten darüber nach.

Die Sonne schien jetzt schon wärmer, und der Schnee begann zu tauen. Unten in Turkmenien mußte er schon lange verschwunden sein, aber hier in Sibirien befanden wir uns auch viel weiter nördlich. Wie lange würde es wohl noch dauern, bis wir in ein Arbeitslager kamen? Und wo würde es sein? Noch weiter im Norden, wo dann der Schnee wieder erst tauen würde, wenn wir ankamen?

Eines Tages rief mich eine Ärztin heraus. Sie war immer sehr freundlich zu mir gewesen, und jetzt war sie dabei, mir eine noch größere Freundlichkeit zu erweisen.

„Arthur," sagte sie, „Sie sind für Kasachstan vorgesehen. Ich möchte Ihnen jetzt den guten Rat geben, nicht zu sagen, daß Sie sehr krank sind, wenn Sie aufgerufen werden. Fahren Sie mit! Je schneller Sie ins Arbeitslager kommen, desto besser wird es für Sie sein."

Es war wirklich ein guter Rat, wie es sich später herausstellen sollte, denn das Leben war dort etwas leichter als im Gefängnis. Wir durften Päckchen empfangen und vor allen Dingen Post, und man durfte auch selbst Briefe schreiben.

So sagte ich denn nichts über meinen Gesundheitszustand, als man mich zum Transport aufrief.

Der „Schwarze Rabe" war mir inzwischen schon zum vertrauten Fahrzeug geworden...

Wir wurden wieder in vergitterte Eisenbahnwaggons verladen.

Es waren fast alles Kriminelle oder politische Häftlinge. Einen Gläubigen zu treffen, war eine Seltenheit.

Man sagte uns auch diesmal nicht, wohin wir gebracht wurden oder wie lange die Fahrt dauern sollte. Wir hatten jedoch inzwischen gelernt, die Anzahl der Tage, die wir unterwegs waren, nach den Verpflegungsraten zu schätzen.

Wir erhielten pro Tag 9 Gramm Zucker, Brot und Salzheringe, und besonders an der Zahl der Fische konnten wir ziemlich genau feststellen, wie lange wir unterwegs sein würden. Diesmal waren es nicht viel...

Wir fuhren jetzt westwärts. Es ging also nicht weiter nach Norden, eine Feststellung, die ich mit großer Erleichterung machte. Nach einigen Tagen fuhren wir durch Omsk und kamen schließlich nach Petropawlowsk in Nordkasachstan, das bereits nicht mehr zu Sibirien gehört. Auch hier war es ziemlich kalt, vor allem durch den eisigen Wind, der von Norden wehte. Wir wurden wieder in ein Durchgangsgefängnis gebracht. Es war, wie ich von anderen hörte, die ehemalige Sauna der Stadt und ein sehr feuchtes, muffiges Gebäude mit so dicken Wänden, wie ich sie noch nie bei einem Gefängnis gesehen hatte.

Nachdem wir neu gezählt, durchsucht und registriert worden waren, verteilte man uns wieder auf verschiedene Zellen. Diesmal mußte ich einen Raum mit etwa 40 anderen Männern teilen.

Draußen hatte es bereits zu dämmern begonnen, so daß es in der Zelle fast dunkel war. Es gab zwar Fenster, doch man hatte eine Sichtblende davor angebracht, die es nur gestattete, nach oben zu sehen. Diese kleine Öffnung war aber durch eine dicke Eiskruste, die sich durch die große Feuchtigkeit in der Zelle gebildet hatte, fast geschlossen.

Als ich in diesen Raum gebracht und die Tür hinter mir zugeschlagen wurde, hatte ich zunächst das Gefühl, überhaupt nichts sehen zu können. Unschlüssig blieb ich deshalb stehen und versuchte, mich an die Dunkelheit zu gewöhnen. Rechts an der Wand standen dreistöckige, hölzerne Bettstellen, auf denen oder vor denen überall Menschen saßen. Ich konnte erkennen, daß sie fast alle älteren Jahrgangs waren, alle unterernährt und elend. Dort drüben sah ich einige, die dem Aussehen nach Mohammedaner sein mußten, und bei ihnen saßen einige Männer mit langen Bärten, die ich für Orthodoxe hielt. Ich beschloß deshalb, mich zu ihnen zu gesellen, denn obwohl die Mohammedaner nicht an den gleichen Gott glauben und die Orthodoxen viele Dinge anders sahen als ich, stimmten wir doch wenigstens darin überein, daß wir noch eine höhere Autorität als die menschliche anerkannten. Ich kletterte auf den dritten Stock des Bettstelles hinauf, sie halfen mir sogar dabei, meine Sachen hochzuheben, doch damit schien unsere Bekanntschaft zunächst beendet zu sein.

Dann lag ich da oben in der immer mehr zunehmenden Dunkelheit und versuchte, mich in meiner neuen Situation zurechtzufinden.

Und während ich so darüber nachdachte, wie es jetzt wohl weitergehen würde, fing ich auf einmal Wortfetzen einer Unterhaltung auf, die leise irgendwo im Dunkeln geführt wurde. Dabei hörte ich jemanden den Namen Jesu Christi nennen. Ich horchte auf. Nein, ich hatte mich nicht geirrt! Hier redeten Menschen über den Herrn!

Ich war so ergriffen und erfreut, daß ich meine Schwäche vergaß, vom Bett heruntersprang und in die Richtung, aus der ich die Worte gehört hatte, rief:

„Ich höre die Stimmen meiner Brüder. Wo seid ihr?"

Ein paar Sekunden lang herrschte Schweigen. Dann riefen zwei Männer gleichzeitig:

„Hier, Bruder, hier!"

Ich hörte, daß sie aufgestanden waren und tastete mich zu ihnen hin, sorgfältig darauf bedacht, nicht über irgendwelche Füße zu stolpern.

Es waren zwei ältere Männer, die mir voller Freude entgegenkamen. Wir umarmten uns und weinten vor innerer Bewegung. Welch eine wunderbare Begegnung! Tagelang waren wir schon unterwegs, äußerlich verkommen und elend, gefangen in einer dunklen Zelle zwischen Dieben und Mördern, und jetzt begegneten wir Menschen, die Jesus liebten und Ihn bezeugten! Es war, als wenn man durch ein Stück der Hölle gehen mußte und auf einmal trat man in ein himmlisches Licht, das so wunderbar und hell war, daß es einen die Hölle, in der wir uns ja eigentlich noch befanden, vergessen machte...

Leider durfte ich nicht lange in dieser Zelle bleiben. Eines Tages wurde ich mit meinen wenigen Habseligkeiten herausgerufen und in eine andere Zelle gebracht, in der ich allein war. Ich habe diese beiden Brüder nie wiedergesehen, weder in der Gefangenschaft noch in der Freiheit, doch ich kann mich heute noch an das Lied erinnern, daß der eine von ihnen mich gelehrt hatte. Es handelte davon, wie Jesus auf dem Ölberg stand und um Jerusalem bitterlich weinte. Der Sohn Gottes schämte sich Seiner Tränen nicht, die Er um der Menschen willen vergoß. Ja Tränen können kostbarer sein als Perlen...

Meine neue Zelle lag auf der Nordseite des Gefängnisses. Besonders nachts war es kalt und zwar so sehr, wie ich es noch nie in meinem Leben kennengelernt hatte. Die Decke, die man mir zum Zudecken gegeben hatte, sah aus wie ein Stück aus dem Lumpensack gezogen und war so großmaschig und netzähnlich, daß man hindurchsehen konnte. Sie war vor langer Zeit einmal gehäkelt worden, aber bestimmt zu einem anderen Zweck als einen unterernährten Gefangenen in einem ungeheizten Raum hier in Nordkasachstan zu wärmen!

Ich zitterte so vor Kälte, daß ich die ganze Nacht nicht schlafen konnte. Es war eine solche Qual, daß ich glaubte es nicht viel länger aushalten zu können.

„Oh, Gott," dachte ich, „vielleicht willst Du mich von hier aus schon heimrufen..."

Ich wäre ja nicht der Erste, der in den Weiten Rußlands erfroren ist...

„Herr Jesu," betete ich, „nimm doch meinen Geist auf..."

Aber wenn Du mich noch weiter erhalten willst, dann führe mich doch von hier heraus..."

Der Herr mußte nicht die Absicht gehabt haben, mich jetzt schon heimzuholen, denn nach einigen Tagen wurde ich zum Weitertransport aufgerufen.

Dem Brot und den Salzheringen nach zu urteilen, mußte es etwa so weit sein wie von Nowosibirsk nach Petropawlowsk. Diesmal ging es nach Süden, weiter nach Kasachstan hinein. Wir fuhren fast nur durch Steppengebiete, die kein Ende zu nehmen schienen. Doch je weiter wir nach Süden fuhren, desto wärmer wurde es, eine Tatsache, für die ich nach meinen Erfahrungen in Petropawlowsk mehr als dankbar war.

Schließlich kamen wir in Kengir an, einem Ort, tief in den Steppengebieten gelegen. Von hier aus sollte es, nach russischen Entfernungen gemessen, mit LKWs nur noch ein Katzensprung sein.

Ich war inzwischen schon so schwach geworden, daß ich mich nur mühsam aufrechthalten konnte. Auch meine wenigen Sachen hatte ich nicht mehr tragen können. Doch der Herr hatte mich auch hier nicht verlassen. Er gab mir für den Rest der Reise einen lieben Glaubensbruder, Jakob aus Omsk, der mich unter den Arm nahm und meine Habseligkeiten für mich trug. „Sieh, Arthur," sagte er auf einmal zu mir, „dort hinten scheint das Lager zu sein. Wir fahren gerade darauf zu. Endstation!"
Endstation??
Ich glaubte, daß ich nicht 25 Jahre darauf zu warten brauchte...

# 15

STACHELDRAHT IN KASACHSTAN

Es war Mai 1952, als wir hier im Lager ankamen und schon ziemlich warm. Gerade vor wenigen Tagen hatte ich noch gedacht, daß ich erfrieren würde, und jetzt waren wir mitten im Frühling.

Das Arbeitslager von Kengir war das erste Lager, das ich zu sehen bekam. Es bestand aus einem grauen Meer von Baracken und war von hohen Backsteinmauern umgeben, die es von der Außenwelt vollkommen abschnitten. Niemand aus der Umgebung konnte sehen, was hinter diesen Mauern vorging, und kein Häftling sollte in der Lage sein, hinauszusehen.

Es gab auch hier verschlossene Eisentore, Kontrollen, Wachtposten und Aufseher mit Schlüsseln in der Hand.

Doch bemerkte ich gleich, daß die persönliche Bewegungsfreiheit eines Gefangenen nicht in dem Maße eingeschränkt war wie im Untersuchungs- oder Durchgangsgefängnis, wo man jeden Schritt in Begleitung von Wachen tun mußte. Hier konnten sich die Gefangenen innerhalb des Lagers frei bewegen, wenn sie sich an die Ordnungsregeln hielten.

Viele Insassen waren jetzt zum Tor gekommen, als wir hereingeführt wurden, weniger, um uns neugierig zu begutachten, als in der Hoffnung, vielleicht Landsleute oder alte Bekannte zu finden. Auf ihrer Kleidung trugen sie vorn und hinten aufgenähte Nummern und ebenfalls auf ihren Mützen.

Als wir dann wartend vor der Hauptbaracke standen, bemerkte ich einen alten Mann, der Jakob und mich anschaute. Er hatte gütige Augen und freundliche Gesichtszüge. Und während ich noch überlegte, ob er wohl ein Glaubensbruder sein könnte, kam er auf uns zu.

„Seid ihr Gläubige?" fragte er.

„Ja!" erwiderten wir erfreut. „Sind Sie ein Bruder von uns?"

„Ja, ich bin es", sagte er. „Kommt, ihr müßt müde sein. Laßt mich eure Sachen tragen... Übrigens, mein Name ist Wilhelm Penner. Jeder hier im Lager nennt mich Onkel Penner..."

Onkel Penner war ein Mennonitenbruder[9], wie wir später erfuhren und schon viele Jahre um seines Glaubens willen im Gefängnis.

Wie froh waren wir, ihn gleich bei unserer Ankunft kennengelernt zu haben. Man fragte bei solchen Begegnungen weder nach Stand, Gemeinschaft oder Glaubensrichtung sondern nur: Bist du ein Kind Gottes? Das war alles, was zählte.

„Onkel Penner", sagte ich nach einer Weile, „gibt es hier nicht einen Platz, wo wir zusammen beten können?"

„Ja, hinter der Baracke dort. Da ist eine alte Lehmgrube. Niemand wird uns jetzt da suchen."

„Wann können wir uns dort treffen?"

„Ihr müßt ja bald mit der Registrierung dran sein. Ich hole inzwischen meinen Freund Sascha, und dann warten wir hier auf euch."

Unsere Personalien wurden wieder aufgeschrieben, und die unvermeidliche Durchsuchung folgte. Statt unserer Zivilkleidung mußten wir jetzt eine Häftlingsuniform anziehen. Ich war auf einmal Nummer S. Ž. Ž. 700 geworden. Namen zählten nicht mehr. Wir waren nur noch Nummern...

Dann wurde uns vorgelesen, wo wir uns befanden und was von uns erwartet wurde. Es war ein Arbeitslager unter strengem Regime... Ich wollte jeden Tag so nehmen, wie er kam und mir vom Herrn die Kraft erflehen, ihn hinter mich zu bringen, doch nicht nur das, ich brauchte auch die Kraft, mich tief beugen zu können, um das Kreuz zu tragen, das mir auferlegt worden war.

Draußen stand schon Onkel Penner mit Sascha, einem Studenten aus Leningrad, der um seines Glaubens willen 10 Jahre erhalten hatte. Sie nahmen Jakob und mich unter den Arm und gingen mit uns hinter die Baracke, die uns Onkel Penner schon vorher gezeigt hatte.

Und hier in dieser Grube fielen wir auf die Knie und dankten dem Herrn gemeinsam, daß Er uns auf der langen Reise bewahrt hatte. Mit Grauen dachte ich an die schwere, übel riechende Luft in den Waggons, an das schwarze Brot und die Salzheringe. Manchmal hatte es auch nur wenig Wasser gegeben. Und wir dankten dem Herrn auch dafür, daß Er uns gleich am ersten Tag hier in die Gemeinschaft Seiner Kinder geführt hatte.

„Können wir nicht noch ein Lied singen?" fragte ich.

„Hast du ein besonderes Lied, das wir singen sollen?" fragte Sascha.

„Kennt ihr „Auf ewig bei dem Herrn?"

„Natürlich kennen wir es", sagte Onkel Penner, und Sascha nickte zustimmend.

Und so begannen wir denn dort unten in der Lehmgrube das

Lied, das noch nie im Leben solche Bedeutung für mich gehabt hatte:
Auf ewig bei dem Herrn!
Soll meine Losung sein,
Dies Wort ist in der Nacht mein Stern
Es führt mich aus und ein.
Ich walle durch die Welt,
Bin nur ein Fremdling hier
Und schlage auf mein Pilgerzelt
Oh, Herr, stets näher Dir.

Als wir das Lied zu Ende gesungen hatten, fühlte ich mich innerlich wunderbar gestärkt. Ich wußte, ich war Gott nahe, und Er sah mich auch hier in meinem Elend, daß ich um Seinetwillen tragen mußte. Körperlich allerdings war ich so schwach, daß ich mich fragte, wie ich aus der Grube wieder heraus und in die Baracke kommen sollte. Die anderen schienen sich das Gleiche zu fragen.

Sascha zog ein Stück Brot aus seiner Tasche und reichte es mir, doch ich war schon so heruntergekommen, daß sich mein Magen dagegen wehrte. Ich sehe es noch heute vor mir: Es war ein Stück altes vertrocknetes Schwarzbrot, dünn mit Margarine bestrichen, die in der Sonne geschmolzen war.

Mit Gottes und meiner Brüder Hilfe schaffte ich es aber schließlich doch bis zu meiner Baracke und fiel erschöpft auf ein leeres Bettgestell.

Als ich mich wieder etwas erholt hatte, begann ich mich umzusehen. Es war ein niedriger Raum, gerade hoch genug, daß die dreistöckigen Pritschen darunter Platz hatten. An jeder Wand standen 12 davon und die gleiche Anzahl noch einmal in der Mitte.

Es war dunkel, denn die wenigen Fenster ließen nur ein schummeriges Licht herein, zumal es aus Platzersparnis oft noch die Bettgestelle davorgeschoben waren. Im Winter, wenn es draußen kalt war, mochte es ja nicht einmal eine schlechte Einrichtung sein, doch jetzt im Sommer herrschte hier eine schwüle, muffige Hitze.

Die Pritschen waren grob aus Holz zusammengeschlagen und hatten je eine dünne Matraze, auf denen schmutzige, verfilzte Decken lagen. Sie sahen aus, als hätten sie schon hundert Jahre hier gelegen, ohne auch nur ein einziges Mal gewaschen worden zu sein. Am Fußende befand sich noch einmal eine solche Decke. Wie viele Gefangene mochten wohl schon darunter gelegen haben? fragte ich mich. Und wie viele Flecken darauf bestanden wohl aus Tränen?...

Als es Abend wurde, lernte ich noch mehrere gläubige Brüder

kennen. Sie kamen einer nach dem andern und versammelten sich um mich. Es gab viel zu erzählen. Sie fragten nach uns, unseren Familien, den Gemeinden, dem Grund unserer Verhaftung, unseren Erlebnissen auf der langen Fahrt, und wir waren natürlich sehr an allen Einzelheiten des Lagerlebens interessiert.

Nachdem wir uns schon eine Weile so unterhalten hatten, trat noch ein alter Bruder herein. Er kam geradewegs auf Jakob und mich zu und umarmte uns herzlich.

„Ich bin Georgij", sagte er. „Willkommen in unserer Mitte."
Wir stellten auch uns vor.

„Erzählt mal", rief er, „wie sieht es jetzt eigentlich in der Freiheit aus?"

„Wie lange bist du denn schon hier, Georgij?" fragte ich.

„20 Jahre!"

Und dann nach einer Weile, fügte er leise hinzu:

„Wenn man so lange hier ist, verliert man die Vorstellung und das Gefühl dafür, was es heißt, frei zu sein."

Ich war sprachlos und sah ihn nur an.

20 Jahre Arbeitslager! Eine Zeit, in der er die Verbindung zum Leben in der Freiheit verloren hatte!... Sein Gesicht trug die Spuren unendlichen Leids... Und doch! Er war innerlich so ungebrochen, daß er vielleicht freier war als mancher Mensch außerhalb dieser Gefängnismauern.

Dann begannen wir, ihm zu erzählen, während er unsere Worte buchstäblich in sich hineintrank.

Wie viele Dinge nimmt man doch als selbstverständlich hin, die es hier wert sind, als wichtige Einzelheiten des Lebens erzählt zu werden...

Hier im Arbeitslager waren die verschiedensten Nationen versammelt: Deutsche, Russen, Ukrainer, Esten, Litauer, Letten und Kasachen, und damit waren auch die verschiedensten Glaubensrichtungen vertreten, Lutheraner, Katholiken, bis hin zu den Mohamedanern. Neben mir saß ein Bruder aus der Wahren Orthodoxen Kirche.[10]

„Viele Priester der offiziellen orthodoxen Kirche[11] haben das rote Buch[12] in der Tasche", sagte er. „Deshalb können wir auch nicht das Wort von ihnen annehmen, das sie predigen."

Sie hatten sich in Privathäusern versammelt, genau wie wir.

Und genau wie uns hatte man auch sie verfolgt.

Wir kamen fast alle von Gemeinden mit leicht unterschiedlichen Grundsätzen, doch mit Ausnahme der Mohammedaner glaubten wir an denselben Herrn. Wie es bei einem Staat, der die Existenz

Gottes leugnet, nicht anders zu erwarten war, mußten wir dafür gemeinsam mit unserer Freiheit bezahlen, und wir bemerkten, daß die Glaubensdifferenzen, die wir früher ziemlich ernst genommen hatten, hier ganz unwichtig waren.

Am nächsten Morgen wurde ich ins Lagerlazarett gebracht, da ich wegen meines schlechten Gesundheitszustandes zu keiner Arbeit eingesetzt werden konnte. Es war eine gewöhnliche Baracke wie die anderen, äußerlich nur dadurch zu unterscheiden, daß die anderen fast alle zur Hälfte in die Erde eingelassen waren, die Lazarettbaracke aber auf der Oberfläche gebaut worden war. Ich hatte gehört, daß dieses Lager noch aus Stalins Zeiten stammte, als während der großen Säuberungsaktionen Tausende verschleppt wurden, und niemals zurückkehrten. Wie man aus der Bauweise schließen konnte, hatte es damals nicht einmal eine Sanitätsbaracke gegeben... Jetzt befand sich hier jedoch ein Behandlungszimmer, das neben allerlei Geräten sogar noch den Luxus eines Röntgenapparates aufwies und viele Krankenzellen zu beiden Seiten des Ganges. Diese Baracke war besser und sauberer als die anderen, und auch das Essen war kräftiger, doch trotz allem war sie natürlich weit davon entfernt, daß man sie mit einem normalen Krankenhaus vergleichen konnte. Hier gab es keine freundlichen Krankenschwestern, keine sorgsame Überwachung der Patienten, keine besondere Diät, keine peinliche Sauberkeit, nicht genügend Medikamente, und auch nicht immer die richtigen Medikamente für einen Schwerkranken. Es war eben nur besser, verglichen mit den sonstigen Lagerumständen.

Es war ein „Krankengefängnis", aus dem zwar Menschen halbwegs gesund entlassen wurden, doch für viele bedeutete der Aufenthalt hier Endstation.

Ich bestand, als ich ins Lazarett eingeliefert wurde, nur noch aus Haut und Knochen, und ich fühlte, ich war dem Tode nahe. Man brachte mich zunächst auch nur in den Zellen unter, wo die Menschen waren, die im Sterben lagen.

Ein kleines Schild am Fuß gab nachher darüber Auskunft, wer der Tote war. Aber man konnte auch nicht mehr als nur seine Nummer erfahren, denn Namen zählten hier ja nicht.

Sie wurden irgendwo in der Steppe begraben...

Die meisten von ihnen waren unschuldig hier, doch sie mußten sterben, weil sie nicht ein System unterstützten, das gegen ihr Gewissen gerichtet war. So mancher von ihnen hatte bis fast zum Schluß noch die Hoffnung gehegt, eines Tages hier herauszukommen. Ja, diese Hoffnung war es oft, die sie noch jahrelang unter schwierigsten Bedingungen am Leben erhielt. Doch viele schafften es nicht mehr, und statt in Zivilkleidern verließen sie das Lager in Sträflingsuniform mit dem kleinen Nummernschild, das an ihren Fuß gebunden war...

Einige waren nervlich so überfordert und zerbrochen, daß sie einfach durchdrehten und den Verstand verloren. Sie wurden daraufhin in vergitterte Zellen überführt, um die anderen Insassen vor ihren unkontrollierbaren Anfällen zu bewahren. Welch eine Ironie! Sie waren als völlig normale und gesunde Menschen hierhergekommen! Ich habe gesehen, wie sie dort gelegen haben. Es war ein Bild des Jammers und der absoluten Hoffnungslosigkeit.

Hier in diesem Lazarett verbrachte ich viele Monate. Es war eine extra Schule, durch die der Herr mich führte, um mich zu Seinem besonderen Werkzeug zu machen. Wir beten manchmal: Herr, mach mich zum Segen für andere... oder Herr, laß mich ganz in Deinem Dienst stehen, damit viele durch mich zu Dir finden. Dabei denken wir jedoch meist nicht daran, daß ein Werkzeug gehämmert und bearbeitet werden muß, damit es überhaupt tauglich wird.

Nun, ich wußte nicht, daß der Herr mein Gebet erhört hatte und dabei war, mich zu genau einem solchen Werkzeug zu formen, aus eigenwilligem Material dazu, wie es für Seinen Dienst tauglich war. Und obwohl ich nichts von dem Schmelzungs- und Härtungsprozeß verstand, in dem ich mich befand, vertraute ich Ihm doch, daß Er meine Zukunft kannte und war getröstet.

In der Zelle mit mir lag noch ein ehemaliger Ingenieur aus Baku. Sein Name war Wassiljew. Er war schon lange hier und damals auch um seines Glaubens willen verhaftet worden. Man könnte sagen, er war ein evangelikaler Mann innerhalb der orthodoxen Kirche gewesen.

„Arthur", sagte er eines Tages zu mir, „ich verstehe die Welt nicht mehr! Wenn früher jemand ein Priester war, dann wollte er damit Gott dienen. Heute hat er ganz andere Motive."

„Ach Bruder", wandte ich ein", es gibt doch bestimmt auch in der orthodoxen Kirche Gläubige. Du bist doch zum Beispiel auch ein Gotteskind. Und es gibt sicher verschiedene Menschen wie dich, die sich berufen fühlen, Priester zu werden."

„Oh, ja, die gibt es schon", erwiderte er, „aber sich berufen fühlen und Priester werden, das ist, wie wir immer wieder erfahren müssen, ein gewaltiger Unterschied. Du weißt nicht, wie es wirklich ist, Arthur", sagte er, und seine Augen füllten sich mit Tränen. „Bei uns in der orthodoxen Kirche werden die Priester vom Staat ausgewählt und eingesetzt, und die Partei achtet sehr sorgfältig darauf, dafür keinen gläubigen Mann zu nehmen. Es ist tatsächlich so, daß ein wirklich gottesfürchtiger Mensch die geringsten Chancen hat, einer Gemeinde als Priester zu dienen."

„Wie ist es dann mit der Wahren Orthodoxen Kirche?" fragte ich.

„Dort ist es natürlich nicht so, aber sie werden sehr verfolgt und können sich nur in aller Heimlichkeit treffen. Ich hätte damals schon übertreten sollen, denn ich wäre so oder so ins Gefängnis gekommen."

„Wasja", sagte ich tröstend, „sei nicht traurig. Gott kennt die Herzen der Menschen. Es gibt bestimmt auch dort Tausende, die ihre Knie nicht vor dem Baal des Kommunismus gebeugt haben..."

„Mein eigener Neffe wurde von der Partei als Priester eingesetzt, Arthur", fuhr er fort. „Er studierte in Leningrad Theologie, und als er das Seminar beendet hatte, stellte man ihn an die Spitze einer orthodoxen Kirchengemeinde. Nachdem er dort sein Amt eine Weile ausgeübt hatte, kam er eines Tages nach Hause. Er kam auch mich besuchen und machte sich dabei über seine Rolle als Priester lustig.

„Onkelchen", sagte er, die dummen Leute küssen mir sogar die Hand!" Er lachte und fand sich sehr komisch."

Wassiljew stimmte natürlich nicht mit seinen Ansichten über Gott, Priestertum und Kirche überein und machte keinen Hehl aus seiner wirklichen Überzeugung.

Der Erfolg war der, daß sein Neffe fortfuhr, mit dem Parteibuch in der Tasche unter einem heiligen Mantel die Menschen zu betrügen, er aber in ein Arbeitslager mit strengem Regime verbannt wurde.

Jetzt war er so krank und schwach, daß ich mich im Stillen fragte, ob er wohl je das Ende seiner Gefängniszeit erleben würde.

Doch eines Tages erhielt er die freudige Nachricht, daß er wegen seiner schlechten Gesundheit und im Hinblick darauf, daß er schon so viele Jahre verbüßt hatte, durch eine Amnestie entlassen werden sollte. Nur eine kleine Formalität sollte vorher noch erledigt werden, und zwar handelte es sich um die Frage, ob seine Frau ihn in seinem heruntergekommenen Zustand aufnehmen und versorgen würde. Welch ein Unsinn! dachte ich. Welche Frau würde nicht gern ihren Mann, der noch dazu unschuldig im Gefängnis war, wieder gesundpflegen wollen!

Wassiljew war so aufgeregt. Er weinte und lachte zusammen, als er diese guten Nachrichten hörte. Und Minuten später begann er schon, den wichtigen Brief zu schreiben. Er sollte sofort abgehen, und wir rechneten uns zusammen aus, wie lange es wohl dauern würde, bis die Antwort hier wäre.

Seine endgültige Befreiung kam jedoch früher als wir gedacht hatten. Noch in derselben Nacht ging er heim zu seinem Herrn, für den er sich hier auf Erden so eingesetzt hatte.

Die Freude war für ihn in seinem geschwächten Zustand zu viel gewesen.

Wassiljew, mein orthodoxer Bruder! Sie trugen ihn hinaus, um auch ihn in der Steppe zu begraben. Nummer SRR 804...

Ich nahm seine Papiere und seinen letzten Brief, um sie an seine Frau zu senden.

„Wenn Du mir die Bescheinigung schickst, daß Du mich so aufnimmst, wie ich bin, dann werde ich wie ein Vogel aus dem Käfig fliegen und bei Dir sein..." hatte er geschrieben.

Der Käfig, von dem er gesprochen hatte, war jetzt leer. Ich wußte zwar, für ihn war alles Leid der Welt zu Ende, und trotzdem weinte ich, um ihn, um seine liebe Frau, um alle die, die hier voller Sehnsucht und unerfüllter Hoffnung gefangen waren...

Würde Wassiljews Weg auch mein Schicksal sein? fragte ich mich oft. Wie lange würde ich noch die Kraft haben weiterzuleben? So viel wußte ich, es konnten nicht 25 Jahre sein! Ich war so elend und so dünn geworden, daß ich kaum die Kraft hatte aufzustehen. „Oh, Herr", flehte ich, „wenn Du willst daß ich Dir in Demut diene für den Rest meines Lebens, dann führe mich doch hier heraus. Ich möchte anderen Menschen von Dir sagen und solche, die im Dunkeln leben, in das Licht Deiner Liebe bringen...

Kannst Du mich gebrauchen, Herr?"

Mit diesen Gedanken schlief ich ein.

In dieser Nacht hatte ich einen sonderbaren Traum. Und als ich erwachte und darüber nachzudenken begann, wurde es mir immer klarer, daß dieses nicht eine Phantasie meines geplagten Geistes war, sondern die Stimme meines himmlischen Vaters. Gott offenbart sich uns in mannigfaltiger Weise, und hier, in dieser Situation, hatte Er einen Traum dazu ausersehen, mich zu stärken und mir innere Zuversicht zu geben:

Ich befand mich bis zu den Schenkeln in einer Wasserstelle, die von Bäumen umgeben war. Es war nicht tief, doch das Wasser war kristallklar, so daß man jedes Steinchen erkennen konnte. Am Ufer standen viele Menschen, die ich kannte und sahen mich an.

Ich bückte mich und holte eine Handvoll Sand herauf, wobei ich bemerkte, daß das Wasser nicht schmutzig, ja, nicht einmal trübe wurde.

„Es ist nicht tief genug", rief ich den anderen zu. „Man muß noch tiefer graben!"

Und ich machte mich an die Arbeit. Als ich nach einer ganzen Weile aufsah, war niemand mehr da. Sie waren alle weggegangen. Ich arbeitete allein weiter. Es war eine schwere Arbeit.

Auf einmal sah ich einen Mann am Ufer stehen. Er hatte ein weißes Gewand an und hielt in der Hand ein kleines schwarzes Buch. Ich wußte sofort, es war eine Bibel.

Ich arbeitete jetzt nicht weiter, sondern stand nur und schaute hinüber zu ihm. Er winkte mir, ans Ufer zu kommen. Ich folgte, und als ich vor ihm stand, nahm er mich bei der Hand und legte die Bibel hinein. Dann zeigte er in die Richtung der Sonne, die jetzt am späten Nachmittag schon weit im Westen stand.

Dann war er verschwunden.

Doch bevor ich noch weiter darüber nachdenken konnte, sah ich dort ein großes Erntefeld und vereinzelte Schnitter, die das Korn schnitten und zu Garben sammelten. Ich war darüber so froh, daß ich begann, ein Lied zu singen und ihnen entgegenzugehen.

Und ich reichte ihnen die Hand und gesellte mich zu ihnen, um ihnen bei der Erntearbeit zu helfen.

Dann wachte ich auf. Ich hatte keinen Zweifel darüber, Gott hatte durch diesen Traum zu mir geredet. Und obwohl ich ihn noch nicht verstand, wußte ich doch mit einer großen Gewißheit, daß mein Leben noch nicht zu Ende war.

Der Herr kannte meine Zukunft, und ich wußte jetzt mit neuer Sicherheit, daß Er alles sah, was mir noch verborgen war. Er schien eine Aufgabe für mich zu haben, für die ich noch vorbereitet werden mußte.

„Nun, wenn es wirklich so ist", betete ich, „dann will ich ein geduldiger und aufmerksamer Schüler sein, und ich will tief im klaren Wasser Deines Wortes graben, damit ich mehr von Deiner Weisheit verstehen kann..."

Langsam ging es jetzt mit meiner Gesundheit bergauf, und ich spürte täglich auf's Neue, wie ich durch diese schweren Monate, in denen ich die Menschen um mich herum sterben sah, von meinem Himmlischen Vater getragen wurde.

Eines Morgens lernte ich zwei Koreaner kennen. Es waren Kim und Oo, die auch wegen ihres Glaubens 25 Jahre erhalten hatten. Sie arbeiteten innerhalb des Lagers, wuschen die Wäsche und brachten uns jeden Tag das Essen.

Irgendwie nahmen sie wegen ihrer gewissenhaften Arbeit eine Sonderstellung ein. Sie schienen überall beliebt zu sein, und da sie so viel persönliche Hilfsdienste leisteten und auch den Aufsehern ihre Wäsche wieder sauber und sorgfältig gefaltet zurückbrachten, bekamen sie öfter unauffällig allerhand Dinge zugesteckt, die für uns Gefangene große Köstlichkeiten bedeuteten. Manchmal brachten sie mir getrocknetes Obst oder kochten auch eine Suppe davon, oder sie hatten ein extra Stück Brot für mich und etwas Knoblauch, der wegen seiner Vitamine so sehr begehrt war, ja, es kam sogar vor, daß sie ein weißes Brötchen vor mich hinlegten.

Wie oft war ich gesegnet durch ihre Liebe, die sie mir immer wieder auf's Neue erwiesen, und nicht zuletzt durch ihre Hilfsdienste begann ich mich mehr und mehr zu erholen.

Jeden Abend wurden die Baracken zugeschlossen. Es gab bis zum nächsten Morgen keine Aufseher, und die Gefangenen konnten sich innerhalb der Gebäude frei bewegen. Und wenn dann alles still geworden war, trafen wir uns im Verbandsraum, um dort das Wort Gottes zu lesen, zusammen zu beten und so neue Kraft zu schöpfen.

Wir hatten natürlich nur Teile Seines Wortes oder ein paar abgeschriebene Seiten, aber sie hatten solche Bedeutung, daß man jedes Wort in sich hineintrank. Viele Schriftstellen kannten wir auch auswendig, und wir machten die Erfahrung, daß, um in Trübsal getröstet zu werden, oft schon ein einziges Gotteswort ausreicht. Es hatte hier eine ganz andere Bedeutung als in der Freiheit, es war wie Wasser auf durstendes Land...

Als es mir schon soweit gut ging, daß ich hin und wieder aufstehen konnte, hatte ich die Gelegenheit, andere Kranke in ihren Zellen aufzusuchen. Und vielen, die dort auf ihrem Lager dahinsiechten, die die Hoffnung auf eine Rückkehr nach Hause aufgegeben hatten und praktisch auf ihr Ende warteten, konnte ich durch die wunderbaren Worte des Evangeliums einen solchen Trost zuteil werden lassen, daß auch sie trotz ihrer verzweifelten Lage, in der sie sich befanden, Frieden und innere Freude finden konnten.

Viele waren aus der nahen Kupfermine hierher ins Lager geschickt worden, da ihre Gesundheit dort ruiniert worden war. Sie sollten hier zu leichterer Arbeit eingesetzt werden, doch oft wurden sie bald krank, kamen ins Lazarett und starben.

„Geh doch mal in Zelle 24, da drüben auf der anderen Seite des Ganges", sagte eines Tages ein Bruder zu mir. „Dort liegt ein schwerkranker Mann. Du würdest ihm einen großen Dienst tun.

Ich wünschte, ich könnte selbst zu ihm gehen."
„Wer ist er?" fragte ich.

„Ein Ukrainer. Pawel heißt er, glaube ich. Er ist auch aus der Kupfermine herübergekommen."
Am selben Nachmittag noch ging ich hinüber, um diesen Mann aufzusuchen.
Als ich die Tür zu seiner Zelle öffnete, schlug mir ein schwerer, schlechter Geruch entgegen. Auf der einzigen Pritsche im Raum sah ich einen Mann liegen, der fast zum Skelett abgemagert, und dessen Körper von eiternden Wunden bedeckt war. Seine Augen waren geschlossen, und seine rechte Hand hing wie leblos an der Seite herab.
Erschüttert trat ich näher. Er rührte sich nicht. Ich kniete mich neben ihn und nahm seine Hand.
Erstaunt öffnete er die müden Augen.
„Wer bist du?" fragte er mit schwacher Stimme.
„Arthur", sagte ich leise, „Arthur Gesswein. Ich bin auch zu 25 Jahren verurteilt worden.... Du bist Pawel und aus der Ukraine, nicht wahr?"
„Ja", sagte er hoffnungsvoll. „Bist du ein Landsmann von mir?"
„Nein", erwiderte ich, „ein Landsmann von dir bin ich nicht, obwohl ich verschiedene Jahre dort gelebt habe. Ich bin ein Kind des lebendigen Gottes, und die Liebe Jesu Christi hat mich bewegt, zu dir zu kommen."
„Du kennst mich doch aber gar nicht", wandte er verwundert ein.
„Pawel", sagte ich, du kennst die Liebe Gottes noch nicht, sonst würdest du es verstehen."
Er sah mich dankbar und immer noch etwas ungläubig an.
„Danke, daß du gekommen bist", sagte er. „Früher sind mich ja noch Männer aus der Ukraine besuchen gekommen, aber jetzt schon lange nicht mehr. Sie haben mich alle verlassen...
Aber wahrscheinlich hat jeder mit sich selbst zu tun...
Oh, Arthur", flüsterte er in unbeschreiblicher Traurigkeit, „es ist furchtbar, in so großer Hilflosigkeit alleingelassen zu werden."
Er begann zu weinen. Ich ließ ihn eine Weile gewähren.
„Hast du Familie?"
„Ja", seufzte er, „eine liebe Frau und vier Kinder. Sie sind noch in der Ukraine."
Und dann begann er, mir von ihnen und seinem Zuhause zu erzählen.

„Ich werde sie nie mehr wiedersehen", schloß er nach einer Weile.
„Ich weiß es, aber ich will es nicht wahrhaben..."
„Pawel", sagte ich und sah ihn fest an, „es ist wahr, alle haben dich allein gelassen, und du hast recht, so wie du es siehst, traurig und verzagt zu sein, doch höre, was ich dir jetzt sagen will: Es ist einer da, der dich nie verlassen wird: Jesus Christus, der Sohn Gottes. Er liebt auch dich. Und wenn du im Glauben zu Ihm kommst und dadurch ein Gotteskind wirst, wirst du auch nicht mehr allein sein.
„Siehe, ich bin bei euch alle Tage.
bis an der Welt Ende... (Matth. 28, 20)
und werde euch nicht verlassen noch versäumen..." (Hebr. 13, 5)
Das hat Jesus denen versprochen, die Ihm nachfolgen, und was Er verspricht, das hält Er auch."
„Oh, Arthur...", seufzte Pawel nur, und dicke Tränen rollten seine Wangen herab.
Ich konnte sehen, er verstand noch nicht recht, wovon ich redete, doch er war bereit, zuzuhören.
Und in den Worten der Heiligen Schrift, die ich auswendig wußte, begann ich, ihm die wunderbare Nachricht des Evangeliums zu erklären. Er war ganz still geworden, und ich spürte geradezu, wie die Worte des Lebens in sein verwundetes Herz sanken.
„Arthur," sagte er nach einer Weile, „hilf mir, ein Kind Gottes zu werden..."
Wir beteten zusammen. Ich kniete neben ihm und hielt seine Hand, denn er war schon zu schwach, um aufzustehen. Er bekannte die Sünde seiner Gleichgültigkeit und bat den Herrn, durch Seinen Geist in sein Leben zu kommen. Er weinte jetzt, und ich weinte mit ihm, doch es waren Tränen der Freude...
Der Friede Gottes, welcher höher ist als alle Vernunft, war auf meinen Bruder Pawel gekommen und hatte ihm Ruhe und eine tiefe Freude geschenkt.
Innerhalb der nächsten Tage konnte ich ihn noch einige Male besuchen, doch ich bemerkte, wie er jetzt zusehends schwächer wurde. Am letzten Tage, als ich bei ihm war, konnte er schon nicht mehr sprechen. Er lag ganz still da mit geschlossenen Augen, doch seine Lippen bewegten sich im Gebet. Ein überirdischer Friede lag auf seinem Gesicht, und in diesem Zustand ging er heim zu seinem neu gefundenen Herrn.
Ich bin sicher, daß wir so manchen in der Ewigkeit wiedersehen

werden, dem wir hier im Gefängnis von Jesus Christus sagen konnten.

Pawel war einer von ihnen, darüber hatte ich keine Zweifel. Es ist eigenartig, dachte ich, die kommunistische Regierung versucht immer wieder, mit allen Mitteln den Glauben an Gott auszurotten, nicht zuletzt durch schwere Gefängnisstrafen für die, die diesen Glauben verkünden, doch die Erfahrung hat gezeigt, daß für jeden Gläubigen, der den Weg ins Arbeitslager antritt, mindestens fünf Gläubige wieder herauskommen.

Lange Zeit hörte ich nichts von meiner Familie. Ich wußte auch nicht, wie sehr Olga sich bemüht hatte, meine Lageradresse zu erfahren. Doch schließlich, nach etwa sechs Monaten, erhielt ich ein Päckchen von Zuhause und bald darauf noch einen Brief. Es war ein unbeschreiblich bewegendes Gefühl, das Stück Papier in Händen zu halten, das vor einiger Zeit noch durch Olgas Hände gegangen war. Es war wie eine spürbare Verbindung, letztenendes unwirklich nur durch die große Entfernung und die Spanne der Zeit. Ich las ihn immer wieder und trug ihn wie einen kostbaren Schatz mit mir herum. Ab und zu zog ich ihn hervor und begann, ihn noch einmal zu lesen. Vielleicht hatte ich noch etwas übersehen oder einen hinter den Worten versteckten Gedanken nicht erkannt. Ich löste sogar die Briefmarke ab, um sicher zu sein, nichts übersehen zu haben. Dann hielt ich ihn gegen das Licht, um zu sehen, ob sie vielleicht mit Milch eine geheime Nachricht geschrieben hatte, doch leider kannte sie diese Möglichkeit nicht, verbotene Worte so durch die strenge Gefängniszensur gehen zu lassen. Verboten war zum Beispiel alles, was auch nur im Entferntesten mit Gott oder dem Gefängnis zu tun hatte. Es durfte praktisch nur ein Lebenszeichen sein, das aus ganz allgemeinen Mitteilungen zu bestehen hatte.

Auch ich durfte jetzt zwei Briefe pro Jahr schreiben. Ich war vorher nie ein großer Briefschreiber gewesen, doch jetzt wurde diese Beschäftigung zu einer der wunderbarsten, die es für mich geben konnte, und ich sah dem Tag mit großer Erwartung entgegen, an dem ich wieder zu Papier und Bleistift greifen durfte, um so wenigstens auf diese bescheidene Weise mit meiner Familie verbunden zu sein.

Endlich kam auch für mich der Tag, an dem ich das Lazarett verlassen durfte. Zwar war ich noch nicht völlig gesund, aber doch wenigstens soweit hergestellt, von diesem Ort des Elends und Sterbens in das allgemeine Lagerleben eingegliedert werden zu können.

Ich wußte, es war nichts anderes als die unendliche Gnade Gottes, die es bewirkt hatte, daß ich aufrecht die Larazettbaracke verlassen konnte und nicht mit einem kleinen Nummernschild am Fuß hinausgetragen werden mußte...

Zuerst durfte ich noch innerhalb des Lagers arbeiten, da ich durch meine immer noch schwache Gesundheit für einen Außendienst untauglich war. Ich wurde in eine Baracke eingewiesen, die noch 40–50 Männer mit mir teilen mußten. Es war, wie man sich vorstellen kann, sehr beengt, und diese Situation förderte noch die Tatsache, daß sich viele Männer gegenseitig auf die Nerven gingen.

Ich war dankbar, daß sich meine Pritsche in der Ecke befand. Man kann es sich als freier Mensch nur schwer vorstellen, was es bedeutet, Tag für Tag, 24 Stunden lang, jeglicher privaten Atmosphäre beraubt zu sein. Es ist geradezu ein Luxus, sein Bett in einer Ecke zu haben, in der wenigstens zwei Wände die Illusion vermitteln, beinahe allein zu sein.

Auch hier fand ich bald Glaubensbrüder. Einige kannte ich ja schon von der Zeit vor meinem Lazarettaufenthalt, wie zum Beispiel Onkel Penner, Sascha und andere, und bereits nach wenigen Tagen hatten wir jeden Abend eine kleine Gebetsversammlung in meiner privaten Ecke.

Abends wurden wir wieder eingeschlossen, so daß wir nur noch Informanten, aber keine Aufseher mehr zu fürchen hatten.

Es war zwar ein großes Lager, doch es war nicht für eine so große Anzahl von Gefangenen eingerichtet. Es müssen hier, Männer und Frauen eingerechnet, etwa 10–12 tausend Leute gewesen sein. Besonders bekamen wir diese Unzulänglichkeit zu spüren, wenn es für uns Zeit war, das Essen aus der Kantine zu holen. Die Küche war wesentlich zu klein und die Kessel absolut unzureichend für eine solche Menge von abgearbeiteten, hungrigen Gefangenen. Als Ausweg aus diesem Dilemma wurde nun nicht etwa ein größeres Küchengebäude errichtet. Das wäre wahrscheinlich zu einfach gewesen. Man beschränkte sich vielmehr darauf, die ganze Nacht hindurch die Essensrationen auszuteilen! In der Praxis bedeutete es, daß die letzten nachts um 1/2 2 Uhr mit dem Abendbrot fertig waren, während der nächste Schub bald danach mit dem Frühstück beginnen mußte, damit jeder um 6 Uhr früh zur Arbeit antreten konnte.

Von Nachtruhe konnte bei dieser Organisation natürlich keine Rede sein, und gerade die hätte jeder nach der Schwerarbeit des Tages bitter nötig gehabt.

Heute würde man sagen, ein solches Essen war es nicht wert, deswegen mitten in der Nacht aufzustehen, doch hier waren die Menschen hungrig und ausgemergelt. Und man verzichtete lieber auf den so wichtigen Schlaf, um sich das bißchen magere Suppe zu holen. Es war ein Gedanke, der vornehmlich in unseren Köpfen kreiste: Essen! So taumelten dann die, die so spät – oder so früh – mit der Mahlzeit an der Reihe waren, schlaftrunken in die Küche, schluckten mechanisch ihre Suppe und gingen müde wieder zurück in die Baracke, um wenigstens noch etwas Ruhe zu haben, bevor der neue arbeitsreiche Tag anbrach.

Frühmorgens mußten alle antreten, die außerhalb des Lagers arbeiteten, um dann als Kolonne durch das große Tor geführt zu werden. Ich dachte so manches Mal an die ersten Strafarbeiter, die ich selbst jeden Tag in Aschchabad gesehen hatte. Und ich erinnerte mich, wie ich oft dastand und den traurigen Gestalten nachschaute.

Ich war froh, daß ich noch für einige Zeit innerhalb des Lagers arbeiten durfte, saubermachen, Kleidungsstücke flicken, Reparaturen vornehmen oder in der Küche helfen. Wenn dann die anderen abends müde und zerschlagen ins Lager zurückkamen, konnte ich sie jetzt bedienen und ihnen manche weitere Anstrengung abnehmen, so daß sie sich von der schweren Tagesarbeit ausruhen konnten.

Unser Lager selbst bestand aus verschiedenen Zonen, die voneinander durch Mauern und zwischen diesen noch durch eine Art Hof oder Niemandsland getrennt waren. Besonders hoch waren die Mauern, die uns vom Frauenlager trennten, eine auf ihrer Seite und eine auf unserer Seite. Dazwischen lag ein langes Feld, das an manchen Stellen 100, manchmal 150 oder auch 200 m breit war. Wir konnten daher weder hinübersehen, noch -rufen, doch wir wußten, daß dort auch verschiedene Glaubensschwestern von uns gefangen waren.

Wir hatten deshalb ein System entwickelt, das heißt, es existierte schon lange, bevor ich überhaupt herkam, das einen Postverkehr ohne Zensur und Briefmarke möglich machte.

Dazu wurden zunächst die Mitteilungen auf einen kleinen Zettel geschrieben, der dann eng zusammengerollt und mit einem Steinchen beschwert wurde. Manchmal wurden aus praktischen Gründen auch mehrere Briefe gleichzeitig befördert. Dann wurde eine Schnur daran befestigt und das fertige Päckchen über die Mauer geschleudert. Es flog ohne Schwierigkeiten 200 m weit, besonders, wenn der Wind dazu noch günstig stand.

Jeder Gefangene konnte hier zu einem Briefträger werden, wenn er zufällig an der Mauer entlangging und einen solchen Brief fand. Und da darauf Baracke, Raum und Name angegeben waren, war es nicht weiter schwierig, ihn bei dem Empfänger abzuliefern.

Alle waren dabei ehrlich, denn als Gefangene, die alle das gleiche Schicksal hatten, hielten wir zusammen. Außerdem verschaffte es uns eine gewisse Befriedigung und gab uns einen inneren Aufschwung, einem System zu trotzen, das darauf ausgerichtet war, uns durch die Haft zu fügsamen, abgestumpften Individuen zu machen, die keine Fragen stellten, sondern ohne selbst zu denken, blindlings gehorchten. Auf diesem Wege hatten wir eine ständige Verbindung zu unseren Glaubensschwestern, von denen einige ebenfalls 25 Jahre erhalten hatten.

Wir kannten uns bald und konnten einander ein Trost sein, obwohl wir uns noch nie vorher gesehen hatten.

Als ich später zum Außendienst eingesetzt wurde, kam es zwar vor, daß wir den Frauenkolonnen begegneten, aber wir wußten nicht, wer unsere Schwestern waren. Es war ein trauriger Zug von Menschen, die vor allem im Winter nicht wie Frauen aussahen.

Sie mußten die gleiche Arbeit wie wir verrichten, in schweren Wattehosen und -jacken, schweren Schuhen oder Filzstiefeln.

Ihre Gesichter waren kaum zu erkennen, da sie die dicken Mützen tief ins Gesicht gezogen hatten oder in Kopftüchern vermummt waren. Bei 35–45 Grad Frost war es schon eine durchaus passende Kleidung, aber es tat mir oft bitterlich leid, wenn ich sie so langsam mit ihrer Kreuzhacke und Schaufel dahinziehen sah, um unter diesen Umständen, die besonders für Frauen viel zu schwer waren, ihr Tagessoll zu erfüllen.

Wenn wir die Möglichkeit gehabt hätten, sie aus der Nähe zu betrachten, hätten wir unsere Schwestern sehr wahrscheinlich an ihren Gesichtszügen erkennen können. Mir war aufgefallen, daß es fast ausschließlich Gläubige waren, die trotz aller Schwierigkeiten nicht verbittert aussahen. Bei allen anderen hatte die quälende Frage nach dem Essen, der Familie, dem Ende ihrer Haftzeit, ja, ob man überhaupt jemals zurückkehren würde, ihre Gesichter zu einem Ausdruck von großer Trostlosigkeit geprägt. Doch es waren die Gläubigen, die trotz allem eine lebendige Hoffnung hatten, die von der Liebe Gottes durchdrungen waren und zwar in dem Maße, daß sie sich in ihren Augen, ja in ihrem ganzen Gesicht wiederspiegelte.

Nach einigen Wochen wurde auch ich für fähig befunden, außerhalb des Lagers zu arbeiten.

Zuerst wurde ich auf einem Bau eingesetzt, bald danach aber in einem Steinbruch. Hier arbeitete ich eine ziemlich lange Zeit und mußte wie alle anderen täglich fast 2 Kubikmeter Stein losschlagen. Die einzigen Werkzeuge, die wir dazu hatten, waren ein großer Hammer und ein Keil...

Im Winter, wenn starker Frost herrschte, waren die Steine durch die niedrige Temperatur brüchig und spröde geworden, so daß sie sich leichter schlagen ließen als im Sommer. Doch auch wenn wir es dadurch etwas leichter hatten, waren es doch die Kälte und der eisige Wind, die jeden Arbeitstag zu einer neuen Strafe machten. Wir waren alle unterernährt und froren leicht.

„Bewegt euch ein bißchen!" riefen die Aufseher, die wohlgenährt und warm verpackt die Reihen entlanggingen.

„Bewegung hält euch warm."

„Hee, du da, langsamer geht's wohl nicht?"

Mühsam hob ein jeder seinen Hammer und ließ ihn auf den Stein niederfallen, einmal, zweimal, dreimal, bis endlich wieder ein paar Brocken herabfielen.

Bücken.

Aufheben.

Hinübertragen.

Wieder ein kleines Stück den 2 Kubikmetern näher.

Zurück.

Zuschlagen.

Unentwegt.

Müdigkeit.

Stumpfsinn.

Hunger.

Kälte...

Wir kamen, wenn es noch dunkel war, bald nach sechs Uhr, und wir wurden zurückgeführt, wenn es schon wieder dunkel wurde.

Die meisten Menschen stellen sich die sibirischen Winter als am schlimmsten zu ertragen vor, ja, die bekannte „sibirische Kälte" ist sogar als Ausdruck des Absoluten in den Sprachgebrauch aufgenommen worden. Ich mußte jedoch feststellen, daß die Winter hier in Kasachstan noch unangenehmer waren. In Sibirien können zwar 50 Grad Frost herrschen, doch es ist oft dabei windstill. In Kasachstan dagegen ist es der Wind, der einem durch Mark und Bein geht, obwohl das Thermometer vielleicht nur 25 Grad Frost anzeigt. Ich weiß noch, wie froh ich war, als ich von Petropawlowsk immer weiter nach Süden gefahren war und endlich die Wärme des kasachischen Frühlings zu spüren bekam, doch der nächste Winter kam auch hierher, nachdem die glühende Sommerhitze das Land ausgedörrt hatte.

Glühende Sommerhitze! Das ist der einzige Ausdruck, der dieser Jahreszeit gerecht wird. Wenn es im Winter schon schwer war, die Arbeitsnorm zu erfüllen, im Sommer war es noch schwerer.

„Bewegung, macht euch warm!" hatten sie uns im Winter zugerufen.

Nun, im Sommer machte sie einen noch wärmer.

Die Brocken waren jetzt schwerer loszuschlagen, und man wurde durch die Hitze auch wesentlich schneller erschöpft. Alle paar Minuten war man wieder durstig. Der Staub in der Luft ließ die Hitze noch dichter erscheinen und vermischte sich mit dem Schweiß, der in Strömen an den Körpern der Gefangenen herabfloß.

„Los! Los!" brüllten die Aufseher.

„Denkt ihr, ihr seid hier in der Sommerfrische?"

Niemand antwortete.

Man dachte nicht mehr. Mechanisch erfüllten wir unser Soll.

Die meisten Gefangenen waren aus politischen Gründen hier, doch auch immer wieder begegnete man solchen, die um ihres Glaubens willen verurteilt worden waren. Durch diese aber wurden jetzt viele Menschen gläubig, die vorher noch nie in ihrem Leben nach Gott gefragt hatten. Sie waren hergeschickt worden, um korrigiert und umerzogen zu werden, doch in Wirklichkeit waren sie es, die andere umerzogen.

„Das Himmelreich ist gleich einem Sauerteig", hatte Jesus gesagt, „den ein Weib nahm und unter drei Scheffel Mehl mengte, bis es ganz durchsäuert ward." (Matth. 13, 33)

Die Gläubigen hier im Gefängnis waren wie dieser Sauerteig. Sie wirkten durch ihre einfache Anwesenheit, ihr Verhalten anderen gegenüber und ihre Worte so auf ihre Umgebung, daß viele aus gleichgültigen Menschen zu Gotteskindern wurden.

Bei unseren kleinen Gemeinschaften, die wir, wenn immer es möglich war, abends nach der Arbeit in meiner Ecke abhielten, lasen wir im Wort Gottes, das wir von Tag zu Tag sorgfältig versteckt hielten, unterhielten uns und beugten uns vor Gott im Gebet. Es war eine solche Erquickung, in dieser gottlosen Lageratmosphäre mit anderen Gläubigen zusammenzusein, die sich nur schwer beschreiben läßt. Es war, als wäre aus dem Patmos unserer Verbannung auf einmal der Himmel geworden...

Eines Tages gesellte sich ein russischer Bruder zu uns. Sein Name war Jefim Pontschelejewitsch.

„Wie bin ich dem Herrn dankbar, daß Er mir nachgegangen ist", sagte er, „und dabei hatte ich mich so gegen Ihn gewehrt."
Er machte eine Pause. Wir sahen ihn an, denn er schien uns noch etwas erzählen zu wollen.

„Meine Frau und meine Tochter waren schon eine ganze Zeit gläubig", fuhr er fort, „doch es war mir ein großer Dorn im Auge. Ich wußte, es gab keinen Gott, und wenn es Ihn schon gab, dann wollte ich wenigstens nichts mit Ihm zu tun haben. Wie oft habe ich Maria und Tasja geschlagen, wenn sie von der Versammlung nach Hause kamen, und waren liebevoll zu mir. Dann, eines Tages sah ich auf einmal ganz klar, daß ich vor dem davonlief, der mich liebte und der sogar Sein Leben für mich auf Golgatha gegeben hatte. Und ich nahm Ihn im Glauben als meinen Herrn an...
Jetzt bin ich um Seinetwillen hier..."

Wir waren alle bewegt, das Zeugnis dieses Mannes zu hören, der sich so gegen sein besseres Wissen geweigert hatte, Gottes Ruf zu folgen.

„Wo ist deine Familie?" fragte jemand.

„Maria ist noch zu Hause", antwortete Jefim, „doch Tasja mußte auch ins Gefängnis...

Ich möchte euch davon noch etwas erzählen", fuhr er fort.

„Wir wurden am gleichen Tag verurteilt, und als das Urteil gesprochen wurde, durften wir uns nach der langen Zeit der Trennung noch einmal sehen.

Dabei sagte Tasja mit lauter Stimme, daß die anderen es hören konnten, zu mir:

„Jetzt geh'n wir nach Sibirien, Vater. Da werden wir guten Samen streuen!"

„Was für ein Unsinn!" mischte sich der Richter ein, der diese Worte gehört hatte. „Ihr habt ja gar keine Gelegenheit, Samen zu streuen, denn ihr müßt ins Arbeitslager! Habt ihr das nicht verstanden? Außerdem wird es in Sibirien jetzt Winter!"

Doch Tasja antwortete mutig: „Unser Same ist kein gewöhnliches Saatgut! Es geht zu jeder Jahreszeit und überall auf: Es ist das Wort Gottes von der Erlösung der Menschen!"

Ich weiß noch, der Richter schüttelte den Kopf, als wenn sie nicht ganz bei Trost wäre, aber er konnte es ja auch nicht verstehen, denn er kannte nicht die Kraft Gottes und das Geheimnis des Sauerteigs..."

Und so wurden sie nach Sibirien gebracht, in verschiedene Arbeitslager – Jefim später nach Kasachstan –, jeder für sich ein Pionier für Jesus Christus.

Hin und wieder gesellten sich Menschen zu uns, die noch nicht gläubig, aber suchend geworden waren, Menschen aus allen Lebensschichten, von den einfachsten bis zu gebildeten. Die Gemeinsamkeit unseres Schicksals hatte alle Klassenunterschiede aufgehoben und uns zu Kameraden werden lassen.

Und viele von denen, die fragend zu uns kamen, wurden gläubig. Damals hatten sie die Botschaft des Neuen Testaments nicht verstanden, denn sie hatten das Wort Gottes nur kritisch betrachtet. Aber nachdem sie diese innere Barriere überwunden hatten und bereit waren, verstehen zu lernen, offenbarte sich Gott auch ihnen. Auch viele Jugendliche waren unter denen, die ihr Leben Jesus Christus übergaben, denn besonders sie hatten unter der großen Leere hinter den Fassaden des Kommunismus und damit der großen Ziellosigkeit ihres Lebens gelitten. Wir konnten sie wegen mangelnder Gelegenheit natürlich nicht taufen, obwohl ich von einem Bruder aus einem anderen Lager hörte, daß er nicht damit bis zu seiner Entlassung warten wollte und sich in einem hölzernen Faß taufen ließ.

Wir mußten unsere Versammlungen so geheim wie möglich abhalten, denn die Lagerleitung war natürlich sehr darauf bedacht, daß wir umerzogen werden sollten, was selbstverständlich eine Fortsetzung der Tätigkeiten, die zur Verhaftung geführt hatten, ausschloß.

Manchmal trafen wir uns irgendwo hinter der Baracke, aber auch in einem alten Schuppen oder der kleinen Totenhalle, die nie bewacht wurde. Es war jedesmal wie eine neue geistige Entrückung in die wunderbare Nähe Gottes, ein kleines Verweilen in einer Welt, in der uns Seine unendliche Liebe und Gnade in deutlich fühlbarer Weise umgab, bevor wir wieder den bitteren Anforderungen einer Lagerleitung begegnen mußten, die Gott haßte und jeden Gedanken an Ihn auszumerzen suchte.

Wenn wir hier zusammen im Schnee knieten – manchmal waren es 40 Grad Frost – begann der Schnee unter unseren Knien zu tauen, doch wir spürten die Kälte nicht.

Es konnte natürlich vorkommen, daß uns jemand beobachtet hatte und gewissenhaft Meldung tat. Dann wurden wir unter Fußtritten und Schimpfworten hochgejagt und in gröbster Weise daran erinnert, daß dieses ein Lager war, in dem es keinen Gott gab, und wenn Er existierte, Er jedenfalls unerwünscht war.

Eines Tages hatte jemand von den Gefangenen, der als Informant versuchte, sich bescheidene Vorteile zu verschaffen, verraten, daß wir in meiner Ecke regelmäßig Gebetsversammlungen abhielten und daß ich auch Ungläubigen von dem so gehaßten Christus erzählte. Ich wurde herausgerufen und vor den politischen Leiter des Lagers geschleppt.

„Hier habe ich einen Gottesanbeter gebracht!" rief der Bedienstete triumphierend.

„Schon wieder einen?" ärgerte sich der politische Leiter.

„Nimmt es denn mit diesen Aufrührern nie ein Ende?

Ich hoffe, du bist einer der letzten, die hier im Lager so viel Unruhe stiften!" sagte er giftig zu mir.

Ich antwortete ihm nicht.

„Wirf ihn in den Isolator!" rief er zu dem Bediensteten, der mich hergebracht hatte. „Dort kann sein Eifer für eine verrückte Idee abkühlen!"

Und so wurde ich denn noch mit anderen zusammen in den Isolator geworfen, ein Gefängnis innerhalb des Gefängnisses, das den seltsamen Namen mit Recht trug, denn man sollte zur Strafe von jeglichem normalen Leben isoliert werden.

Ich sollte auch bald erfahren, was er mit dem Wort „abkühlen" gemeint hatte, denn es war ein dunkler, kalter Raum, und mir fiel sofort auf, daß es hier keine Bettstellen gab. Die Gefangenen saßen oder schliefen auf dem kalten Betonfußboden! Dazu gab es noch sehr wenig und auch sehr schlechtes Essen. Dies hier war das strengste Regime innerhalb eines strengen Arbeitslagers. Es sollte einen Gefangenen, der schwer umerziehbar war, auf diese Weise gefügig machen, denn nach einer Zeit im Isolator war es nur natürlich, einen Wiederholungsfall vermeiden zu wollen.

„Oh, Herr", betete ich, „gib mir doch die Kraft, daß ich auch diese Last tragen kann, und hilf mir geduldig zu sein..."

Jeder meiner Brüder hatte dasselbe gebetet, denn es war nicht nur die äußerliche Kraft, die hier unweigerlich schwinden mußte, sondern auch die innere, wenn wir solchen Gedanken Raum gaben, wie Gott so harte Strafen für Seine Kinder zulassen konnte.

Doch unser Himmlischer Vater hörte uns auch hier aus dieser dunklen, kalten Zelle, und gab uns die Kraft zu überwinden und zu verstehen, daß der Weg des Leidens auch ein besonderer Segensweg sein konnte.

Und wie Gold im Feuer geläutert wird, um zu einem sehr kostbaren Metall zu werden, so sollte auch unser Glaube gereinigt, gestärkt und unerschütterlich gemacht werden. (1. Petr. 1, 7) Wir befanden uns im Schmelztiegel Gottes, der allerdings, wie jemand sagte, das Thermometer in der Hand hielt, damit es nicht heißer wurde, als wir es ertragen konnten. (1. Kor. 10, 13)

Was mochte Gott noch mit meinem Leben vorhaben? fragte ich mich manchmal, daß ich durch solche Schule gehen mußte...

Auch ältere Brüder waren unter uns, die schon 65 oder 70 Jahre alt waren. Und auch sie dankten dem Herrn, daß sie für Ihn diesen schweren Weg gehen durften...

Besonders besorgt waren wir um diese alten Brüder, denn wenn unsere Gesundheit hier schon leiden würde, wie mußte es erst um sie bestellt sein? Jeder wußte, er hatte 25 Jahre bekommen, und er wußte auch, daß er es ohne eine Amnestie nie schaffen würde, obwohl ich schon einige getroffen hatte, die bereits 20 Jahre hier waren. Und doch war ich überwältigt von der großen Liebe und Tapferkeit der Brüder untereinander, wo einer bereit war, sich für den anderen zu opfern.

Als es Abend wurde, legten wir uns auf den Betonboden und überredeten die alten Männer, sich quer auf uns zu legen, damit sie als die Schwächeren nicht noch elender wurden. Hier erlebte ich im wahrsten Sinne des Wortes, was das Gebot im Galatherbrief bedeutet:

„Einer trage des andern Last" (Gal. 6, 2)

Zwei Wochen mußte ich in der Isolationszelle verbringen, und als ich herauskam, war ich erneut so schwach, daß ich kaum laufen konnte.

Diesmal jedoch kam ich nicht ins Lazarett sondern in die Strafbrigade.

Es war ein großes Holzkombinat, der Arbeitsplatz, der am weitesten vom Lager entfernt war, so daß man schon müde war, wenn man dort ankam. Doch die wirklich schweren Stunden begannen erst, wenn wir hier unter noch stärkerer Bewachung körperliche Schwerarbeit zu verrichten hatten.

Die Strafbrigade mußte in diesem Sägewerk Betonteile gießen, wobei es meine Aufgabe war, mit vielen anderen den nassen Beton in Schubkarren zu transportieren. Es ging den ganzen Tag hin und her mit der schweren Ladung, wobei die Aufseher uns ständig zur Eile antrieben.

„Mal'n bißchen dalli!" brüllten sie.

„Schneller! Schneller!"

„Schlaft nicht ein!"

Sie erwarteten von uns, die anstrengende Arbeit im Laufschritt zu tun. Stundenlang. Von morgens bis abends...

Besonders in der ersten Zeit hatte ich Mühe, den ungeheuren Anforderungen nachzukommen, zumal auch das Essen so schlecht war, daß ich nur langsam einigermaßen zu Kräften kam. Mit großer Anstrengung brachte ich jeden Tag hinter mich, fiel abends total erschöpft auf mein Lager und fragte mich, ob ich es wohl auch den nächsten Tag noch schaffen würde. Ich schaffte es. Auch am nächsten Tag. Und am übernächsten, bis der Herr mich eines Tages durch ein Wunder aus der Strafbrigade herausholte.

Jeden Mittag, bevor oder nachdem wir unser kärgliches Mahl abgeholt hatten, verbrachten wir immer irgendwo, hinter Holzstapeln verborgen, eine kurze Zeit im Gebet mit einigen Brüdern. Doch ich hatte bald ein so großes Verlangen, irgendwo allein mit Jesus zu reden, Ihm alles, restlos alles, zu sagen, was mir auf dem Herzen brannte und in Stille von Ihm neue Kraft zu erhalten. Ich kann dieses Verlangen nur so beschreiben, als wenn ich den ganzen Tag in glühender Sonnenhitze gegangen wäre, ohne auch nur einen Tropfen Wasser trinken zu können. Ich wollte nichts anderes, als allein sein mit Jesus, ein Wunsch, der hier in der Strafbrigade so gut wie aussichtslos war.

Der Herr aber wußte um diesen Durst in mir und machte diese besondere Begegnung mit Ihm möglich, auf eine Weise allerdings, mit der ich nicht gerechnet hatte:

Eines Tages bat mich einer der anderen Gefangenen, ihm die große, hölzerne Gußform für den Beton tragen zu helfen. Ich stellte daraufhin meine Schubkarre an die Seite und ging mit ihm, um ihm den Gefallen zu tun. Doch ehe ich mich's versah, trat ich aus Versehen auf ein Brett, aus dem ein rostiger Nagel ragte. Er bohrte sich durch meine Schuhsohle, und ich fühlte, wie er in meinen Fuß drang. Der Schmerz war so groß und unerwartet, daß ich sofort hinfiel. Das Brett klebte an meinem Schuh, ja, es war im wahrsten Sinne des Wortes an meinen Fuß genagelt!

In wenigen Sekunden war ich von Kameraden umringt, von denen einer mutig das Brett ergriff und es samt Nagel von meinem Fuß zog. Nachdem ein anderer meinen Schuh heruntergerissen hatte, sah man, wie das Blut bereits zu strömen begonnen hatte und zwar in dem Maße, daß sogar der sonst so grobe Aufseher ein paar freundliche Worte für mich hatte.

„Bringt das Verbandszeug!" rief er. „Beeilt euch!"

Und zu mir gewandt, sagte er:

„Wir werden einen Wagen holen und dich ins Gefängnis zurückbringen. Es kann durch den rostigen Nagel leicht zu einer Vergiftung kommen..."

Er meinte es tatsächlich gut, obwohl er sonst den Eindruck erweckte, ein harter Mann ohne Gefühle zu sein. Ich war dankbar für seine Freundlichkeit, doch ich betete im Stillen darum, daß kein Wagen zur Verfügung stand. Ich würde dann ins Lager zurücklaufen müssen. Es war ein langer Weg, und es würde nicht leicht sein, darüber war ich mir klar, doch ich würde allein sein, endlich allein!

Und wirklich! Es war kein Wagen aufzutreiben! Meine Kameraden versuchten, mich zu trösten, denn sie hatten Mitleid mit mir, doch sie konnten ja nicht wissen, daß gerade das geschehen war, worum ich gebetet hatte.

Langsam machte ich mich auf den Weg. Diesmal brauchte ich mich nicht zu beeilen, denn ich war ja von der Arbeit beurlaubt worden.

Am Ende des Holzkombinats befand sich ein größeres Gebäude, neben dem eine kleine Bretterbude stand. Es war der Werkzeugschuppen eines gläubigen Bruders, der hier als Elektriker arbeitete. Zwar war er nicht da, doch ich wußte, wo er den Schlüssel versteckt hatte.

Während ich aufschloß und eintrat, hörte ich noch, wie die Fabriksirene vier Uhr anzeigte. Dann war ich allein...

Ich fiel auf meine Knie und beugte mich tief vor diesem großen Gott, nach dem mein Herz so dürstete. Ich schüttete meine Seele vor Ihm aus, mein ganzes geplagtes Herz und die Schwachheit meines Körpers...

Ich spürte, der Herr war mir sehr nahe, ja, Er hatte meine Begegnung mit Ihm erst möglich gemacht.

Es war eine der gesegnetsten Stunden meines Lebens, in der ich Gemeinschaft haben konnte mit Ihm, dem Schöpfer des Universums, aber auch dem Tröster eines armen, unwichtigen Gefangenen.

Dann hörte ich den schrillen Ton der Sirene: Fünf Uhr. Es hatte tatsächlich eine ganze Stunde gedauert, und doch war die Zeit so schnell vergangen, als wäres es nur Minuten gewesen.

Ich war so erquickt, so gestärkt und zufrieden, daß ich es hätte nicht in Worte fassen können. Es war, als hätte ich mich an einer Quelle in der Wüste richtig sattgetrunken und noch darüber hinaus, ich fühlte, ich hatte die Kraft, jetzt weiter durch die „Wüste" des schweren Lagerlebens zu gehen.

Eine andere solcher Quellen erlebte ich hinter einem Heizungskeller.

Es war kalt draußen und es regnete. Wir froren und waren sehr erschöpft. Alle waren hier magere kraftlose Gestalten, und doch wurde so viel von uns verlangt.

In der Nähe unserer Arbeitsstelle befand sich ein Heizungsraum, in den sich hin und wieder die Gefangenen stahlen, um sich in einer Ecke etwas zu trocknen und aufzuwärmen. Auch ich kroch an diesem naßkalten Regentag hier in eine dunkle Ecke und hoffte, daß für eine kleine Weile niemand meine Abwesenheit bemerken würde.

Ich wollte mich eigentlich nur ein bißchen ausruhen und wärmen, doch ich war so zerschlagen, daß ich nach wenigen Minuten einzuschlafen begann.

Auf einmal hörte ich deutlich eine innere Stimme, die zu mir in deutscher Sprache redete:

„Geh' und bete!"

Ich hob meine müden Augen auf. Ich wußte, es war der Herr, der mich rief.

Sah denn Gott nicht, wie müde ich war? Warum mußte Er mich denn gerade jetzt rufen? Ich hatte keine Kraft, und meine Augen fielen wieder zu.

Doch ich hörte ein zweites Mal die Stimme, diesmal etwas strenger:

„Geh' doch, und bete!"

Ich hob meinen Kopf und war dem Weinen nahe.

„Ich kann nicht, Herr! Du siehst mich doch, ich kann wirklich nicht. Ich habe keine Kraft..."

Und damit nickte mein Kopf wieder nach vorn, und ich war dabei, fest einzuschlafen.

Die Stimme kam noch ein drittes Mal, doch diesmal so streng, daß es mich wie ein elektrischer Strom durchfuhr:

„Ach, wann wirst du beten?"

Ich riß mich zusammen und sprang auf, obwohl ich vor Schwäche beinahe der Länge nach hingefallen wäre. Ich stolperte hinaus.

„Hier bin ich, Herr", rief ich. „Wo soll ich denn beten? Alles ist so naß, und es ist so kalt..."

Und der Herr zeigte mir nicht weit entfernt inmitten verschiedener Holzstapel im Bau begriffene kleine Unterstandsbuden, die für die Wächter angefertigt wurden.

Ich kroch in eine davon hinein und ging auf meine Knie. Was sollte ich sagen? Ich sollte beten, und doch fielen mir keine Worte ein. Ich lag nur da und beugte mich vor dem Herrn.

Dann kam mir ein Vers eines Liedes in den Sinn, und da ich an absolut nichts anderes denken konnte, betete ich ihn wie ein Gebet:

„Auf Deinen Ruf, oh Herr
Komm ich vor Dich allda

Und suche Heil in Deinem Blut,
Das floß auf Golgatha..."

Ja, ich suchte Heil in Seinem Blut. Auf nichts Geringeres wollte ich meine Stärke, meine Kraft und mein Heil bauen. Und jetzt fielen mir auch die Worte ein, mit denen ich meine ganze Not vor dem Herrn ausbreitete.

Ich weiß nicht, wie lange ich so vor Ihm auf meinen Knien gelegen habe, doch ich bemerkte nach und nach, wie neue Kraft mich durchflutete. Und als ich aufstand, war ich gestärkt, nicht nur geistig, sondern auch körperlich. Ich konnte meine Arbeit ohne Schwierigkeiten beenden und kam so frisch im Lager an, als wenn ich mich lange Zeit ausgeruht hätte. Meine Kameraden sahen durchfroren und erschöpft aus, doch ich hätte jetzt noch „Bäume ausreißen" können. Ein so großes Glücksgefühl erfüllte mich, so daß ich es am liebsten von allen Wachtürmen gerufen hätte:

„Der Herr hat ein Wunder an mir vollbracht! Gelobt sei der Name des Herrn!"

Meine Brüder freuten sich mit mir, und wir dankten Ihm zusammen für Seine große Güte.

Meine Zeit in der Strafbrigade war nur noch kurz. Eines Abends kam ein Mann auf mich zu, der mir zwar bekannt vorkam, aber ich konnte mich nicht erinnern, wo ich ihn schon einmal gesehen hatte.

„Hallo, Arthur", rief er, „du kennst mich doch?"

„Nein", sagte ich, „ich weiß im Moment nicht..."

„Ich bin doch der Meister von der Schlosser- und Elektrikerbrigade! Weißt du nicht mehr, du hast doch mal einen Tag als Aushilfe bei mir gearbeitet!"

Natürlich! Jetzt fiel es mir wieder ein. Natürlich kannte ich ihn. Er war ein Gefangener mit 10 Jahren Strafzeit, den man zum Meister über diese Brigade ernannt hatte. Ich wäre noch gern länger in seiner Werkstatt geblieben, aber leider war es nur ein Tag zur Aushilfe gewesen.

„Hör' mal, Arthur", sagte er, „würdest du wieder in meiner Brigade arbeiten wollen?"

„Ob ich *wollte?*" rief ich. „Ich würde heute noch kommen, aber es ist ja unmöglich, denn ich habe 25 Jahre, und alle, die bei dir arbeiten, sind doch nur die, die 10 Jahre haben.

Außerdem bin ich in der Strafbrigade!"

„Das mach' ich schon", sagte er, „wenn du nur willst."

Natürlich wollte ich! Was für eine Frage! Es war eine Antwort auf mein Gebet, aus der Strafbrigade herauszukommen!

Und dieser Meister schaffte es tatsächlich, daß ich innerhalb weniger Tage hier heraus und in seine Schmiede überführt wurde.

Gewiß, auch hier mußten wir unser Soll erfüllen, aber verglichen mit der Zeit, die ich gerade hinter mir hatte, war es beinahe eine Erholung zu nennen.

Ich war nun schon fast drei Jahre im Arbeitslager von Kengir, und in dieser Zeit hatte ich bereits alles kennengelernt, was den Schrecken einer Lagerhaft ausmacht: Stacheldraht, Wachtürme, gottlästernde Aufseher, Hunger, Kälte, Krankheit, Lazarett, Isolationszelle und Strafbrigade.

Ich erinnerte mich an die Zeit, als ich noch frei war und wir unsere Gemeindeversammlungen hatten und ganz besonders an ein Lied, das immer wieder gesungen wurde. Es war in russischer Sprache. Es fiel mir auf, wie oft es gewählt wurde, denn gerade dieses Lied bedeutete ein ziemliches Problem für mich. In der letzten Strophe nämlich heißt es, ,,daß das Leben im Leiden immer gut ist... Und es gibt kein größeres Glück als Glauben, Hoffen und Lieben..."

Ich sang gern und stimmte auch in dieses Lied mit Herz und Mund ein, doch jedesmal, wenn wir zu dieser letzten Strophe kamen, sangen nur meine Lippen mit. Ich wollte kein Leben im Leiden, wenn es sich vermeiden ließ, denn ich konnte mir nicht vorstellen, daß es auch nur annähernd gut zu nennen war.

Sollte es wirklich wahr sein? Es ging über meine Vorstellungskraft, denn nach meinem Verständnis war Leid etwas sehr Trauriges, und ein gutes Leben konnte nur ein Leben ohne Leid sein... Gewiß, diese Gedanken waren nur logisch und einleuchtend für meine damaligen Begriffe, und es würde bestimmt auch in jedem Leser keine andere Reaktion hervorrufen, wenn er vor die gleiche Frage gestellt wäre.

Nach einigen Jahren jedoch lernte ich zu begreifen, daß es eine Sphäre des Verstehens gibt, die weit über unser normales Denken hinausgeht. Gott führte mich dazu durch Seine Schule hier im Lager, durch viele Prüfungen und großes Elend, bis ich das Ende meiner eigenen Kraft erreicht hatte und geläutert und geschmolzen durch den feurigen Ofen des Leides Dinge zu erkennen begann, deren Größe, Weite und Tiefe ich vorher nicht mehr als nur geahnt hatte.

Ich begann zu sehen, daß das Leben im Leiden wirklich gut war und daß es tatsächlich letztenendes kein größeres Glück hier auf Erden gibt als Glauben, Hoffen und Lieben...

Und wenn ich nachts in den dunkelblauen Himmel sah, machte

ich immer wieder eine Beobachtung, die auch für mein Leben Bedeutung hatte:

Je dunkler die Nacht war, desto heller leuchteten die Sterne! Es war, als würde dieses einfache Schauspiel der Natur nur noch bestätigen, was ich an meinem eigenen Leibe gespürt hatte: Je größer die Trübsal war, durch die ich gehen mußte, desto näher war ich meinem Himmlischen Vater, dem Schöpfer des Universums und auch des kleinen Gänseblümchens...

Nach mehreren Jahren solcher Erfahrung bemerkte ich, daß der Kelch, den ich damals bereit war, aus Gottes Hand anzunehmen, seine Bitterkeit verloren hatte...

# 16

## LICHT AUF MEINEM WEGE

*Dein Wort ist meines
Fußes Leuchte und ein
Licht auf meinem Wege."
Psalm 119, 105*

Wir waren verhaftet und verurteilt worden, weil man uns wegen der Verbreitung unseres christlichen Glaubens antisowjetischer Agitation für schuldig befunden hatte. Jetzt sollten wir 25 Jahre lang dafür büßen und wenn möglich, zu verläßlichen, das hieß atheistischen Staatsbürgern umerzogen werden. Eine selbstverständliche Methode war dabei natürlich die, unter keinen Umständen zu erlauben, daß wir durch das Lesen der Bibel weiter in unseren staatsfeindlichen Ideen bestärkt wurden.

Mein Neues Testament wurde mir gleich nach meiner Verhaftung abgenommen. Ich sah es noch oft auf dem Tisch des Vernehmungsoffiziers, doch ich bekam es nie zurück.

Es war beinahe ein unerträglicher Gedanke, die Fahrt ins Arbeitslager ohne das Wort Gottes antreten zu müssen, von dem ich wußte, daß es mich auch in schwersten Stunden aufrichten würde. Ich hatte das Gefühl, als würde ich eine lange, lange Wanderung durch die Wüste beginnen, doch ich ging mit leeren Händen, ohne Wasser und Brot. Und wenn ich daran dachte und an die lange Strafzeit, die vor mir lag, wurde ich von einer tiefen Sorge erfüllt.

Dann stellte ich mir wieder ernsthaft die Frage, wie der Herr wohl Seine Kinder stärken mochte, die um Seinetwillen diesen Weg gingen. Ich hatte immer wieder gehört, daß sie nicht, wie beabsichtigt wurde, als Kommunisten sondern als geistige Giganten aus den Lagern zurückkamen! Es *mußte* dort also Möglichkeiten geben, irgendwie Zugang zu haben zu dem lebendigen Wort Gottes, das allein solches bewirken konnte.

Als ich im Lager von Kengir ankam, waren bereits acht Monate vergangen, seit ich zum letzten Mal die Heilige Schrift in der Hand gehalten hatte. Ich kannte zwar eine ganze Menge auswendig, denn ich hatte mich in dieser Beziehung auf die Gefangenschaft vorbereitet, aber ich hatte ein unbeschreibliches Verlangen, es wieder einmal in Händen zu halten.

Meine Frage am ersten Abend, als wir hier Glaubensbrüder trafen, war deshalb die:
„Brüder, habt ihr Bibeln hier?"
„Bibeln haben wir nicht", antworteten sie, „aber Bibelteile!"
„Bibelteile?"
„Ja", sagte Onkel Penner, „eine vollständige Bibel würde natürlich für so viele Gläubige wie hier im Lager sind, nicht ausreichen. Deshalb wurde die Bibel, die einmal hereingeschmuggelt werden konnte, in viele Teile zerteilt, so daß jeder darin lesen kann, und es ist auch leichter zum Verstecken als ein dickes Buch."
Diese Erklärung leuchtete mir ein.
„Ich habe schon acht Monate lang kein gedrucktes Wort der Schrift gesehen", seufzte ich, doch ich fühlte gleichzeitig, daß meine Frage, die monatelang durch meine Gedanken gekreist war, eine Antwort gefunden hatte: Gottes Wort war auch hier im Lager. Es wurde wie eine kostbare Perle gehütet und wirkte durch die Brüder wie der Sauerteig, mit dem Jesus das Himmelreich verglichen hatte.
Ich sah, wie Onkel Penner sich umdrehte, auf sein Bett zuging und etwas unter der Matratze hervorholte. Dann kam er zurück und legte einige Seiten einer sehr alten zerlesenen Bibel vor mich hin. Es waren nur wenige Blätter, vergilbt und die Ecken ausgefranst, und doch war in dieser Schlichtheit und Unscheinbarkeit alles verborgen, wonach mein Herz sich so sehnte...
Ich war überwältigt. Es war, als hätte mir jemand in der Hölle ein Stück vom Himmel gegeben. Und ich weinte vor Freude, während ich die alten Seiten an mich drückte.
Gewiß, als ich noch frei war, hatte ich das Wort des Herrn schon lieb gehabt, ich war ja schließlich um des Wortes willen verhaftet worden, doch jetzt hatte es eine ganz neue Bedeutung für mich:
Es war Hoffnung, Leben und Licht in der Dunkelheit!
„Du kannst die Seiten natürlich nicht behalten", sagte Onkel Penner nach einer Weile, „denn wir teilen sie mit vielen anderen. Du kannst sie aber abschreiben. Wir tun es auch."
Ich hatte eigentlich auch nicht damit gerechnet, diese kostbaren Blätter behalten zu dürfen und fand die Idee des Abschreibens ausgezeichnet. Wie gut, daß mir noch am gleichen Tag jemand Papier und Kugelschreiber gab, denn gleich am nächsten Morgen mußte ich für viele Wochen ins Lazarett.
Ich faltete die kleinen Papierbogen in der Mitte und legte sie so zusammen, daß ein kleines Notizbuch daraus entstand, das ich bei Gelegenheit noch mit ein paar Stichen in der Mitte zusammenäh-

te. Ich schrieb zunächst mit kleiner Schrift alles hinein, was ich auswendig wußte. Und dann begann ich abzuschreiben, wenn immer ich einige Seiten des Wortes auftreiben konnte. Einmal war es das Matthäusevangelium, ein anderes Mal der 1. Korintherbrief, dann wieder nur ein paar lose Blätter.

Und immer, wenn ich einem neuen Glaubensbruder begegnete, fragte ich ihn:

„Bruder, was weißt du auswendig? Ein paar Bibelverse oder ein Lied?"

Und alles, was er wußte, wurde in mein kleines Büchlein geschrieben. Es war für lange Zeit meine Bibel, doch es wurde trotz seiner äußeren Unscheinbarkeit von Tag zu Tag kostbarer. Man lernte hier das Wort Gottes mehr zu lieben als je zuvor, man erforschte es mehr und las es nicht nur, sondern trank es in sich hinein.

Im Lazarett war es verglichen mit den anderen Baracken, verhältnismäßig leicht, Zugang zum Wort zu haben, da hier nicht so streng durchsucht wurde. Diese Tatsache war unter den Gläubigen bekannt, und deshalb brachten sie uns manchmal, wenn sie die Gelegenheit dazu hatten, ihre kleinen Notizbücher oder Bibelteile, damit wir sie tagsüber hier verstecken sollten.

Man mußte natürlich sehr vorsichtig sein, daß die Aufseher einen nicht dabei erwischten, aber es gelang mir doch oft, in dem Wort zu lesen, das die anderen uns zur Aufbewahrung anvertraut hatten. Und natürlich schrieb ich alles ab, was nicht schon in meinem kleinen Büchlein stand.

Als ich allerdings später aus dem Lazarett entlassen wurde, mußte ich feststellen, daß es nicht immer ganz leicht war, unauffällig zur Krankenbaracke zu gehen, um jemandem die Notizen zum Verstecken zu geben. Es wäre einfach zu offensichtlich gewesen, Aufseher wären mißtrauisch geworden und hätten uns beobachtet, und man wußte auch nie, ob vielleicht ein Mann in der Zelle eines Bruders lag, der nachher als Informant seine vermeintliche Pflicht tun würde.

So mußten wir uns darum noch andere Dinge einfallen lassen, um das Wort hier im Lager zu behalten, zu dem Gott nach menschlichen Gesetzen keinen Zutritt hatte.

In der Baracke konnte es nicht bleiben, denn dort wurde immer wieder in unserer Abwesenheit alles durchsucht.

Eine Zeitlang gaben wir es deshalb einem Glaubensbruder, der in der Sauna arbeitete, und er versteckte es für uns. Hier war es ziemlich sicher, denn die Sauna wurde meist nur sehr oberflächlich kontrolliert. Doch auch dazu bestand nicht immer die Möglichkeit.

Morgens, bevor wir unter Bewachung zur Arbeit geführt wurden, mußten wir uns zur Zählung und Kolonnenformierung am Lagertor sammeln. Vorher nun, in aller Frühe, wenn es noch dunkel war, ging ich deshalb – sowie auch alle anderen Gläubigen – und versuchte, meine kleine „Bibel" in Sicherheit zu bringen. Oft ging ich dazu an eine Stelle hinter der Baracke und vergrub sie in der Erde, nachdem ich sie mit einem Lappen oder einem Stück Papier umwickelt hatte. Im Winter, wenn die Erde gefroren war, verscharrte ich sie im Schnee.

„Herr, Du weißt", betete ich darüber, „daß das Lager immer wieder neu durchsucht wird, Bitte, bewahre doch Dein Wort, und laß niemanden auf die Idee kommen, hier zu graben..."

Als es Abend wurde und wir erschöpft, müde und hungrig ins Lager zurückkamen, konnte ich es kaum abwarten, an mein Versteck zu laufen. Es mußte so unauffällig wie möglich geschehen, denn es sollte ja nicht so aussehen, als würde ich etwas suchen. Und als ich sicher war, daß mich niemand beobachtete oder gesehen hatte, kniete ich mich hin und holte mein kleines Notizbuch aus der Erde oder dem schützenden Mantel des Schnees hervor.

Es war jedesmal eine neue unbeschreibliche Freude, es wieder in Händen zu halten und zu wissen, daß es der heutigen Kontrolle entgangen war.

Meistens schlug ich es gleich hier, noch auf meinen Knien auf, las einige Verse und verbrachte ein paar Minuten in dankbarem Gebet. Dann fühlte ich mich bereit, den anderen nachzugehen, die schon in der Kantine waren, um ihre Suppe zu holen.

Sonntags brauchten wir nur selten zu arbeiten. Das bedeutete allerdings nicht etwa einen Tag der Ruhe und Ausspannung, sondern fast jedesmal hieß es:

„Bettzeug nehmen und raustreten!"

Es war die übliche Routinedurchsuchung, die fast den ganzen Tag in Anspruch nahm. Während wir draußen standen, wurden die Baracken gründlich kontrolliert, und auch hier draußen mußten unsere Sachen vor den mißtrauischen Augen der Beamten ausgebreitet werden.

Die paradoxe Situation war dabei, daß wir als Gefangene ja gar keine Möglichkeit hatten, uns Dinge zu beschaffen, die eventuell nicht erlaubt waren – mit einer Ausnahme allerdings: Es bestand eine strenge Anordnung, alles wegzunehmen, was irgendwie mit Gott zu tun hatte.

„Oh, Herr, verhindere doch, daß sie Dein Wort finden!" war unser ständiges Gebet.

„Laß sie alles nehmen, nur nicht Dein Wort!..."

Unsere Notizen wurden auch fast nie gefunden. Ich habe sogar heute noch mein kleines Büchlein.

Es konnte aber auch vorkommen, daß es entdeckt wurde, daß ein Beamter so tat, als hätte er es nicht gesehen oder wie es in dem Falle eines ehemaligen Verbrechers war, es ihm später entgegen allen Vorschriften wiedergegeben wurde.

Dieser Mann – Esfir Demtschenko war sein Name – war ein so hartgesottener Krimineller gewesen, daß sogar die Aufseher vor ihm Angst hatten. Er war wegen Raubmordes hier, und man hatte den Eindruck gehabt, daß es ihm auf ein paar mehr oder weniger Tote nicht ankam.

Eines Tages aber wurde er gläubig, und wenn jemals Gott aus einem Menschen durch die Wiedergeburt im Glauben eine neue Kreatur geschaffen hatte, so war es Esfir. Vorher hatte er ein Herz aus Stein gehabt, doch jetzt war es voller Liebe und Güte. Es war eine solche Verwandlung mit ihm geschehen, die nach menschlichen Maßstäben gemessen völlig ausgeschlossen gewesen wäre.

Es gibt Leute, die hartnäckig die Echtheit der Bibel bewiesen haben wollen, bevor sie erwägen, eventuell, nachdem alle intellektuellen Zweifel beseitigt worden sind, Jesus Christus auch in ihr Leben aufzunehmen. Wer aber Esfir als Verbrecher gekannt hatte und ihn jetzt sah, brauchte diese „Beweise" nicht. Er war einer neuen makellosen Schöpfung Gottes begegnet...

Selbst die Lagerleitung war darüber verwundert, machte sich aber nicht die Mühe, den Grund seiner Verwandlung herauszufinden.

Eines Tages las er mit einem Bruder in der Bibel, die es irgendjemandem gelungen war, ins Lager zu schmuggeln. Ein Aufseher überraschte sie aber bei dieser verbotenen Beschäftigung und nahm sie ihnen weg.

Esfir und dieser Bruder waren erschüttert und verzweifelt, daß ihnen der kostbare Besitz weggenommen wurde und sie weinten und flehten zum Herrn, die Rückgabe der Bibel doch möglich zu machen.

Auf einmal hatte Esfir das Gefühl, als wenn jemand zu ihm sagte: „Geht hin, ihr bekommt sie wieder!"

Und so machte er sich denn auf den Weg zur Baracke der politischen Lagerleitung.

„Herein!" rief eine Stimme, nachdem er angeklopft hatte.

Außer einem Aufseher, der an einem Schreibtisch saß, war niemand im Zimmer.

„Was ist's Efir?" fragte er. „Du siehst ja so verweint aus! Was ist denn passiert?"

„Mir haben sie die Bibel weggenommen!" rief er. „Was haben Sie damit getan?"

Esfir war in einer solchen Verfassung, daß ihm erneut die Tränen kamen.

„Esfir, was ist denn los mit dir? Wie kann man denn über ein Buch weinen! .... Da drüben am Fenster liegt es ... Na, nimm es schon, aber versteck es unter deiner Jacke!"

Esfir glaubte seinen Ohren nicht zu trauen. Hatte er richtig gehört? Der Beamte wollte sie ihm wiedergeben, ohne weitere Fragen zu stellen und eine große Angelegenheit daraus zu machen!

Doch hatte Gott ihn nicht hierhergeschickt? Eigentlich konnte er ja gar nicht anders handeln.

Schnell ging er deshalb zum Fenster, nahm das kostbare Buch und schob es in seine Jacke.

„Danke, danke", flüsterte er und verließ schnell und wie auf Wolken den Raum.

Der Beamte sah ihm verwundert nach.

„Ein liebenswerter Kerl", sagte er vor sich hin, ein bißchen verschroben, aber sonst sehr liebenswert...

Im Lager herrschte große Freude, als Esfir die Bibel aus seiner Jacke hervorzog, und um einen Wiederholungsfall zu vermeiden, wurde auch diese jetzt in viele Teile zerlegt.

So hatte der Herr auch diesmal Sein Wort bewahrt und es schließlich durch die Zerteilung noch vielen anderen zugänglich gemacht, die sonst lange warten müßten, bis auch sie an der Reihe waren.

Besonders schwierig war es immer, wenn wir von einer Lagerzone in die andere oder sogar in ein anderes Lager überführt wurden, denn wir wurden dabei jedesmal so gründlich untersucht, daß es nichts Geringeres als ein Wunder war, wenn wir hinterher noch unsere handgeschriebenen „Bibeln" hatten. Man hatte den Eindruck, daß nicht ein einziges Stückchen Papier den wachsamen Augen der Aufseher entgehen konnte.

Wir versteckten sie im Strumpf, im Schuh unter der Innensohle oder was immer man gerade nach inbrünstigem Gebet für das Gegebene hielt, denn manchmal mußten wir sogar die Schuhe ausziehen.

Iwan, ein anderer Bruder, erzählte mir einmal, wie sie sogar ein kleines Büchlein mit handgeschriebenen Bibelversen in ein Lager geschmuggelt hatten, als nach menschlichem Ermessen jede Möglichkeit, es zu verstecken, ausgeschlossen war:

Die Gefangenen mußten sich auf einer Seite eines großen Raumes bis auf die Unterhose entkleiden und in diesem Aufzug auf die andere Seite hinübergehen, wo ihnen ihre Sachen, nachdem sie gründlich durchsucht worden waren, wiedergegeben wurden.

Und der Herr zeigte ihnen auch in dieser Situation, was sie tun sollten.

Iwan stand, so spärlich angezogen, neben den anderen Gefangenen in der vordersten Reihe, und da es keinen Platz zum Verstecken gab, hatte er das kleine Büchlein unter der Fußsohle. Auf einmal fiel ein Stück entfernt von ihm jemand um, als wenn ihm übel geworden wäre. Alle drehten sich um, und auch die Beamten waren für ein paar Minuten abgelenkt. Iwan hatte darauf gewartet und war auf den nächsten Schritt vorbereitet. Mit einer kräftigen Fußbewegung schleuderte er das kleine Buch auf die andere Seite, wo es in Sekundenschnelle wieder unter der Fußsohle eines anderen Bruders verschwand.

Bald darauf kam der Gefangene, der den „Schwindelanfall" gehabt hatte, wieder zu sich, und die Durchsuchung konnte fortgesetzt werden...

Zum Schluß möchte ich noch die Geschichte von Benjamin erzählen, die ich später in einem Lager in Džeskasgan selbst miterlebte.

Wenn das Wort Gottes in Kengir schon ein rarer Besitz war, so war es doch noch viel zu nennen gegenüber dem, was es hier gab. Der Herr mußte um diese Not gewußt haben, denn Er machte es auch hier durch ein Wunder möglich, Sein Wort unbemerkt an den Wachen vorbeigelangen zu lassen.

Wir arbeiteten an einem Projekt außerhalb des Lagers und lernten dabei einen gläubigen Mann kennen, der kein Gefangener war, sondern in der nahen Stadt wohnte.

„Ich habe eine Bibel für euch", sagte er eines Tages zu uns.

„Oh, wirklich?" riefen wir wie aus einem Munde.

„Nun, sie ist allerdings schon alt, aber es ist eine Bibel!"

„Wann kannst du sie bringen?"

„Meinetwegen morgen schon. Aber wie wollt ihr sie denn ins Lager kriegen? Es ist keine kleine Taschenbibel."

„Laß es nur unsere Sorge sein!" riefen wir. „Du hast recht, normalerweise wäre es ein Ding der Unmöglichkeit, eine Bibel und noch dazu im Format einer Familienbibel ins Lager zu schmuggeln, aber wir werden Gott bitten, sehende Augen für ein paar Minuten blind zu machen."

„Ihr müßt mir aber versprechen, daß, wenn ihr doch erwischt werdet, ihr nicht sagt, wer euch die Bibel gegeben hat."

Wir konnten seine Sorge nur zu gut verstehen, denn wir Gefangenen waren bestimmt keine gute Reklame für ein Leben hinter Stacheldraht.

„Du kannst sicher sein", beruhigten wir ihn deshalb, „niemand wird erfahren, daß du auch nur das Geringste damit zu tun hattest."

„Gut", sagte er, „also morgen dann."

Er mußte dazu schon sehr früh herkommen, bevor die Wachtposten da waren. Nachdem er das Päckchen dann an einem sicheren Platz versteckt hatte, ging er wieder nach Hause und kam zu seiner regulären Dienstzeit wieder, nachdem wir schon alle hier waren.

Wie alle anderen wurde auch er kontrolliert, und da er nichts Verdächtiges bei sich hatte, am Wachtposten vorbeigelassen.

„Herr", beteten wir den ganzen Tag im Stillen. „Du weißt, wir wollen Dein Wort ins Lager hineinbringen, wo so viele Brüder darauf warten. Du weißt auch, daß es nicht möglich sein wird, wenn Du uns nicht hilfst, denn wo sollen wir sie verstecken? Du weißt doch, daß wir immer bei der Durchsuchung die Hände hochheben müssen... bitte tue doch ein Wunder!"

Am Abend wurden wir in Kolonnen wie immer ins Lager zurückgeführt. Unser Bruder Benjamin trug die Bibel unter seiner Wattejacke und hielt sie mit dem rechten Arm fest, damit sie nicht herausrutschte. Wir mußten in Fünferreihen an den fünf Wachtposten vorbei, von denen jeder einzelne einen Mann untersuchte. Ein Soldat stand an der Seite und ließ, nachdem die Untersuchung der letzten beendet war, die nächsten fünf Männer vortreten. Nach menschlichem Ermessen konnten wir uns beim besten Willen nicht vorstellen, wie wir jemals unbemerkt hier eine dicke Familienbibel vorbeischleusen sollten.

„Vertraue auf den Herrn von ganzem Herzen
und verlaß dich nicht auf deinen Verstand!" (Sprüche 3, 5)
war ein Vers, an den wir uns regelrecht klammerten.

Als nächstes war Benjamins Reihe dran. Gewiß, wir vertrauten dem Herrn, und doch waren wir schwach. Wir hatten Angst, und die Spannung riß an unseren Nerven.

Die vorige Reihe war gerade nach vorn gegangen, doch sie wurde kaum untersucht, und obwohl die nächste noch nicht weitergewinkt wurde, tat Benjamin wahrscheinlich vor innerer Aufregung schon einige Schritte vorwärts. Der Soldat, der immer fünf Mann zur Untersuchung abteilte, hatte ein paar Sekunden lang nicht hingesehen und meinte jetzt, er wäre von der vorigen Reihe zurückgeblieben. Er packte ihn deshalb am Kragen und gab ihm einen solchen Stoß, daß er mindestens sechs Meter weit nach vorn stolperte – – – an den Untersuchungsposten vorbei!

„Trottel", rief der Soldat noch ärgerlich hinterher, „wohl verrückt geworden, was? So einfach aus der Reihe zu tanzen! Nimm dich das nächste Mal gefälligst zusammen!"

Benjamin war unter den Leuten gelandet, die bereits untersucht worden waren. Er war mitsamt der Bibel, die er krampfhaft an sich gepreßt hatte, von einem Soldaten selbst in Sicherheit befördert worden!

Und auch hier im Lager von Džeskasgan wurde es jetzt Licht. Die Freude war unbeschreiblich, als sich dieses Wunder herumsprach und dann die alte Bibel in viele Teile geteilt werden konnte.

Ich hatte inzwischen verstehen gelernt, daß meine anfängliche Sorge umsonst gewesen war. Gott war Seinen Kindern auch in den Arbeitslagern nahe und gab uns Kraft durch Sein Wort, das, wenn es nicht auf normalem Wege sein konnte, durch ein Wunder zu uns gelangte, um unseres Fußes Leuchte und ein Licht auf unserem Wege zu sein.

# 17

AUFSTAND!

Gewalt bringt Gewalt hervor. Das ist normalerweise eine Grundregel des Lebens, wenn man Gott aus dem Spiel läßt. Selbst unsere Welt ist dabei, auf eine globale Katastrophe zuzusteuern, weil ihre Bewohner in der Majorität nicht nach dem Willen Gottes, sondern dem Prinzip der Gewalt und Intrige leben. Die Saat der Gewalt ist Gewalt. Es ist wie ein Teufelskreis, der über einen Abgrund rast...

Und doch kann er, obwohl die meisten Menschen es nicht wahrhaben wollten, durch die Liebe Gottes gebrochen werden.

Solche Heiligen allerdings, die durch ihre Existenz, ihre Handlungen und Worte diese Liebe Gottes um sich verbreiten, werden aber tragischerweise oft von denen, die in ihrer eigenen Philosophie, in Haß und Dunkelheit gefangen sind, nicht etwa gesucht, sondern verfolgt.

Es ist die Auseinandersetzung zwischen Gott und Satan, die, ohne daß die meisten es bemerken, bis in die letzten Bereiche ihres Lebens hineinreicht. Und obwohl es für sie alles das bedeuten könnte, wonach sie sich im Innern ihres Herzens sehnen, stoßen sie sich doch an dem Stein des Anstoßes, Jesus Christus.

Jesaja nennt Ihn einen bewährten Stein, einen köstlichen Eckstein (Jesaja 28, 16), aber auch einen Stein des Anstoßes und Fels des Strauchelns. (Jesaja 8, 14)

„Wenn euch die Welt haßt", hatte auch Jesus zu Seinen Jüngern gesagt, „so wisset, daß sie mich vor euch gehaßt hat... Der Knecht ist nicht größer als sein Herr. Haben sie mich verfolgt, so werden sie euch auch verfolgen..."

Immer, wenn ich diese Verse lese, muß ich nicht nur an die vielen Menschen denken, die um des Namens Jesu willen verfolgt werden, sondern in ganz besonderer Weise an meinen Bruder Sascha, den Studenten aus Leningrad. Er hatte an der Universität von Jesus geredet, wurde deshalb verhaftet und nach einem kurzen Gerichtsverfahren für lange Zeit in die Gefangenschaft geschickt.

Wie oft war mir dieser junge Bruder zum Segen geworden! Er kannte das ganze 13. Kapitel des 1. Korintherbriefes, das Hohelied der Liebe, auswendig und sagte es immer wieder jedem auf, der es hören wollte.

Sascha lebt diese Worte.

„Brüder", sagte er, „dieses Kapitel hat uns so viel zu sagen. Hierin liegt das Geheimnis der Überwindung!"

„Sascha", sagte ich eines Tages, „diese Überwindung ist schwer. Wenn ich abends mit all den anderen jämmerlich ausgemergelten Gefangenen ins Lager zurückkomme und sehe die ganzen Aufseher und Wachen am Tor stehen, wohlgenährt und satt, dann habe ich oft das Gefühl, als würde ich sie zutiefst verachten, denn auf unsere Kosten geht es ihnen gut! Ich weiß, es ist nicht richtig, aber oft kann ich nicht dagegen an."

„Mir ging es zuerst auch so", antwortete Sascha. „Es ist einfach gegen unsere menschliche Natur."

„Dir auch?"

„Nun, jetzt nicht mehr. Aber auch ich hatte damit zu kämpfen." Ich war fast erleichtert.

„Arthur", sagte er dann, „hast du den Herrn lieb?"

„Ja, natürlich! Warum stellst du denn solche Frage?"

„Hast du auch Sein Wort lieb?"

„Sascha! Was soll ich darauf antworten? Natürlich! Ich bin doch um Seines Wortes willen verhaftet worden, und hier im Gefängnis bedeutet es mir mehr als selbst das tägliche Brot! Du kennst mich doch!"

„Lieber Arthur, natürlich kenne ich dich, und natürlich weiß ich, daß du das Wort liebst. Ich habe nur so gefragt, damit es dir leichter ist, die Antwort zu hören. In eben diesem Wort Gottes steht geschrieben, daß wir den Regierungen und Gewalten untertan sein sollen, und Sanftmut beweisen gegen alle Menschen..." (Titus 3, 1–2)

Hier stand es schwarz auf weiß! Gewiß, ich kannte diese Stelle, aber ich hatte immer darüber hinweggelesen, denn sie paßte nicht in meine Gedanken. Ich haderte noch mit Gott, denn ich konnte die, die Gewalt über uns hatten, in dieser Beziehung nicht so sehen, wie ich es sollte.

Doch schließlich lernte auch ich mit Saschas Hilfe, durch die Liebe zu überwinden...

Und der Herr öffnete mir die Augen, daß ich sah, wie unglücklich diese Menschen letztenendes in ihrem Innern waren. Ja, ich bedauerte sie bald so, daß ich mich am liebsten für meine feindlichen Gedanken entschuldigt hätte.

Sie standen auch in Zukunft jeden Abend da, doch ich konnte sie nicht mehr verachten, denn ich hatte begonnen, sie mehr und mehr aus der Liebe Gottes zu sehen...

Eines Abends hörten wir die schreckliche Nachricht, daß sie Sascha auf dem Arbeitsplatz erschossen hatten!

Es war ein unbeschreiblicher Schlag für uns alle, Gläubige wie Ungläubige, denn Sascha war für uns wie die verkörperte Liebe Gottes gewesen. Wir weinten um ihn wie einer um seinen Vater, seine Mutter oder sein einziges Kind. Die Welt schien so leer geworden zu sein und das Gefängnis noch dunkler. Sascha! Sascha, unser lieber Bruder!

Zwei Tage lang demonstrierten Tausende von Gefangenen und weigerten sich, zur Arbeit zu gehen.

„Was für einen Menschen habt ihr umgebracht!" riefen selbst Ungläubige der Lagerleitung zu.

„*Wir* hätten es verdient gehabt! Aber dieser ist ein heiliger Mensch gewesen! Niemandem hat er Unrecht getan, und wo immer er hinkam, ging nur Gutes von ihm aus!

Warum?

Warum habt ihr das getan?"

Der Lagerleitung war dieser Vorfall offensichtlich peinlich, und sie versuchten, die aufgeregten Gefangenen zu beruhigen. Niemand schien sogar zu wissen, wie es geschehen war, doch Sascha war tot. In wenigen Monaten wäre er entlassen worden...

Wir durften ihm bis ans Lagertor das letzte Geleit geben. Dann wurde auch er, wie schon so viele vor ihm, irgendwo in der Steppe begraben.

Warum? fragten wir uns immer wieder. Warum gerade Sascha?

Am Abend saßen wir traurig zusammen und unterhielten uns leise über den Mord an unserem Bruder, aber auch darüber, was er für uns bedeutet hatte.

Viele weinten.

Auf einmal stand ein alter Bruder auf, ging an sein Bett und zog unter der Matratze ein beschriebenes Stück Papier hevor. Er setzte sich wieder und begann uns mit brüchiger Stimme aus dem siebenten Kapitel der Offenbarung vorzulesen. Nach ein paar Versen horchten wir auf: Es war S a s c h a, von dem hier geschrieben stand! Und obwohl wir immer noch nicht alles verstanden, begannen wir doch, je mehr wir zuhörten, langsam getröstet zu werden.

Das waren die Worte aus der Offenbarung des Johannes, in denen wir Sascha, unseren lieben Bruder, wiedererkannten: (Offenbarung 7, 9–17)

Danach sah ich, und siehe, eine große Schar, welche niemand zählen konnte, aus allen Nationen und

Stämmen und Völkern und Zungen; die standen vor
dem Throne und vor dem Lamm, angetan mit
weißen Kleidern und Palmen in ihren Händen.
Und einer von den Ältesten hob an und sprach zu mir:
Wer sind diese, die mit weißen Kleidern angetan sind, und
woher sind sie gekommen?
Und ich sprach zu ihm: Herr, du weißt es.
Und er sprach zu mir: Diese sind's, die
aus großer Trübsal gekommen sind und haben ihre
Kleider gewaschen und haben ihre Kleider hell
gemacht im Blut des Lammes.
Darum sind sie vor dem Stuhl Gottes und dienen
ihm Tag und Nacht in seinem Tempel;
und der auf dem Stuhl sitzt, wird über ihnen
wohnen.
Und sie werden nicht mehr hungern und dürsten;
es wird auch nicht die Sonne auf sie fallen noch irgend
eine Hitze:
denn das Lamm, das inmitten des
Thrones ist, wird sie weiden und sie leiten zu
Wasserquellen des Lebens,
und Gott wird abwischen alle Tränen von ihren Augen.

Es war inzwischen Mai 1954 geworden. Eigentlich verlief jeder Tag so wie der andere, und doch hatte sich unter der Oberfläche der Lagerdisziplin ein Gärungsprozeß vollzogen, der sich immer weiter ausbreitete.

Die Sträflinge hier waren zu 93% aus politischen oder Glaubensgründen verurteilt worden, während mit 700 Kriminellen nur 7% wirklich schuldig waren. Ich arbeitete mit gebildeten Leuten zusammen, Professoren, Ärzten und Lehrern, jetzt auch nur noch unpersönliche Nummern. Sie hatten wie ich 25 Jahre Haftzeit bekommen, nur nicht wegen ihres Glaubens an Gott, sondern wegen ihres Glaubens an ein freies Rußland. Es war ein Hohn auf die Verfassung der Sowjetunion, in der von Freiheit, Gleichheit und Brüderlichkeit die Rede war. Die Wirklichkeit bewies in erschütternder Weise, daß dieses System nicht in der Lage war, die ursprünglichen Ziele der Revolution in die Tat umzusetzen. Viele hatten um dieser Ziele willen ihr Leben hingegeben, in der Überzeugung, mit ihrem Blut ein besseres Leben für ihr Volk erkauft zu haben.

Was aber ist aus ihren Idealen geworden? Ein Land voller Arbeitslager, Kinder ohne Väter und Mütter, notleidende Familien und unzählige Gräber in der Steppe oder den vereisten Weiten Sibiriens. Die Saat der Gewalt war aufgegangen...

„Habt ihr euch schon einmal richtig klargemacht, was es bedeutet, zu 25 Jahren verurteilt zu sein?" hörte ich einen ehemaligen Lehrer zu einer Gruppe von Männern sagen.

Die anderen nickten resigniert.

„Wir warten praktisch auf unseren Tod. Der eine kommt früher dran, der andere später..."

„Ich muß einfach rauskommen!" rief ein anderer. „Ich muß es schaffen! Meine Familie wartet auf mich!"

„Wie lange warten sie denn schon?"

„5 Jahre... Mein kleiner Junge ist schon im Kindergarten, und ich habe ihn noch nicht einmal gesehen!"

„Ich habe zwei Enkelkinder, Wanja und Anuschka", sagte jemand. „Anuschka soll mir sehr ähnlich sehen..."

Ich sah ihn an, blaß, hohläugig, mit einem ungepflegten Bart, hager und abgearbeitet. Wie er wohl früher ausgesehen haben mochte?

„Manchmal wünschte ich, ich wäre schon tot", sagte jemand.

„Mir fehlen noch 18 Jahre und 5 Monate. Das schaffe ich nie! Nicht unter diesen Umständen!"

Ich glaubte ihm.

„Ich frage mich manchmal: Wozu noch die ganze Schinderei?"

„Man hat ja auch nicht den Mut, so einfach Schluß zu machen... Man hofft ja doch immer noch..."

„Wenn es wenigstens nicht die Kupfermine gäbe!" sagte ein alter Mann. „Nur 40 km weiter wartet der Tod für viele, die es sonst vielleicht noch schaffen würden!"

„Was ist denn mit dieser Kupfermine?" fragte ein anderer, der erst vor kurzem hergekommen war.

„Es ist natürlich Arbeit unter Tage", erklärte ihm der alte Mann. Doch nicht nur das, die ganzen Umstände, unter denen diese Arbeit getan werden muß, sind so gesundheitsschädlich, daß die Leute nach einiger Zeit dahinsterben wie die Fliegen."

Schweigen.

Der Gedanke daran lastete auf allen in erdrückender Schwere.

„Machen wir uns nichts vor, Brüder", fuhr der alte Mann nach einer Weile fort. „Wenn es ihnen an Arbeitern fehlt, holen sie sich neue aus den Lagern. Ihr wißt doch, daß im letzten Herbst wieder tausend Mann in die Kupfermine geschickt wurden!

Und wenn von den Alten wieder viele gestorben sind, holen sie sich neue..."

„Vielleicht werden wir alle eines Tages da enden", sagte jemand.

„Am besten, man denkt gar nicht daran..."

„Es ist ja schließlich Hoffnung, die uns hilft weiterzumachen..."

„In der Kupfermine gibt es keine Hoffnung..."

Schweigen.

„Ich hab' im letzten Monat wieder nach Moskau geschrieben. Es ist schon das dritte Mal."

„Ich auch", sagte ein anderer. „Aber ich glaube, es ist schade um die Briefmarke..."

„Die Briefe geh'n bestimmt nicht weiter als bis zum Lagerführer!"

„Bestimmt nicht", rief ein anderer, „höchstens noch bis zu seinem Ofen!"

„Was soll man denn sonst auch annehmen, wenn man nie eine Antwort bekommt. Ich habe in all den Jahren, die ich hier bin, noch nie gehört, daß jemand einen Brief aus Moskau erhalten hat."

„Nun, Schweigen ist auch eine Antwort!"

„Es müßte doch aber einen Weg geben, daß auch wir mit der Gerechtigkeit, die in unserer Verfassung garantiert ist, behandelt werden!"

„Wie denn, Bruder? Das steht doch nur auf dem Papier. Nach uns kräht kein Hahn!"

„Es muß doch aber Gerechtigkeit geben! Wir sind doch fast alle unschuldig hier!"

„Sollen wir denn vielleicht demonstrieren und streiken und laut protestieren?"

„Warum denn nicht?" sagte auf einmal ein Mann, der unbemerkt hinzugetreten war.

Es war Jurij Kužizow.

Wir sahen ihn an, als ob er einen schlechten Witz gemacht hatte. Doch er schien die Sache weder komisch noch abwegig zu finden. Er war vollkommen ernst und sah uns forschend, fast herausfordernd an. Er war in seinem Wesen eine solche Autorität, daß keiner es zunächst wagte, die Absurdität dieser Gedanken laut auszusprechen, obwohl er in seinem Herzen davon überzeugt war.

„Warum nicht?" fragte er noch einmal eindringlich. „Was habt ihr denn zu verlieren?"

„Die Hoffnung!" sagte der Mann neben mir leise.

Jurij Kužizow hatte eine andere Auffassung davon.

„Brüder", sagte er, „laßt uns nicht nur hoffen, wir müssen etwas *tun!* Wir sind hierher abgeschoben und vergessen worden. Habt ihr vergessen, daß wir unschuldig leiden? Es muß doch ein Recht geben, auch für uns! Doch dazu müssen wir gehört werden!"

Niemand wußte so recht, was er sagen sollte. Kuzizow hatte ja recht, wenn man darüber nachdachte. Wie sollten wir jemals Gerechtigkeit erfahren, wenn wir nicht gehört wurden?...

Wir sahen ihn in den nächsten Tagen noch öfter mit Gruppen von Gefangenen reden, und ich bemerkte, daß ihn viele erwartungsvoll ansahen...

Eines Morgens wollten wir wie sonst zur Arbeit gehen und begannen, uns am Lagertor zu versammeln. Plötzlich sahen wir einige Männer auf uns zugerannt kommen.

„Halt!" riefen sie schon von weitem.

„Halt! Nicht rausgeh'n! Zurück in die Baracken!"

„Was ist denn los?" riefen wir erschreckt.

„Ein Aufstand?"

„Es wird uns den Kopf kosten!" sagte jemand.

Wir blieben unschlüssig stehen.

„Zurück!" donnerte der Anführer von ihnen.

„Zurück! Oder..." Er schwang drohend seinen Knüppel. Er war nervös und stand unter einer enormen Anspannung.

Es gab hier nur ein Entweder oder... Eiserne Gewalt sollte mit eiserner Gewalt gebrochen werden!

Wir gingen zurück. Was würde jetzt geschehen?

Wir warteten ab, unsere Nerven gespannt.

Wenn die Aufseher jetzt zum Tor gingen, würden sie den Platz leer finden. Doch sie kamen nicht mehr dazu. Sie wurden von den Männern überrascht, entwaffnet und unter Schlägen hinausgejagt. Ein Wachtposten kam mit angstverzerrtem Gesicht an uns vorbeigerannt, gefolgt von einer Gruppe von Gefangenen. Doch er war kräftiger und konnte schneller laufen.

Nicht alle waren in der glücklichen Lage, unversehrt nach draußen zu gelangen. Es gab Verwundete und sogar Tote.

Wir hörten Schreie, Flüche, Kommandos und das Geräusch von rennenden Menschen.

Dann wurde es still. Es hatte nicht länger als 20 Minuten gedauert. Wir waren frei! Frei? Nun ja, wenigstens auf den paar Quadratkilometern hier.

Wir hatten nicht viel Zeit, darüber nachzudenken, denn wie ein Sturm fegte die Nachricht durch das ganze Lager.

Freiheit!

Innerhalb von Minuten wurden sämtliche Schlösser von den Baracken gerissen, die Zugänge zu den verschiedenen Sektoren und Zonen durchbrochen und selbst die Mauer zum Frauenlager überwunden. 12 000 Gefangene waren frei – oder wenigstens sah es zunächst so aus.

Was nun? fragten wir uns. Gewiß, Moskau war weit, aber nicht weit genug, um nicht davon zu hören und bitter zu vergelten. Wir brauchten nicht lange auf die Antwort zu warten.

„Achtung! Achtung!" dröhnte es auf einmal aus den Lautsprechern. „Achtung! Achtung! Kameraden! Hier spricht Jurij Kuzizow... Bitte alle auf dem großen Platz versammeln! Ich wiederhole: Alle Insassen des Lagers auf dem großen Platz versammeln!"

Sekunden später begannen die Menschen aus allen Richtungen zu strömen. Der Platz war ziemlich zentral gelegen, so daß fast alle zu gleicher Zeit eintrafen. Wir standen dicht an dicht, ein graues Meer von „ehemaligen" Häftlingen, die gekommen waren, um zu hören, wie es jetzt weitergehen sollte.

Ich mußte dabei an einen aufgeregten Bienenschwarm denken, wie ich sie früher schon einmal erlebt hatte. 12 000 Menschen schienen auch hier gleichzeitig zu reden, manche lachten und weinten vor Freude, manche hatten Angst und stellten düstere Prognosen, doch die meisten erzählten einander immer noch erregt die Erlebnisse der letzten halben Stunde.

„Brüder und Schwestern!" hörten wir dann eine Stimme aus dem Lautsprecher.

In Sekunden wurde es still. Erwartungsvoll sahen alle nach vorn auf das erhöhte Podium, von dem sonst kommunistische Propaganda verkündet wurde. Verschiedene Männer und auch eine Frau standen dort und grüßten die Menge mit leicht erhobener Hand.

„Brüder und Schwestern!" ertönte es noch einmal aus allen Verstärkern. „Hier spricht Jurij Kuzizow. *Wir sind jetzt frei!* Dröhnender Applaus.

„Wir sind jetzt frei, doch wir werden es nicht lange bleiben, wenn wir nicht gemeinsam handeln!

Wir haben alle zu Hause Familien, und die meisten von uns haben 25 Jahre auf den Schultern! Machen wir uns nichts vor, wenn einer von uns noch einmal nach Hause kommt, ist er nur einer von wenigen!"

Beifälliges Gemurmel.

„Wir sind, wie ihr wißt, fast alle unschuldig hier! Und wenn man uns nicht freiwillig unser Recht gibt, so werden wir darum kämpfen!" "Wir wollen in Moskau gehört werden? Sie *müssen* handeln! Haltet zusammen, denn nur so sind wir stark! Und gemeinsam werden wir unser Recht von der Sowjetregierung fordern!"

„Ja, wir werden kämpfen!" rief die Menge der Gefangenen.

„Unser Recht!"

„Freiheit!"

„Hört zu", begann Kuzizow von neuem, „wenn wir nicht von Moskau hören, daß sie herauskommen und unsere Urteile überprüfen, wenn wir sehen, daß wir keine Gerechtigkeit erhalten, werden wir weiterhandeln!"

Es war ganz still geworden, und alle sahen gespannt nach vorn. Weiterhandeln?

„Brüder und Schwestern!" fuhr er fort. „Wir werden für unsere Freiheit kämpfen und nicht nur um unsere, auch um die Freiheit der Gefangenen aus anderen Lagern!"

Die Menschen hielten den Atem an.

„Ein Lager wird das andere befreien! Wir werden alle vorhandenen Waffen zusammensammeln und in den nächsten Tagen so viel wie möglich, Waffen schmieden, Sprengkörper herstellen, kurz alles ausnutzen, was sich als Waffe verwenden läßt. Dann geh'n wir 40 km weiter und befreien die Gefangenen in der Kupfermine und mit denen zusammen werden wir ein drittes Lager befreien, und dann ein viertes, ein fünftes und so weiter...

Diese Taktik hatte schon einmal Erfolg und zwar bei anderen Lagern in Sibirien. Es war leichter dort, weil die Lager dichter zusammen liegen. Die Gefangenen waren stark geworden. Sie hatten LKWs und Maschinengewehre. Ein Lager nach dem anderen wurde frei!"

„Zum Schluß wurden sie aber doch gefangen genommen", sagte ein Mann neben mir leise.

Niemand hörte auf ihn.

Kuzizows Rede war einleuchtend und faszinierend.

„Es ist schwieriger hier in Kasachstan", fuhr er fort, „denn wir befinden uns weit in der Steppe. Doch wir werden es schaffen! Denkt daran, was für uns auf den Spiel steht! Was haben wir zu verlieren?... Es stimmt, wir haben nichts zu verlieren, und das ist es, was uns stark macht!"

Es folgte ein Beifall, der kein Ende nehmen wollte.

„Wir werden jetzt unsere Lagerregierung wählen, und sie werden euch sagen, was von Tag zu Tag zu tun ist. Vor allem aber, Kameraden, wir müssen uns einig sein, denn nur so werden wir das erreichen können, worum wir kämpfen!"

Er grüßte uns noch einmal mit leicht erhobener Hand und verließ das Podium.

Unsere erste Instruktionsstunde war beendet.

Als nächstes wurde jetzt, wie Kuzizow angeordnet hatte, unsere Lagerregierung gewählt. Sie bestand aus 100 Mann, unter denen sich auch die Frau befand, die wir vorher schon gesehen hatten. Unsere erste Aufgabe bestand darin, Barrikaden zu bauen. Man konnte ja nicht wissen, wie Moskau reagieren würde, ob sie tatsächlich eine Überprüfungskommission herschicken oder uns unter Beschuß setzen würden.

Wir sollten vorbereitet sein.

Als Gläubige hatten wir an diesem Aufstand keinen Anteil, aber doch waren auch wir ohne unser Zutun darin verwickelt, denn wir hatten keine andere Wahl.

Jeder hatte seine Aufgabe zu erfüllen. Das war oberstes Gesetz. Es wurden Waffen geschmiedet, einige standen Posten, andere sorgten für Sauberkeit und Ordnung im Lager.

Meine Aufgabe war es dabei, die Küche mit Wasser zu beliefern und auch in der Krankenbaracke zu helfen.

Einige Männer, die radiotechnische Erfahrungen hatten, bauten mit dem vorhandenen Material einen Sender, um damit über Kurzwelle die Welt um Hilfe anzurufen. Ich weiß nicht, wie viele S.O.S. Rufe in der Zeit über den Äther gingen, ja, ob sie überhaupt von jemandem aufgefangen wurden. Doch wir spürten bald, daß Moskau schwieg und daß auch die Welt schwieg.

Wir waren allein.

Eines Morgens war das Lager von Panzern umringt. Moskau hatte schneller reagiert, als man damit gerechnet hatte.

Das Ende unserer kurzen Freiheit war gekommen, oder wenigstens war es nur noch eine Frage der Zeit.

„Ergebt euch!" brüllten die Lautsprecher.

„Ergebt euch! Geht zur Arbeit. Wir werden euch vergeben!"

Schweigen.

„Ergebt euch, sonst wird es euch schlecht ergehen!"

Schweigen.

Tagelang wurden wir mit diesen Aufrufen bombardiert und zwischendurch beschossen.

Unsere provisorische Lagerregierung entschied gegen eine Übergabe.

„Haltet aus, Kameraden!" riefen sie uns zu.

„Wir geben nicht nach! Wir werden kämpfen! Nur so haben wir eine Chance gehört zu werden!"

Und so schwiegen wir und verstärkten unsere Barrikaden...

Dahinter konnten wir uns frei bewegen, denn sie gaben uns einen gewissen Schutz. Es war eine freie Welt innerhalb eines großen Gefängnisses, die jedem vielleicht gerade deshalb so kostbar erschien, weil sie nicht von Dauer sein konnte. Vielleicht war dies auch der Grund, daß die Gefangenen untereinander ungewöhnlich höflich und zuvorkommend waren und sich auch wie selbstverständlich kleine Gefälligkeiten erwiesen, was ihnen vorher wahrscheinlich nicht in den Sinn gekommen wäre. Wir trugen jetzt alle das gleiche Schicksal und fühlten uns dadurch mehr verbunden als je zuvor.

In diesen Tagen des Aufstandes lernten wir auch unsere Glaubensschwestern kennen. Wie anders sahen sie jetzt aus, als zu der Zeit, wenn wir sie in Kolonnen mit ihren Hacken und Spaten dahinziehen sahen. Sie waren jetzt nicht mehr Schwerarbeiter, sondern Frauen und Mädchen.

Die meisten waren deshalb hier, weil sie Kindern und jungen Menschen von Jesus Christus erzählt hatten, 5 Jahre, 10 Jahre oder auch 25 Jahre!

Viele Menschen werden sich schon oft die Frage gestellt haben: Warum müssen eigentlich Gottes Kinder oft für lange Jahre ins Gefängnis gehen? Hätte der Herr es nicht verhindern können? Die Antwort ist wahrscheinlich die, daß Er es aus einem bestimmten Grunde nicht verhindern *wollte*.

Wie ich bereits vorher erwähnte, leben hier in Rußland Tausende in Gefängnissen und Arbeitslagern ein mühevolles, trauriges Leben, ohne Freude und ohne Hoffnung. Um nun ein Licht in diese Dunkelheit und Trostlosigkeit zu bringen, schickt Gott oft Seine Kinder gerade dorthin, daß sie den Menschen von Seiner Liebe sagen, überall neue Flammen der Hoffnung anzünden und die Menschen zum Frieden mit Gott und sich selbst bringen können. Es ist tatsächlich so, daß die unzähligen Lager in den enormen Weiten Rußlands größere Missionsfelder sind als es in der Freiheit möglich wäre. Die Gläubigen sind es, die umerzogen werden sollen, doch gerade sie sind es, die durch die wunderbare Kraft Gottes andere umerziehen. Das ist letztenendes auch der Grund, weshalb das Volk Gottes in diesem Land unüberwindbar ist.

Viele kommen als Ungläubige oder auch schwach im Glauben herein, doch stark gehen sie nach vielen Jahren wieder heraus. Es ist das alte Geheimnis des Sauerteiges...

Oft, wenn es draußen krachte und geschossen wurde, wenn die meisten Menschen Angst hatten und nicht wußten, was sie tun sollten, befanden wir uns hier drinnen mit unseren Brüdern und Schwestern in tiefem Frieden. Vorher waren wir über das ganze Lager verstreut gewesen, doch jetzt waren wir eine große Gemeinde.

Unser Versammlungshaus war ein alter Schweinestall, der zum Bau der Barrikaden bereits zur Hälfte auseinandergenommen worden war. Doch wir machten das Beste daraus. Wir reinigten ihn gründlich und trugen dann Steine hinein, über die wir Bretter legten. Es waren die Sitzbänke, nicht sehr bequem und auch ohne Rückenlehnen, doch wer fragte schon danach! Wir hatten jetzt eine eigene Kapelle und das mitten in einem großen russischen Arbeitslager! Selbst Ungläubige kamen in Scharen und wurden hier vom Geist Gottes berührt, so daß sie Ihm ihr Leben übergaben. Und viele fragten sich, wie einer im Angesicht unserer eigentlich verzweifelten Lage noch singen konnte und sich freuen.

Unsere Kapelle wurde voller und voller, so daß die Bänke bald nicht mehr ausreichten. Die Menschen standen an den Seiten, im Gang und lehnten sich in die Fenster hinein. Und immer mehr begannen zu fragen und wollten daran teilhaben, was uns so froh machte.

Hier war es auch, wo wir das erste Abendmahl zusammen feierten. Es war für mich das einzige innerhalb von 5 Jahren.

Wir hatten natürlich keinen Wein, doch was machte es schon? Ein Bruder hatte von zu Hause ein Päckchen bekommen, in dem sich auch Rosinen befanden. Er hatte sie lange aufbewahrt, als wenn er geahnt hätte, daß sie einmal einem besonderen Zweck dienen würden. Wir schütteten sie jetzt in eine Flasche und gossen sie mit Wasser auf. Nach einigen Tagen war es unser „Wein". Brot hatten wir von dem, was wir als tägliche Ration erhielten.

Es war eine Abendmahlsfeier, wie ich sie noch nie in meinem Leben erlebt hatte und wahrscheinlich auch nie wieder erleben werde. Es war so primitiv und äußerlich gesehen unvollkommen, doch von einer Innigkeit, Anbetung und Hingabe, wie sie vielleicht nur unter solchen Umständen möglich ist.

Unsere Versammlung bestand aus einem Haufen ausgemergelter, gebrandmarkter Sträflinge, deren äußeres Bild alles andere als ansprechend war, aber vielleicht gerade deshalb, weil jede äußere gute Erscheinung dahin war, zeigte sich die verborgene Schönheit auf den Gesichtern der Männer und Frauen. Ich sah darin die Schönheit der Braut Jesu Christi! Es war wie eine Offenbarung, die mich wieder einen Schritt weiter im Verstehen göttlicher Perspektiven brachte...

Nach der Abendmahlsfeier deckten die Schwestern Tische in einer Baracke und richteten eine gemeinsame Mahlzeit an. Es war nichts Besonderes, denn was hatten wir schon? Aber für uns hatte es trotzdem eine ganz besondere Bedeutung. Sie kochten Fische, salzten sie und servierten sie mit Brot. Auch ein paar Kekse brachten sie mit, die wahrscheinlich einen gleichen Ursprung hatten wie die Rosinen. Es war im wahrsten Sinne des Wortes ein Tisch im Angesicht unserer Feinde... (Psalm 23, 5)

Leise kletterten andere, die hinzukamen, auf die obersten Bettstellen, denn sie wollten nicht stören, doch sie hörten mit großem Interesse zu, was hier geredet wurde. Wir luden sie deshalb ein, sich mit uns an den Tisch zu setzen, einer Aufforderung, der sie erst zögernd, dann aber doch gern folgten.

Einige Brüder oder Schwestern erzählten hier, wie sie Gott gefunden hatten, in der Freiheit, im Untersuchungsgefängnis oder erst im Arbeitslager, oder sie erzählten ein besonderes Erlebnis, wofür sie dem Herrn in ganz besonderer Weise dankbar waren.

Die ganze Unterhaltung hier, wie auch in jeder weiteren Versammlung, war eine einzige lebendige Predigt, obwohl niemand eigentlich die Absicht gehabt hatte, eine Predigt zu halten. Es war das erlebte Evangelium, das immer wieder erneuert, reformiert und Licht in ein verlorenes Leben gebracht hatte.

Eines Tages erlebten wir, wie eine Schwester von uns geheilt wurde. Sie hatte schon seit langer Zeit am Blutfluß gelitten, und ihr Augenlicht war so schwach gewesen, daß sie trotz ihrer starken Brille kaum jemanden erkennen konnte. Wir beschlossen deshalb, den Herrn um Heilung zu bitten.

Und das Wunder geschah. Nachdem wir zusammen gebetet hatten, stand sie auf und stellte mit einem Ausruf der Freude fest, daß sie besser sehen konnte als je zuvor. Auch der Blutfluß hatte aufgehört, wie sie uns bald mit Tränen der Dankbarkeit berichtete.

Es war ein großes Wunder, geschehen hier in dem alten Schweinestall, der zur Kapelle geworden war.

Der Aufstand hatte bereits 37 Tage gedauert. Die Lebensmittelvorräte gingen zur Neige, und wir begannen zu hungern. Der Vorrat war vorher schon nicht übermäßig groß gewesen, doch da unser Lager völlig von der Außenwelt abgeschnitten war, schwand er jetzt noch schneller dahin als es sonst der Fall gewesen wäre.

Die Panzer waren für die Aufstandsführer zu früh gekommen...

In den letzten Tagen hatte unsere Essensration so gut wie einen Nullpunkt erreicht, denn das Wenige, das noch da war, sollte für die Kranken im Lazarett verwendet werden.

Und eines Morgens wurde die schwarze Fahne gehißt, ein Zeichen, daß Hungersnot hier im Lager herrschte.

Die Radiotechniker arbeiteten fieberhaft, Hilferufe in die Welt zu senden. Doch alles blieb still.

„Ergebt euch!" dröhnten die Lautsprecher jeden Tag aufs Neue über die Mauern.

„Ihr wißt, ihr seid verloren! Wer nicht mitmachen will, komme heraus! Wir werden die Übergabe jedem einzelnen anrechnen!..."

Sie hatten von außen Löcher in die Mauern geschlagen, um einen Fluchtweg für die zu schaffen, die ihrem unvermeidlichen Schicksal entgehen wollten.

„Ergebt euch! Kommt heraus, wenn ihr Verstand habt!

Denkt an eure Familien, die auf euch warten!..."

Die Fluchtlöcher blieben leer. Viele hätten lieber heute als morgen davon Gebrauch gemacht, aber sie liefen Gefahr, dafür von den anderen Gefangenen umgebracht zu werden. Manche versuchten es trotzdem, aber sie wurden, bevor sie ihre Absicht noch in die Tat umsetzen konnten, ergriffen und unbarmherzig niedergeschlagen. Wir waren auch *jetzt* Gefangene, ob wir es wollten der nicht.

Eines Morgens dann, es war der 41. Tag, überwältigte die Armee mit Panzern und Maschinengewehren das verbarrikadierte Lager. Alle hier hatten gewußt, daß der Tag unvermeidlich kommen mußte und sich pausenlos darauf vorbereitet. Doch was konnten schon schwache unterernährte Männer, bewaffnet mit einigen Gewehren, Knüppeln und Schleudersteinen gegen rollende Panzerfestungen und gut ausgerüstete Infanterie ausrichten! Es war ein erschütterndes Bild, ein todesmutiger Kampf der Verzweiflung gegen die Überlegenheit und den Terror der etablierten Gewalt...

Es gab viele, viele Verwundete und auch viele Tote. Sie hatten gewußt, daß sie außer ihrem Leben nichts zu verlieren hatten, und selbst das schien hier für die meisten nicht mehr viel wert zu sein. Jurij Kužizow und seine Leute wurden als erste überwältigt und in Handschellen auf wartende LKWs verladen.

Wir haben sie nie wiedergesehen.

Dann wurden wir anderen alle gefangen genommen und unter starker Bewachung in ein nahegelegenes Tal geführt.

Es regnete und regnete. Der Himmel war tief verhangen. Wir waren in kurzer Zeit völlig durchnäßt und standen im Wasser, das sich hier unten im Tal in Riesenpfützen gesammelt hatte.

„Ob wir jetzt wohl alle erschossen werden?" sagte jemand.
„Ich glaube nicht", antwortete ein anderer, „sie müssen sich doch denken können, daß nicht alle 10 000 Leute schuldig sein können."
„Wer fragt schon danach?"
„Außerdem haben sie ja Fluchtlöcher geschlagen!"
„Kaum jemand schaffte es hinaus!"
„Die werden doch aber den Grund wissen, weshalb nicht mehr herauskamen?"
„Anzunehmen."

Ich hatte eine große Gewißheit, daß wir nicht erschossen wurden, denn der Herr hatte uns allen die große Zuversicht gegeben, daß nicht ein Haar auf unserem Haupte gekrümmt werden sollte... Deshalb waren wir jetzt auch eher freudig als voller Angst. Wir fühlten uns völlig in Gottes Hand und warteten so ab, wie es weitergehen sollte.

Während wir hier im Regen standen, wurde das Lager gründlich durchsucht und alles, was in irgendeiner Weise Anstoß erregte, auf LKWs verladen oder zerstört.

Nachdem das Lager auf diese Weise „gesäubert" worden war, durften wir wieder dorthin zurückgehen.

Es war jedoch nur für einige Monate, denn wir sollten auf andere Lager verteilt werden. Wir wurden in viele Richtungen zerstreut, nach Norden, Süden, Osten und Westen.

Mein Weg führte mit vielen anderen nur 40 Kilometer weiter, in die Kupferminen von Džeskasgan...

# 18

IN DER KUPFERMINE

Der Himmel war tief verhangen, und es schneite in dichten Flocken, als wir hier im Lager in Dzeskasgan ankamen. Jefim, einer meiner Glaubensbrüder aus Kengir, war noch bei mir, doch ich hoffte und betete darum, auch wieder mit meinem alten Freund, Jakob aus Omsk, zusammenzukommen. Er war bereits vor einigen Monaten in die Kupfermine geschickt worden, und er arbeitete unter Tage. Das war alles, was ich wußte. Hier in diesem Lager gab es aber ebenfalls Tausende von Gefangenen, so daß es nach menschlichem Ermessen wirklich ein Zufall sein müßte, wenn ich auf dieselbe Arbeitsstelle geschickt würde. Ich wußte, auch Jakob betete darum, doch wir hofften nicht auf einen „Zufall" sondern eine Erhörung unseres Gebetes.

Die Gruppe aus unserem Lager in Kengir war nicht die einzige, die hier stand und darauf wartete, neu gezählt, auf verdächtige Gegenstände untersucht und in eine Baracke eingewiesen zu werden.

Ein Meer von Menschen umgab Jefim und mich. Es war inzwischen dunkel geworden, und wir warteten immer noch.

„Unter dieser Menge muß es doch noch mehr Gläubige geben!" sagte Jefim.

„Unbedingt!" pflichtete ich ihm bei, „doch wie wollen wir sie finden?"

„Ganz einfach", erwiderte er, „wir geh'n sie suchen."

Ich sah ihn zweifelnd an.

Es ist doch stockdunkel, Bruder!"

„Na und? Wenn wir sie nicht sehen können, rufen wir sie eben!"

„Wir können doch nicht jetzt schon auffallen, daß wir nach anderen Christen rufen! Dann stecken sie uns gleich in den untersten Schacht!"

„Arthur", rief er, „als Gläubiger braucht man doch nicht dumm zu sein!"

Und dann reckte er sich in die Höhe und rief in die wartende Menge hinein:

„Sind hier Jakobs Brüder?"

Schweigen.

Viele drehten sich um, fühlten sich aber nicht angesprochen. Sie mußten wohl gedacht haben, Jefim suche Verwandte oder alte Bekannte. „Komm, Arthur, geh'n wir weiter", rief er und zog mich mit sich. Und wieder rief er nach einer Weile laut:
„Sind hier Jakobs Brüder?" Schweigen.
„Gib nicht auf, Arthur", sagte er ermutigend zu mir. „Ich weiß, sie sind hier, wir müssen sie nur finden."
„Sind hier Jakobs Brüder?"
Und auf einmal hörten wir, wie irgendwo hinten jemand antwortete: „Hier! Hier! Wo seid ihr?"
Wir bahnten uns einen Weg durch die wartenden, müden Menschen, bis wir den, der gerufen hatte, fanden. Und dann warfen wir unsere wenigen Habseligkeiten auf die Erde und fielen uns in die Arme, als wenn wir uns schon lange gekannt hätten. Doch hatten wir nicht denselben Himmlischen Vater? Wir waren Brüder, Brüder, die eine übernatürliche Liebe verband und unser Leben auch in dunkelsten Stunden heller werden ließ.
Gemeinsam machten wir uns jetzt auf, um noch weitere Glaubensgeschwister zu suchen, und es war gar nicht so lange, bis wir einen nach dem andern gefunden hatten.
Es dauerte Stunden, bis wir alle registriert waren, aber schließlich fand doch jeder seinen Platz in einer der vielen Baracken. Wo waren die Menschen alle geblieben, die hier vorher gehaust hatten? fragte ich mich, denn sie hatten für uns keine neuen Unterkünfte gebaut. Wir wußten alle, wir nahmen die Pritschen von denen ein, die wie wir hierhergekommen waren und nach einigen Jahren in der Kupfermine mit einem kleinen Schild am Fuß das Lager verlassen hatten...
„Oh Herr", beteten wir, „Du siehst uns auch hier. Du hast es geschehen lassen, und Du kannst uns auch wieder herausbringen. Herr, Dein Wille geschehe..."
Wir trafen uns zum Gottesdienst und Gebet hinter den Baracken, im Kohlenkeller, in der Sauna oder auf einem Speicher.
Und nach kurzer Zeit begann auch hier in diesem Lager eine kleine Gemeinde zu wachsen.
Für eine Weile arbeitete ich als Schlosser an der Oberfläche. Bereits hier lernte ich allerhand über das Metall, das in dieser Mine zu Tage gefördert wurde. Ich hörte von denen, die schon länger hier waren, daß es meistens in Verbindung mit anderen Mineralien gefunden wird. Der Kupfergehalt in den Erzen ist unterschiedlich: Er kann von 1% bis zu mehr als 10% betragen. Ist er nur gering, müssen natürlich große Mengen des Gesteins abgebaut werden,

was meist über Tage geschieht. In den Fällen jedoch, wo der Prozentsatz an Kupfer im Erz höher ist und das Lager sich weiter unter der Erdoberfläche befindet, wird es im Untertagebau gewonnen. Das war hier in Dzeskasgan der Fall, und ein Heer von Arbeitern durchtunnelte tiefe Schichten der Erde.

Eines Tages erhielt ich den Befehl, von nun an als Schlosser unter Tage zu arbeiten.

Ich war noch nie in meinem Leben unter der Erde gewesen, und irgendwie graute mir davor.

Das Gestein war durch jahrelange Arbeit schon so ausgehöhlt worden, daß die Menschen bereits 300 m in der Tiefe arbeiteten, eine Entfernung vom Tageslicht, die in jedem Neuankömmling eine beklemmende Vorstellung erweckte.

Wir warteten lange vor dem Schacht, der hinunterführte, denn der Fahrstuhl konnte nur jeweils eine kleine Gruppe zur Zeit befördern. Es war, als würde die Erde die Gefangenen nach und nach verschlingen, um sie spät am Abend wieder auszuspeien. Bald war auch ich an der Reihe.

Auf einmal hörte ich eine bekannte Stimme meinen Namen rufen. Ich drehte mich um, und da stand er vor mir, der Mann, dem ich so gehofft hatte zu begegnen.

„Jakob!"

„Arthur! Dich haben sie auch hergebracht!"

Ich war überwältigt vor Freude. Nichts hätte ich mir im Augenblick mehr gewünscht als diesen lieben Freund.

„Wir können unten zusammen arbeiten", rief er.

„Ich will versuchen, ob du in meine Brigade kommen kannst!"

Jakob schaffte es tatsächlich. Zwar erschien mir die Kupfermine immer noch wie ein drohendes Ungeheuer, aber die 300 m waren nicht mehr so tief, und auch der Schacht war nicht mehr so dunkel. Mein Bruder Jakob war ja jetzt hier, und zusammen würden wir es schon schaffen.

Ich wußte, unsere Begegnung war kein Zufall gewesen!

Nach einer Weile wurden auch wir in die tiefe Dunkelheit herabgelassen. Als wir unten ankamen, mußten wir zunächst noch 12 Kilometer mit einer kleinen Schienenbahn fahren, und dann noch ungefähr einen Kilometer zu Fuß gehen. Man fragte sich hier, wo denn die Tausende von Gefangenen waren, die hier unten arbeiteten, denn man sah kaum jemanden, nur hin und wieder eine kleine Gruppe.

„Weißt du, Arthur", sagte Jakob, „wollen wir nicht, bevor wir anfangen zu arbeiten, erst zusammen beten?"

Und ob ich das wollte!

„Wohin können wir gehen?"

„Komm mit", rief er und zeigte irgendwo in die Dunkelheit hinein, wo ich jedoch absolut nichts erkennen konnte.

„Ich habe da einen kleinen Gebetsraum."

Ich folgte ihm, zuerst noch aufrecht, doch bald auf allen Vieren. Ich sah überhaupt nichts mehr. Ich fühlte nur noch Gesteinsbrocken über mir, neben mir und unter mir, über die wir vorsichtig kletterten. Nach einer Weile kamen wir in eine Höhle, die im Schein der Taschenlampe wie ein kleiner Raum aussah. Es lagen auch keine Felsbrocken überall herum, über die man stolpern und sich verletzen konnte.

„Hier ist meine Kapelle", sagte Jakob. „Ich bete immer hier, bevor ich an die Arbeit gehe."

Ich glaube, eine große Kathedrale hätte mir im Moment nicht wunderbarer erscheinen können. Es gab hier nichts, was einen ablenken konnte. Es waren nur Gott, Jakob und ich.

Und in Ehrfurcht und Anbetung beugten wir unsere Knie.

Wir lobten Gott und dankten Ihm, daß Er selbst hier in dieser Tiefe war, daß Er uns immer wieder neu die Freudigkeit gab, den Kreuzesweg zu gehen und auch dafür, daß Er Jakob und mich zusammengeführt hatte.

Was wir beteten, mußte auch David auf dem Herzen gelegen haben, denn der 139. Psalm drückte genau das aus, was wir hier, in dieser kleinen Kapelle tief unter der Erde empfanden:

„Herr, Du erforschst mich und kennst mich.
Ich sitze oder stehe auf, so weißt Du es;
Du verstehst meine Gedanken von ferne.
Ich gehe oder liege, so bist Du um mich
und siehst alle meine Wege.
Von allen Seiten umgibst Du mich und
hältst Deine Hand über mir.
Diese Erkenntnis ist mir zu wunderbar und
zu hoch, ich kann sie nicht begreifen.
Führe ich gen Himmel, so bist Du da;
bettete ich mich bei den Toten, siehe, so bist Du auch da.
Nähme ich Flügel der Morgenröte und bliebe
am äußersten Meer,
so würde auch dort Deine Hand mich führen
und Deine Rechte mich halten.
Spräche ich: Finsternis möge mich decken und
Nacht statt Licht um mich sein –,

so wäre auch Finsternis nicht finster bei Dir,
und die Nacht leuchtete wie der Tag.
Finsternis ist wie das Licht..."

Ja, Finsternis kann wie das Licht sein! Das hatte ich schon oft erfahren, doch noch nie in solcher lebendigen Weise wie hier unten in der Kupfermine.

Und jeden Morgen, bevor wir begannen, unsere Norm zu erfüllen, fühlten wir hier auf's Neue in überwältigender Weise die Nähe des Herrn und empfingen neue Kraft.

Tausende von Gefangenen – nur die Aufseher waren frei – arbeiteten hier unten, um das Erz aus dem Innern der Erde an die Oberfläche zu befördern. Die schwerste Arbeit war es, mit den großen Preßluftbohrern das Gestein herauszubrechen, und ich bemerkte bald, daß die meisten Menschen, die krank wurden, diese Arbeit getan hatten.

Jakobs Aufgabe war es, mit vielen anderen die Brocken auf die kleinen Waggons zu schaufeln, die dann wieder von anderen zum Förderschacht gefahren wurden. Ich hatte als Schlosser mechanische Arbeiten auszuführen und mußte dazu oft von einem Platz zum anderen gehen.

Ich hoffte dabei immer, daß das Licht nicht gerade ausging, was nicht selten vorkam. Wir hatten zwar jeder ein kleines Lämpchen am Helm, aber es konnte doch sehr leicht vorkommen, daß man sich trotzdem verlief. Ich wagte mir gar nicht vorzustellen, was geschehen würde, wenn man versehentlich einen falschen Gang entlanglief und dann wieder einen anderen, bis man auf einmal erkannte, daß man nicht mehr wußte, woher man gekommen war. Die Erde war hier völlig untertunnelt. Schächte, die nicht mehr benutzt wurden, waren natürlich nicht beleuchtet, aber wenn die elektrische Lichtanlage ausfiel, sah einer wie der andere aus.

Eine größere Höhle, die ich jeden Tag verschiedene Male durchqueren mußte, ist mir besonders in Erinnerung geblieben. Das Kupfererz glitzerte und funkelte oben an der Decke wie Tausende von Sternen, so daß man meinen konnte, in einen verborgenen Juwelenpalast eingedrungen zu sein. Doch es war eine trügerische Schönheit, denn sehr oft fielen Gesteinsbrocken von oben herab, die sich durch die Schwingungen, die selbst entfernte Preßluftbohrer verursachten, gelöst hatten.

Ich hatte zwar einen Helm auf, doch es handelte sich hier nicht um Kieselsteine, sondern um Brocken von beachtlicher Größe. Zwar hätte ich auch, um diese Gefahr zu meiden, einen anderen Weg gehen können, aber es war ein weiter Umweg. Und da ich wie alle anderen ein bestimmtes Soll zu erfüllen hatte, konnte ich viel Zeit gewinnen, wenn ich durch diese Höhle ging. Ich fühlte mich auch sicher, machdem ich mich jedesmal vorher in die Hände des Herrn befohlen hatte. Und oft sah ich Brocken zu meiner Seite oder hinter mir fallen, aber ich wurde nie auch von nur einem kleinen Steinchen getroffen.

Eine andere Gefahr war die, daß die einzelnen Gänge nicht so gut abgestützt waren, wie zum Beispiel in einer modernen Kohlengrube. Das Einzige, was getan wurde, um die Decke vor dem Einstürzen zu bewahren, war, daß in Abständen regelmäßig Gesteinpfeiler stehengelassen wurden. Es blieb dabei natürlich nicht aus, daß hier und dort die Decke einbrach und auch öfter Menschen unter sich begrub. Ein solcher Unfall hatte dann allerdings nicht etwa zur Folge, daß eine Untersuchungskommission Sicherheitsvorkehrungen angeordnet hätte. Es war vom Standpunkt der Lagerleitung gesehen wesentlich unkomplizierter, den Vorfall zu verschweigen und einfach andere Gefangene herzubringen, die dann aufzuräumen und die Arbeit fortzuführen hatten.

Es gab hier unten nicht nur Gänge und Höhlen, sondern auch unterirdische Seen, die den Weg von einer Brigade zur anderen erschwerten. Besonders hier, aber auch an anderen Stellen, die so naß waren, daß mit Gummianzügen gearbeitet werden mußte, hatten wir unter der Bildung von Schwefelwasserstoff zu leiden. Wir bemerkten es je nach der Ventilation an dem Geruch von faulen Eiern, der das Atmen unangenehm und mühsam werden ließ.

Ein anderes Gas, das die Luft auch in trockenen Gegenden schwer machte, war das Kohlendioxyd. Dieses Gas war zwar geruchlos, doch wir spürten es sehr, indem wir abends erschöpfter waren, als wenn wir in Schächten arbeiteten, die besser ventiliert waren.

Nachdem wir dann unser Tagessoll unter diesen schweren Bedingungen erfüllt hatten, und der Fahrstuhl uns wieder an die Erdoberfläche gebracht hatte, mußten wir noch die 5 Kilometer ins Lager zurücklaufen, und erst dann war unser Arbeitstag beendet.

Am schlimmsten allerdings war der Staub, der beim Abbau des Gesteins frei wurde. Hierbei handelte es sich nicht um gewöhnlichen Staub, wie wir ihn alle Tage um uns haben, sondern um Mineralstaub, der in seiner Zusammensetzung wesentlich gefährlicher ist. Heute wird in den meisten Kupferminen naß gebohrt, wobei die unmittelbare Bohrstelle laufend mit Wasser besprüht wird, und als zusätzlicher Schutz werden auch noch besondere Atmungsgeräte verwendet. Durch diese Vorbeugungsmaßnahmen wird der Staub sofort gebunden und muß nicht ununterbrochen eingeatmet werden.

Hier in der Mine von Džeskasgan wurde trocken gebohrt.

Schutzlos waren die Gefangenen an den Preßluftbohrern dem tödlichen Staub ausgeliefert, der langsam aber sicher ihre Atmungswege bedeckte und das Atmen immer schwerer werden ließ. Schließlich kamen sie mit der Diagnose „Staublunge" ins Lazarett und starben.

Je nach der körperlichen Verfassung hielten es die Menschen bei dieser Arbeit aus, die meisten aber nur drei oder vier Jahre. Viele hatten die Hoffnung, durch eine Amnestie doch noch eines Tages hier herauszukommen. Es gab aber auch viele, die die Hoffnung verloren hatten.

Daß der Entlassungstag allerdings noch nicht unbedingt Zuhause, Wiedersehen und Freiheit bedeuten mußte, lernten Jakob und ich eines Tages, als er einen Brief von Lena, seiner Frau, bekam.

„;..Ich möchte Dir noch eine Begebenheit erzählen, Jakob, die sich in diesen Tagen hier abgespielt hat", schrieb sie unter anderem. „Eines Nachmittags kam ein Mann in unser Dorf. Er kam irgendwo weit aus dem Norden und suchte seine Verwandten. Da er ein Glaubensbruder von uns war, versammelten wir uns am nächsten Abend alle, und er erzählte uns dabei von seinen Erlebnissen.

Er hatte 10 Jahre in einem sibirischen Arbeitslager verbracht und wurde dann endlich entlassen. Aber er mußte noch acht Jahre warten, bis er endlich nach Hause konnte! Gewiß, er war frei, aber nur einmal im Jahr kam das Schiff, mit dem er fahren mußte.

Jedesmal stellte er sich an, doch immer, bevor die Reihe an ihn kam, war das Schiff schon voll. Viele Leute waren besser gekleidet und angesehener als er, und diese wurden wie selbstverstänlich bevorzugt behandelt. Da machte es nichts, daß er sich schon ein ganzes Jahr vorher angemeldet hatte. Und trotzdem blieb ihm nichts weiter übrig, als sich wieder einzuschreiben, auf das nächste Schiff zu warten und sich wieder anzustellen.

Schließlich, nach acht Jahren, erhielt er endlich einen Platz auf dem Schiff und konnte die Gegend seiner Gefangenschaft und Verbannung verlassen.

Wir waren erschüttert, wie dieser Mann, der doch so hart geprüft und geläutert wurde, ein solcher Beter geworden ist. Seine Hände waren aufgesprungen und verschorft, aber sein Herz brannte vor Liebe und war erfüllt mit dem Geist Gottes.

Und wir alle weinten mit ihm, denn sein Gebet hatte uns bis ins Tiefste bewegt…"

Auch Jakob und mir hatte dieses Schicksal zu denken gegeben. So wie Lena schrieb, hatte der Herr einen besonderen Menschen aus ihm gemacht, der, wo immer er auch hinkam, andere zu Gott hinzog. Wie oft mochte Er ihn wohl in diesen 18 Jahren auf wunderbare Weise bewahrt haben?

Ein lebendiges Beispiel von einem solchen Wunder sollten wir bereits in den nächsten Tagen zu hören bekommen:

Diese Begebenheit spielte sich nicht bei uns im Schacht ab, sondern in einem anderen Teil der Kupfermine, doch wir hörten davon schneller als die Lagerleitung es für möglich gehalten hätte. Eines Morgens standen die Gefangenen wie immer vor dem Fahrstuhl, der sie hinunterbrachte. Alle 15 Mann waren schon eingestiegen. Einer unter ihnen aber war ein Christ. Die anderen hatten sich schon seit einiger Zeit über ihn lustig gemacht und ihn wegen seines Glaubens gehänselt. Jetzt nun, in diesem Augenblick, dachten zwei von ihnen, besonders witzig zu sein, indem sie ihm seinen kleinen Brotbeutel wegrissen und wieder hinauswarfen.

Die anderen lachten.

Ohne weiter zu überlegen, denn der Fahrstuhl mußte jede Sekunde abfahren, sprang der gläubige Mann wieder heraus, um sein Brot aufzuheben. Doch sowie er draußen war, machte jemand die Tür zu, und der Lift setzte sich in Bewegung. Er bemerkte noch, wie sie über ihn lachten.

Auf einmal aber hörten alle, daß das Lachen jetzt Schreie waren, die aus der Tiefe heraufdrangen, und sie sahen, daß das Seil, das den Fahrstuhl gehalten hatte, mit rasender Geschwindigkeit abrollte. Dann hörten wir einen Aufprall. Das Seil bewegte sich nicht mehr, und die Schreie waren verstummt.

Wie versteinert standen die Gefangenen oben. Sie starrten auf den Schacht, in dem es jetzt totenstill war und den Mann, der davor stand und verständnislos seinen Brotbeutel in der Hand hielt. Es war keinem verborgen geblieben, daß irgendeine Macht ihn vor dem sicheren Tode bewahrt hatte, und es war ein Gesprächsstoff für viele Tage. Viele begannen darüber nachzudenken und nach dem Grund seines Glaubens zu fragen. Und es konnte nach diesem Vorfall nicht ausbleiben, ja, es war eigentlich sogar eine logische Weiterentwicklung, daß auch dieser Bruder hier bald Glaubensgeschwister hatte.

Ich arbeitete etwa ein halbes Jahr hier unten in der Kupfermine. Dann konnte ich nicht mehr weiter. Zwar hatte ich keine Staublunge, denn dazu war ich nicht lange genug unten gewesen, und ich hatte als Schlosser auch nie in unmittelbare Nähe der Bohrer gearbeitet, aber meine Lunge hatte trotzdem durch die Temperatur- und Feuchtigkeitsunterschiede, die schlechte Ernährung, Kleidung und nicht zuletzt durch den Mineralstaub so gelitten, daß ich ins Lazarett mußte.

Es tat mir leid, daß ich nicht mehr mit Jakob zusammensein konnte und besonders auch um unsere Gemeinschaft in unserer kleinen Kapelle, doch es gab keine andere Möglichkeit.

Wir wußten, es lag allein in Gottes Hand, uns eines Tages wieder zusammenzuführen.

Und wieder erlebte ich eine Zeit, in der ich mit dem größten menschlichen Elend konfrontiert war. Zu Hunderten sah ich die Gefangenen hier liegen, die schon an ihrer gelben Gesichtsfarbe als Staublungenkranke zu erkennen waren. Ich wußte, das heißt, eigentlich wußten wir alle, ihnen war nicht mehr zu helfen. Sie konnten noch so gutes Essen und noch so gute Pflege erhalten, für die meisten von ihnen war es zu spät, und sie siechten langsam dahin, bis sie schließlich starben. Vielen konnte ich noch neue Hoffnung geben, indem ich ihnen von der Liebe Gottes und Jesus Christus erzählte, doch viele waren auch verbittert und verschlossen.

Nachdem meine Gesundheit wieder etwas hergestellt war, brauchte ich nicht wieder in die Mine hinunter, sondern konnte auf der Oberfläche arbeiten.

„Herr, mach mich zum Segen für andere", hatte ich immer gebetet, und Gott hatte mich auch tatsächlich immer dahin geschickt, wo Menschen auf Ihn warteten oder bereit waren, Sein Wort zu hören. Ich wußte, ich war nur ein Werkzeug in Seiner Hand, aber ein Werkzeug, das Er geläutert und gehämmert hatte, daß es für einen besonderen Dienst brauchbar geworden war.

# 19

DAS TOR GEHT AUF

Es war Januar 1956. Seitdem Stalin tot war und Bulganin an der Regierung, hatte sich die Lage für viele politische Häftlinge geändert. „Amnestie" war jetzt das magische Wort, um das viele rangen und deren ganze Hoffnung sich daran klammerte.

In diesen Monaten war es auch hier im Lager von Džeskasgan sehr aktuell geworden. Wir wurden sogar von der Lagerleitung dazu aufgefordert, nach Moskau zu schreiben, wenn wir uns unschuldig verurteilt fühlten.

Es war eine unbeschreibliche Aufregung, und die Anzahl der Briefe im Postraum erreichte eine nie dagewesene Höhe.

Vielleicht? Vielleicht?! Vielleicht!

Es wurde kaum noch von etwas anderem gesprochen, denn immerhin bestand ja jetzt die Möglichkeit, daß 25 Jahre Gefangenschaft, immerhin ein Drittel eines Menschenalters, einfach aufgehoben wurden.

Ich mußte an Juri Kužizow denken, die Männer und die Frau, die sich damals so für die Freiheit eingesetzt hatten. Wenn sie doch nur noch ein wenig länger ausgehalten hätten! Doch für sie war es zu spät. Wahrscheinlich war die Erde über ihren Gebeinen längst mit Steppengras bewachsen...

Bis jetzt war ich von dem Fieber noch nicht angesteckt worden. Als ich aber eines Tages einen Bruder traf, dem sie von 25 Jahren 18 erlassen hatten, wartete auch ich keinen Tag länger, um zu Papier und Schreibstift zu greifen.

Die Tage vergingen in gespannter Erwartung. Unser Häuflein wurde immer kleiner und kleiner. Auch Jakob war bereits wieder in Omsk bei seiner Familie. Fast jede Woche wurden jetzt einige Brüder frei! Mit Gebet und Segenswünschen begleiteten wir sie bis ans Tor, wo wir uns unter Tränen voneinander verabschiedeten. Sie weinten um uns, und wir weinten um sie, weil wir in ihnen Brüder verloren, die uns lieb und teuer geworden waren. Gemeinsam hatten wir unsere schwere Last getragen, gemeinsam hatten wir gelitten, und gemeinsam hatten wir uns auch gefreut. Wir waren durch unser Schicksal zusammengeschmolzen worden, und nun mußten wir uns trennen. Gewiß, es war eine große Freude, ein

Tag, auf den man jahrelang gewartet hatte, und doch waren wir von einer tiefen Traurigkeit erfüllt, daß wir einander „Lebewohl" sagen mußten.

Der 32. Vers aus dem 20. Kapitel der Apostelgeschichte war unser Abschiedswort geworden:

„Und nun befehle ich euch Gott und dem Wort seiner Gnade, der da mächtig ist, euch zu erbauen und zu geben das Erbe unter allen, die geheiligt sind."

Wer wird wohl der Nächste sein? war ein Thema endloser Spekulationen. So manche Vermutung bestätigte sich, aber für einige bedeutete die langersehnte Antwort aus Moskau auch eine große Enttäuschung.

So erging es zum Beispiel einem orthodoxen Gefangenen. Auf seine Bitte um Amnestie bekam er die Nachricht, daß er seine ganzen vollen 25 Jahre absitzen mußte! Doch das war noch nicht alles, nur einige Tage später erhielt er einen Brief von seiner Frau, die ihm auf diese Weise mitteilte, daß sie sich inzwischen scheiden lassen und einen anderen geheiratet hatte. Es war einfach zu viel für ihn. Er verweigerte daraufhin jede Nahrungsaufnahme und sprach kein Wort mehr. Er lag nur noch auf seinem Bett und starrte vor sich hin. Selbst nach einer Woche noch hörte ich, daß sich nichts daran geändert hatte, außer, daß sein Zustand sehr schlecht geworden war. Dann verlor ich ihn aus den Augen, denn innerhalb weniger Tage begannen auch in meinem Leben umwälzende Veränderungen.

Eines Nachts hatte ich einen merkwürdigen Traum: Ich wurde herausgerufen, und jemand sagte mir, daß mir der Rest der Strafzeit erlassen wurde. Sollte das vielleicht ein Zeichen sein? fragte ich mich.

Ich brauchte nicht lange auf die Antwort zu warten, denn ich erhielt sie bereits am nächsten Abend: Draußen war es sehr kalt. Deshalb trafen wir uns mit einigen Brüdern in der Baracke. Nachdem wir uns eine Weile auf zwei Bettstellen sitzend unterhalten und auch zusammen in Gottes Wort gelesen hatten, beugten wir uns hier zwischen den beiden Pritschen und beteten.

Und während wir noch so verharrten, hörte ich auf einmal über den Lautsprecher, von denen einer in jeder Baracke angebracht war, den letzten Teil meines Namens.! Wie ein elektrischer Strom durchfuhr es mich! Es war, als wenn ein Schwert meine Seele durchbohrte, und mir wurde heiß und kalt. Ich konnte es nicht fassen!

25 Jahre weggewischt!

Zuhause! Meine Brüder hier!
Freiheit! Gefangenschaft!...
Vielleicht hatte ich mich auch verhört!

Ich versuchte, mich weiter auf das Gebet zu konzentrieren und wollte mich nicht mehr ablenken lassen.

Gerade dann aber, als es zu Ende war, kam ein Bruder hereingelaufen. Er stürzte geradewegs auf mich zu, griff mich bei den Schultern und fiel mit um den Hals.

„Arthur!" rief er laut unter Tränen, „Du bist frei!"

Da ich deutsche Volkszugehörigkeit besaß, durfte ich nicht wie andere einfach mit der Bahn nach Hause fahren, sondern mußte wieder unter Bewachung nach Aschchabad gebracht werden.

Der Zug, in den ich noch mit einigen anderen Deutschen verladen wurde, kam erst in acht Tagen, und dann wurde ich wieder wie bei meiner Herreise von einem Gefängnis ins andere geschleust, diesmal jedoch in Richtung Heimat.

Besonders in Erinnerung blieb mir dabei das Gefängnis von Petropawlowsk im Norden Kasachstans. Es war ein anderes als das, in dem ich damals für kurze Zeit gesessen hatte. Es war noch von der Zarin Katarina der Großen (russisch Ekaterina) erbaut worden und zwar in Form eines großen E. Es war ein Gebäude, das in der Bauweise wohl ein Denkmal für sie sein sollte, doch es machte ihrem Namen wenig Ehre. Ich fragte mich manchmal, ob die Zarin wohl jemals das Gefängnis besichtigt hatte, das ja letztenendes ihr Monogramm trug. In Hunderten von Zellen schmachteten auch hier die Menschen und vegetierten am Rande der Verzweiflung dahin. Jahrelang.

Ich war in einer Zelle mit vielen anderen Sträflingen. Eigentlich hätte ich ja froh sein müssen, weil ich auf dem Weg nach Hause war, doch diese düstere Atmosphäre hier zerriß mir das Herz. Manche waren schon 10 oder auch 12 Jahre hier! Im Arbeitslager sah man wenigstens die Sonne, aber hier war fast immer nur Dunkelheit, Muffigkeit und Verzweiflung, weit, weit ab vom Weltgeschehen. Sie schienen einfach abgeschoben und vergessen zu sein. Es waren Menschen, die hier im Schatten des Todes lebten, zu welchen niemand mit der Frohen Botschaft Gottes gelangen konnte, es sei denn, er würde selber ein Sträfling werden.

Wie dankbar war ich dem Herrn in diesen Tagen, daß ich Volksdeutscher war und deshalb auf diesem Wege nach Hause fahren mußte. Als Mitgefangener konnte ich ihnen jetzt von der Liebe Gottes erzählen, die imstande war, auch diese dunklen Zellen mit einem hellen Licht zu durchleuchten.

Nach ihren ersten Fragen zu meiner Person, dem Grund meiner Verurteilung und Strafzeit führte eins zum anderen. Sie hatten noch nie etwas von dem lebendigen Gott gehört, wenn man alle kommunistische Propaganda außer acht ließ, und sie waren fasziniert.

Ich saß in ihrer Mitte, und sie umringten mich, Mörder, Diebe, Totschläger und auch politische Gefangene.

„Mensch", sagte einer von ihnen, „woher bist du bloß? Bist du vom Himmel gekommen?"

Die anderen nickten zustimmend.

„Nein, ich bin nicht vom Himmel gekommen", erwiderte ich. „Ich bin ein Mensch wie ihr. Ihr habt aber die Liebe Gottes in mir erkannt. Sie ist auch für euch da, für jeden einzelnen."

Ich habe selten Menschen gesehen, die so hungrig waren nach dem Wort, so suchend und fragend. Viele begannen, Verse aus meinem kleinen Büchlein abzuschreiben, und ein junger Mann, den ich besonders ins Herz geschlossen hatte, sagte zu mir:

„Arthur, das erste, was ich tun werde, wenn ich hier herauskomme, ist, mir eine Bibel zu beschaffen, oder wenigstens werde ich andere Menschen suchen, die mir von Jesus erzählen können."

Die wenigen Tage hier im Katarinagefängnis von Petropawlowsk waren so gesegnet, daß ich, ohne zu überlegen noch eine Weile länger geblieben wäre. Doch wir wurden bald wieder verladen, um weiter in Richtung Turkmenien gebracht zu werden.

Schließlich, nach einigen Wochen, kam ich in Aschchabad an.

Es war an einem Sonnabend, nachts um $^1/_2 12$ Uhr, und man brachte mich in das Gefängnis, in dem wir damals Iwan Schitchkin besucht hatten, den alten Mann, der damals schon 19 Jahre im Gefängnis gewesen war.

Hier saß ich in einer Einzelzelle die ganze Nacht und auch den ganzen Sonntag. Ich war fast zu Hause und eigentlich auch frei, aber es war gegen die Regel, an Feiertagen das Tor zu öffnen, um jemanden zu entlassen.

Endlich, am Montagmorgen wurde ich vor den politischen Leiter gerufen.

„Du weißt doch, daß du frei bist", sagte er.

„Ja, ich weiß."

„Mach dich fertig, du kannst gehen."

„Herr Direktor", sagte ich, „ich bin sehr schmutzig, und so unrasiert und mit den struppigen Haaren schäme ich mich nach Hause zu gehen. Dürfte ich vorher noch die Sauna benutzen?"

Der Direktor sah mich von oben bis unten an.

„Nun ja, wenn's sein muß, meinetwegen."
Ich wandte mich zum Gehen.
„Übrigens, wenn du jetzt rausgehst, wirst du noch weiter glauben und zu deinem Gott beten und weiter Propaganda machen?"
„Ja", sagte ich fest, „und zwar noch mehr als je zuvor."
Ungläubig sah er mich an.
„In der Bibel steht geschrieben", fuhr ich fort, „daß Gold und Silber im Feuer geläutert werden, aber die Menschen, die Gott gefällig sind, werden im Tiegel des Leides geläutert. So ist auch mein Glaube stärker geworden und meine Liebe zu Jesus noch echter. Ich werde deshalb auch nicht aufhören zu glauben und auch nicht aufhören zu beten."
Der Direktor schien verblüfft ob so viel Unverfrorenheit.
„Dann werden wir uns hier wohl bald wiedertreffen!" sagte er bissig.
„Das liegt alles in Gottes Hand..."
Ich war entlassen.
Nachdem ich gebadet und meine äußere Erscheinung, so gut es ging, verbessert hatte, nahm ich meine wenigen Sachen und ging auf den Ausgang zu. Ich mußte dazu über den Vorhof gehen, denselben, auf dem ich vor fünf Jahren gestanden und so auf einen letzten Blick auf meine Familie gewartet hatte. Als das Tor vor mir aufging, drehte ich mich noch einmal um und sah zurück. Wie angewurzelt blieb ich stehen, denn ich hatte nicht damit gerechnet, daß auch nur irgendjemand von meiner Anwesenheit hier gewußt hatte. Dem Eingang gegenüber, auf der anderen Seite des Vorhofes, befand sich eine Baracke mit dicken Wänden und vergitterten Fenstern. Und aus diesen Fenstern winkten Hände, große und kleine, Männer- und Frauenhände, manche auch mit Taschentüchern, und ich vernahm ein gedämpftes Rufen:
„Oh, glücklicher Mensch!..."
Oh, glücklicher Mensch!..."
Dann ging das Tor hinter mir zu. Ich stand in der Freiheit!
Doch noch immer hörte ich das Rufen, vielleicht war es auch nur noch meine Phantasie: Oh glücklicher Mensch...
Nun, ich *war* glücklich. Ich war wahrscheinlich der *glücklichste* Mensch auf Erden, denn ich war auf dem Weg nach Hause!
Es war, als hätte der Kampf aufgehört, und alles Leid lag hinter mir. Für eine Weile stand ich noch da mit meinem Köfferchen in der Hand. Es war einfach zu ungewohnt, jetzt frei die Straße entlangzugehen, ja ich hatte beinahe vergessen, wie ich mich in der Freiheit benehmen mußte.

Ich bin doch *frei*! dachte ich.
In meinen Ohren hallte es wider wie ein Echo: Glücklicher Mensch!...
Ich war ganz durcheinander.
Dann ging ich langsam los. Mein Haus war etwa drei Kilometer vom Bahnhof entfernt. Ich wollte nicht den kürzesten Weg nehmen, sondern ging einen ziemlichen Umweg, denn ich wollte von niemandem gesehen werden.

‚Wenn ich dann ein kleines Stück von meinem Haus entfernt bin', dachte ich, ‚dann werde ich mich auf einen Stein setzen und eine Weile zusehen, was Olga und die Kinder machen. Sie werden denken, ich bin Tausende von Kilometern weit entfernt, und dabei bin ich gleich nebenan!' Ich begann, bei dem Gedanken beinahe eine kindliche Freude zu empfinden.

Doch als ich dann in die Nähe meines Hauses kam, bemerkte ich, daß ich immer schneller ging. Ich sah überhaupt keinen Stein, auf den ich mich hätte setzen können, und ich wollte auch keinen mehr sehen. Ich lief auf die Pforte zu, stieß sie auf, und da stand Olga auch schon in der Tür!

„Arthur!"
„Olga!"

Wir hielten uns fest umschlungen und lachten und weinten zusammen.

Nach einer Weile bemerkte ich ein kleines Mädchen und einen kleineren Jungen, die aus einer Ecke mit großen Augen herübersahen.

„Kinder, euer Papa!" rief Olga unter Tränen.
„Nein, das ist nicht unser Papa!" rief Nelli ärgerlich. „Unser Papa sieht ganz anders aus!"
„Ist nicht unser Papa!" echote der kleine Arthur, und dann rannten sie beide weg.
„Nelli! Arthur!" rief Olga, „kommt zurück!"

Doch die sonst so folgsamen Kinder hatten sich versteckt. Wer konnte es ihnen schon verdenken? In Nellis Erinnerung sah ich bestimmt ganz anders aus als der Vater, den sie zuletzt gesehen hatte, und es dauerte eine ganze Weile, bis wir sie schließlich überzeugt hatten, daß ich wirklich ihr Papa war.

Zwei Nächte lang taten wir fast kein Auge zu. Ständig kamen und gingen Bekannte und Freunde, und alle wollten genau wissen, wie es mir in den letzten Jahren ergangen war.

Es war jetzt tatsächlich so, daß eine Hausversammlung die andere ablöste, genau das, wovor ich noch vor meiner Entlassung

gewarnt worden war. Doch wie konnten wir anders handeln? Es war, als wenn der 126. Psalm für mich und alle meine Lieben geschrieben worden wäre, denn er konnte nicht besser auf unsere Situation zutreffen:
„Wenn der Herr die Gefangenen erlösen wird, so werden sie sein wie die Träumenden.
Dann wird unser Mund voll Lachen
und unsere Zunge voll Rühmens sein.
Der Herr hat Großes an uns getan,
des sind wir fröhlich."
Wir gedachten auch derer, die noch gebunden waren, und wir wußten, wie es weiter in diesem Psalm geschrieben steht,
„daß die, die mit Tränen säen, mit Freuden
ernten werden.
Sie gehen hin und weinen und streuen ihren Samen und
kommen mit Freuden und bringen ihre Gaben.
Herr, bringe zurück unsere Gefangenen,
wie Du die Bäche wiederbringst im Südland..."
Wir lebten zunächst in Aschchabad, und in den nächsten Monaten kamen so viele Menschen zum Glauben an Jesus Christus, daß es den Behörden nicht verborgen bleiben konnte.

Nachdem ich es zuerst, trotz vieler versprochener Vorteile abgelehnt hatte, mit der Geheimpolizei zusammenzuarbeiten, wurde ich jetzt gewarnt.

Eines Tages wurde ich wieder vor den politischen Leiter meiner Firma gerufen. „Gesswein", begann er, „wenn du nicht aufhörst, Propaganda für deinen Glauben zu machen, wirst du bald wieder dahin gehen, woher du gekommen bist!"

Ich sagte nichts.

„Nun hör doch mal zu und sei vernünftig", fuhr er fort, „du bist doch ein vorbildlicher Baggerfahrer, du könntest sogar in die Partei aufgenommen werden!"

„Herr Direktor, daran habe ich gar kein Interesse."

„Kein Interesse?"

Er runzelte mißbilligend die Stirn.

„Nein, denn ich kenne keinen Menschen, den die Partei besser gemacht hat. Wenn aber ein Mensch heute ein Dieb, ein Mörder oder einfach nur gleichgültig ist, und er kommt zu Christus, dann wird er ein neuer Mensch, jemand, der jetzt großen Wert hat. Diese Kraft, so etwas zu bewirken, hat kein Mensch und keine Partei. Nur Jesus Christus kann es vollbringen."

„Nicht so voreilig, junger Mann", versuchte der Direktor beschwichtigend einzulenken, ,,du kennst die formende Kraft der Partei ja noch gar nicht!"

,,Die kenne ich nicht? Wenn sie so ist, wie ich sie gesehen habe, dann will ich sie auch gar nicht weiter kennenlernen. Ich sehe außerdem keine Vorbilder in der Partei!"

,,Unsinn! Daran kann es ja nun wirklich nicht fehlen!"

,,Oh, doch! Nehmen Sie zum Beispiel meinen Nachbarn. Er ist Lehrer, und die Regierung hat ihm unsere Kinder anvertraut. Doch wenn er morgens aus dem Haus tritt, hält er es nicht einmal für nötig, ,,Guten Morgen" zu sagen. Auf der anderen Seite von mir lebt aber ein altes Mütterchen. Sie hat keine große Schulbildung, aber wenn sie mir begegnet, so sagt sie: ,,Oh, guten Morgen, Herr Nachbar! Was für ein schöner Tag heute!"

,,Sehen Sie den Unterschied?"

,,Nun ja", sagte der Direktor, ,,dieser Lehrer ist eben noch nicht reif genug. Auch ein Parteimitglied muß ja viel lernen."

,,Wenn der nicht reif genug ist, dann werde ich Ihnen jetzt von einem Überreifen erzählen", fuhr ich fort. ,,Es handelt sich um unseren Bauleiter, einen alten Parteimann. Wenn der vom Betrieb nach Hause kommt, verflucht er gewöhnlich Gott und Menschen. Außerdem hat dieser Mensch kein Gewissen. Er handelt so, wie es ihm gerade paßt!"

Ich konnte sehen, wie der Direktor anfing, sich zu ärgern. Er rutschte unruhig auf seinem Stuhl hin und her und wußte offenbar nicht, was er sagen sollte. ,,Sehen Sie", sagte ich noch, ,,der eine ist nicht reif, und der andere ist überreif! Alle beide taugen aber nichts. Doch wenn jemand Jesus Christus in sein Leben aufnimmt, dann ändert sich sein ganzes Wesen, das Alte vergeht, und alles wird neu. Er wird freundlich und ehrlich, ein wirkliches Vorbild."

Damit hatte ich jetzt aber zu viel gesagt. Der politische Leiter stand auf und sah mich mit eiskalten Augen an.

,,Geßwein, du bist ein Dummkopf! Du wirst es nie zu etwas bringen! Ich hätte die Macht, dich jetzt schon wieder ins Gefängnis zurückzuschicken!"

,,Ich weiß, Herr Direktor!"

,,Paß auf. Gesswein, wenn du dich nicht änderst oder wenigstens deinen Mund hälst, dann wird dir die Sonne noch mal zu früh untergehen!"

Ich war entlassen.

Doch die Drohungen häuften sich, und ich bemerkte, daß ich wieder beobachtet wurde. Eines Tages beschloß ich, mit Olga und den beiden Kindern auf schnellstem Wege die Stadt zu verlassen.

Wir zogen 1500 Kilometer weiter nach Tadžikistan und ließen uns etwa 120 Kilometer entfernt von Duschanbe, der Hauptstadt des Landes nieder, in einem kleinen Ort mit Namen Perepadnaja ges.[13]

In Perepadnaja ges war es zu der Zeit, als wir ankamen, noch ziemlich ruhig und die Verfolgung nicht sehr groß. Doch nach einigen Jahren wurden wir auch hier davon betroffen. Es gab neue Warnungen und neue Drohungen.

„Gesswein, wenn du den Mund nicht hältst, wirst du isoliert werden..."

Nun, das war nichts Neues in meinem Leben.

Dann, eines Tages nahm unser Leben eine unerwartete Wende: Der Postbote brachte einen Brief aus Deutschland!

‚Wer sollte mir denn aus Deutschland schon schreiben?' dachte ich. Und dann drehte ich ihn um, um den Absender zu lesen.

„Olga!!"

Olga kam angelaufen.

„Olga, von meiner Mutter!!"

Es war eine unbeschreibliche Freude, denn fast 20 Jahre waren vergangen, seitdem ich sie damals am Hoftor zum letzten Mal gesehen hatte.

Ich weiß noch, wie ich sie damals suchte. Doch sie hatte mich auch gesucht und schließlich jetzt durch das Rote Kreuz in Hamburg gefunden.

Sie schickte sogar die notwendigen Papiere, damit wir nach Deutschland kommen sollten, doch im Moment sah dieser Weg für uns wie eine Unmöglichkeit aus. Um eine Auswanderungsgenehmigung zu erhalten, waren viele Formalitäten zu erledigen und auch persönliche Vorsprachen durchzustehen, alles Angelegenheiten, die unmöglich hier von Perepadnaja ges aus unternommen werden konnten.

So ließen wir denn die Sache zunächst auf sich beruhen, doch Gott hatte Pläne, von denen wir noch nichts wußten.

Eines Tages wurde uns mitgeteilt, daß unser Betrieb hier aufgelöst und nach Duschanbe überführt werden sollte.

„Leider habe ich keine Wohnungen für euch dort", sagte der neue Direktor zu uns. „Es ist deshalb wohl besser, wenn ihr kündigt und euch neue Arbeit sucht!"

„Wir werden auch kündigen", sagte ich abends darauf zu Olga. „Duschanbe ist immerhin 120 Kilometer entfernt, viel zu weit, als daß man von hieraus dahin zur Arbeit fahren könnte."

„Was wollen wir dann aber hier machen?"

„Oh, ich glaube, ich weiß schon, wo ich neue Arbeit finden kann."

„Wenn du in Duschanbe bist, könnten wir uns aber um die Auswanderung kümmern."

„Das ist schon richtig, aber wer weiß, ob Gott uns überhaupt in Deutschland haben will.

„Meinst du denn wirklich nicht, daß wir die Gelegenheit wahrnehmen sollten?"

„Weißt du, Olga, komm, wir werden darum beten. Wenn Gott es will, daß wir nach Deutschland gehen, dann soll Er es uns doch durch ein Wunder deutlich machen. Ich werde das Kündigungsgesuch schreiben, und wenn es Sein Wille ist, daß wir nach Deutschland auswandern, dann soll es abgelehnt werden, und wir müssen nach Duschanbe, denn von hier aus geht es ja nicht.

Wenn es aber Gottes Wille ist, daß wir hier in Rußland bleiben, dann sollen sie mich gehen lassen, wie sie alle anderen gehen ließen, die gekündigt haben."

Am nächsten Morgen ging ich nun zu diesem neuen Direktor und übergab ihm mein Kündigungsschreiben.

„Setzen Sie sich, Herr Gesswein", sagte er freundlich.

Ich setzte mich, und er begann zu lesen.

‚Wie kann er nur so lange lesen?' dachte ich. ‚So viel steht doch da gar nicht drin.'

Doch dann bemerkte ich, daß er nicht mehr las, sondern nachdachte. Er sah auf, blickte zum Fenster hinaus und schien immer noch zu überlegen.

Ich betete in meinem Herzen: Herr, laß doch jetzt Deinen Willen geschehen..."

Dann sah er mich an.

„Warum wollen Sie eigentlich kündigen, Herr Gesswein?"

„Bitte, verstehen Sie mich richtig, Herr Direktor, ich habe immer gern hier gearbeitet, aber von Perepadnaja ges nach Duschanbe zur Arbeit zu fahren, ist einfach zu weit. Außerdem ist meine Frau oft krank, so daß ich dann abends noch die Kinder versorgen, kochen und waschen muß. Es wäre wirklich nicht möglich."

„Oh..."

Er las mein Gesuch noch einmal und dachte wieder nach.

„Wissen Sie, Herr Gesswein, ich werde Ihnen einen Vorschlag machen. Heute ist Freitag. Kommen Sie doch am Sonntag mit Ihrer Frau nach Duschanbe. Gehen Sie dann zu der Adresse, die ich Ihnen geben werde, und dort sehen Sie viele Wohnwagen, die der

Firma gehören. Suchen Sie sich da den besten aus und stellen Sie ihn sich hin, wo Sie wollen. Und wenn es Wohnungen gibt, werden Sie einer der Ersten sein, der eine bekommt. Wie gefällt Ihnen mein Angebot?"

Und ob es mir gefiel! Der Direktor konnte ja nicht wissen, daß ich es direkt als Antowort auf mein Gebet aus Gottes Hand genommen hatte.

So zogen wir denn nach Duschanbe und warteten hier, was Gott jetzt weiter mit uns vorhatte.

Wir lebten hier noch eine ganze Zeit, ohne daß etwas geschah, doch wir waren es gewohnt zu warten.

Ich war zwar gleich in den ersten Tagen mit den Visa, die meine Mutter geschickt hatte, zur Behörde gegangen, doch wie wir schon oft erfahren hatten, rechnet eine russische Bürokratie nicht nach Tagen, sondern Monaten.

„Was, Sie wollen nach Deutschland auswandern?" hatte der Beamte gefragt, indem er mich scharf musterte. „Gefällt es Ihnen nicht bei uns?"

„Oh doch", beteuerte ich, „meine Mutter wohnt aber in Deutschland, und sie hat uns eingeladen, bei ihr zu leben."

„Warum kommt sie denn nicht her?"

„Nun, sie ist ja auch nicht mehr die Jüngste, und da ist es leichter für uns, zu ihr zu ziehen."

„Wie alt sind denn Ihre Familienangehörigen?"

Ich nannte ihm das Alter jedes Einzelnen.

„Also Herr Gesswein, wenn es so ist, brauche ich Ihren Antrag erst gar nicht anzunehmen. Wir lassen nur alte Leute raus!"

Und damit schob er mir meine Papiere wieder über den Tisch zurück.

‚Sollte das die Antwort sein?' fragte ich mich. Ich hatte mir die ganze Sache wirklich wesentlich leichter vorgestellt, zumal der Herr uns noch durch ein Wunder nach Duschanbe gebracht hatte. Und Er hatte mir auch weiterhin die innere Gewißheit gegeben, daß unsere Ausreise erfolgreich sein würde.

‚Was soll ich jetzt tun?' seufzte ich innerlich zum Herrn. ‚Soll ich rausgehen? Aber dann darf ich ja erst in einem Jahr einen neuen Antrag stellen!'

Ich wollte es noch einmal versuchen.

„Sehen Sie", begann ich von neuem, „es ist doch schließlich eine Familienzusammenführung! Es handelt sich doch hier um einen Vertrag, der von unserer Regierung unterzeichnet wurde!"

„Meine Güte, sind Sie hartnäckig!" ärgerte sich der Beamte.

„Geben Sie schon her! Wir werden es weiterleiten, aber ich sage Ihnen jetzt schon, Sie bekommen eine Absage!"

„Gott wird für das Weitere sorgen", antwortete ich und hatte Mühe, meine Gewißheit und Freude darüber nicht allzu deutlich zu zeigen.

Der Beamte sah mich verständnislos an und schüttelte den Kopf. Es kam mir vor, als wenn er froh war, mich loszuwerden.

Ich ging nach Hause, und dann begannen wir, auf die Genehmigung zur Auswanderung zu warten. Nach allem, wie Gott bisher gewirkt hatte, konnten wir einfach keine Absage erhalten.

Es dauerte viele Monate, doch dann, eines Morgens, brachte der Postbote die ersehnten Papiere!

Als die Zeit unserer Ausreise herannahte, kamen von überall gläubige Brüder und Schwestern und besuchten uns zum letzten Mal. Wir feierten eine ganze Woche lang Abschied, denn wir wußten ja nicht, ob wir uns auf dieser Erde noch einmal wiedersehen würden.

„Wenn wir nicht wüßten, daß es Gottes Wille ist, daß du nach Deutschland gehst", sagte ein Bruder zu mir, „dann würden wir dich bitten hierzubleiben, denn irgendwie gehörst du nach Rußland."

Ja, wir wußten, es war Gottes Wille, und doch waren wir Menschen, die liebten und die geliebt wurden und die in diesem Lande ihre Wurzeln hatten.

Am nächsten Sonntagmorgen mußten wir uns auf dem Flughafen endgültig verabschieden. Eigentlich hätten wir uns ja freuen müssen, doch wir weinten alle. Wir wußten, es gab kein Zurück mehr.

Unser Flug führte uns bis nach Moskau, und von hier setzten wir unsere Reise mit der Bahn fort.

Es ging weiter nach Westen, immer der untergehenden Sonne nach. Und am nächsten Abend, als die Sonne wieder alles in ein rötlich goldenes Licht tauchte, mußte ich an den Traum denken, den ich einmal im Lager von Kengir gehabt hatte. Ein Engel hatte mir eine kleine Bibel in die Hand gelegt und nach Westen gezeigt, wo im abendlichen Licht Schnitter auf dem Felde arbeiteten, um die Ernte einzubringen. Ich hatte damals nicht verstanden, was es zu bedeuten hatte, doch jetzt, als wir in den Sonnenuntergang hineinfuhren, wurde der Traum mir immer klarer, der damals schon mein zukünftiges Leben enthalten hatte:

Ich sollte in den Westen fahren, um auch hier das Evangelium zu verkünden und von der inneren Kraft zu berichten, welche die durch Verfolgung geläuterte Kirche Rußlands stark gemacht hat. Und als ein Schnitter im Erntefeld sollte ich helfen, Menschen zu neuer Hingabe und neuer Liebe zum Herrn aufzurufen.

Ich wollte sie auch aufrütteln, daß sie von der Not ihrer Brüder und Schwestern im Osten erfuhren, daß sie für sie beteten und ihnen in ihrer schweren Lage halfen.

Die Sonne ging im Westen unter, aber sie geht im Osten wieder auf. Und so sind auch wir *ein* Leib Christi, im Westen, wie im Osten...

Anhang

## AUS DER GESCHICHTE DER EVANGELIUMSCHRISTEN-BAPTISTEN

Die Gemeinden der Evangeliumschristen und Baptisten entstanden in Rußland im vorigen Jahrhundert und zwar völlig unabhängig voneinander.

Sie wurden Jahre lang schwer verfolgt und schließlich im Jahre 1944 durch eine Anordnung des Staates zusammengeschlossen. Auf diese Vereinigung ist auch der Name Evangeliumschristen-Baptisten zurückzuführen.

Im Jahre 1960, als die gemeinsame Leitung dieser Gruppe, der Dachverband, die sogenannten „Neuen Statuten" und „Instruktionsbriefe" herausgab, kam es zu ernsthaften Spannungen innerhalb der Vereinigung.

Jetzt wurde erstmals schriftlich niedergelegt, was schon vorher versucht worden war durchzusetzen: Kinder sollten bei Gottesdiensten nicht anwesend sein, Jugendliche unter 18 Jahren sollten nicht getauft werden und nach Möglichkeit auch nicht solche in der Altersgruppe von 18–30 Jahren. Missionarische Tätigkeit war verboten.

Eine große Anzahl der Evangeliumschristen-Baptisten weigerte sich, diese Anordnungen anzunehmen, was, wie nicht anders zu erwarten, ein noch gespannteres Verhältnis zum Staat zur Folge hatte.

Anfang der 60ger Jahre reichte es schon aus, wenn eine Gemeinde die „Neuen Statuten" kritisierte, um ihre Registrierung zu verlieren oder nie eine zu bekommen. Selbstverständlich verlor der Pastor auch seine Predigerlizenz.

Die Baptisten, die sich dieser großen antichristlichen Offensive widersetzten, waren die „Initiativniki", auch Reformbaptisten genannt.

Aufgrund ihrer nachdrücklichen Bemühungen gab der Staat schließlich im Jahre 1963 die Genehmigung für einen Kongreß – allerdings nur für Delegierte der registrierten Gemeinden – um das Verhältnis zwischen Kirche und Staat zu diskutieren.

Dabei wurden zwar die „Instruktionsbriefe" für nichtig erklärt und die „Neuen Statuten" zunächst abgeändert und schließlich durch andere ersetzt, doch das Mißtrauen in die Leitung der registrierten Gemeinden, dem unter staatlicher Kontrolle stehenden

Allunionsrat, blieb bestehen, zumal den Reformbaptisten immer noch jegliche Existenzberechtigung abgesprochen war.

Im Jahre 1965 spaltete sich diese Gruppe daher von den übrigen Baptisten ab und gründete den „Rat der Evangeliumschristen-Baptisten".

Dieser Zusammenschluß wurde vom Staat nie anerkannt und die führenden Personen und aktive Gläubige immer wieder verfolgt.

Bemühungen zu einer Kompromißlösung zwischen dem Allunionsrat und den Reformbaptisten scheiterten immer wieder, obwohl verschiedentlich Anstrengungen zur Aussöhnung unternommen wurden.

## AUS DER GESCHICHTE DER ORTHODOXEN KIRCHE IN RUSSLAND

Der 28. Oktober 1917 war der Tag, an dem die Bolschewisten den letzten offiziellen Widerstand gegen die Revolution brachen. Damit hatte eine neue Ära begonnen.

Doch bereits am 11. November hatte das Konzil der orthodoxen Kirche, das erschüttert über die Ausdehnung der Revolution und des sich daraus ergebenden Bürgerkrieges war, eine Botschaft an die gesamte russisch-orthodoxe Kirche gesandt. Darin wurden die Gläubigen aufgefordert, für die Sünde ihrer Söhne zu beten, die aus Unwissenheit Brudermord begangen hatten und dabei waren, das geheiligte Erbe der Nation zu zerstören.

Außerdem legte diese Botschaft es den Revolutionären ans Herz,

„den unsinnigen und gottlosen Traum der falschen
Lehrer aufzugeben, die dazu auffordern, eine
allumfassende Brüderlichkeit mit dem Mittel
eines allgemeinen Kampfes zu verwirklichen."

Dieses Sendschreiben war eine Verurteilung des Marxismus-Leninismus, und damit begann eigentlich der Konflikt zwischen Kirche und Staat, der noch heute in der sowjetischen Ideologie maßgebend ist. Viele starben den Märtyrertod. (Im Laufe des Jahres 1922 sind insgesamt 8100 Menschen als Opfer der Verfolgung umgekommen. Eine grundlegende Wende brachte der Krieg, in dem die orthodoxen Gläubigen treu auf der Seite des Staates für ihr Vaterland kämpften. Der Staat verhielt sich daher in dieser

Zeit etwas toleranter. Unter deutscher Besatzung fand ein religiöses Erwachen statt. Von der Kirche war nicht mehr viel übrig geblieben, aber der Glaube war noch lebendig und stark.

Nach dem Kriege lief die staatliche Kirchenpolitik in 4 Phasen ab:
1.) 1943–1947: Der Staat stellt der Auferstehung der Kirche kein Hindernis in den Weg.
2.) 1948–1953: Der Staat sucht sich die Kirche dienstbar zu machen und sie in völlige Abhängigkeit zu bringen.
3.) 1954–1957: Nach Stalins Tod eine Periode kurzer Freiheit, die aber 1958 abrupt endet
4.) Von 1959 an führt die Regierung einen gezielten Plan zur definitiven Liquidierung der Kirche durch.

> Quelle: Die Christen in der UdSSR
> von Nikita Struve

## AUS DER GESCHICHTE DER WAHREN ORTHODOXEN KIRCHE

Im Mai 1927 wandte sich das damalige Oberhaupt der Russisch-orthodoxen Kirche, Metropolit Sergeij mit einer Erklärung an die Öffentlichkeit, wonach die Sowjetmacht vorbehaltlos anzuerkennen war.

Dagegen erhoben viele der Bischöfe Einwände, nicht gegen die Anerkennung der Staatsmacht selber, sondern gegen die sogenannte „Legalisierung", wonach die Kirche dem Staat untergeordnet ist. (Staatliche Genehmigung und Registrierung von allen geistlichen Personen, von den Bischöfen bis zu den einfachsten Kirchendienern). An der Spitze dieser Gruppe von Bischöfen stand der Metropolit Josif, von welchem seine Anhänger den Namen „Josefinischer Raskol" (Spaltung) erhielten. Fast alle führenden Leute des Josefinischen Raskol kamen in den 30er Jahren in Lagern um. Doch in den Lagern weihten sie neue Bischöfe, von denen dann die orthodoxe Katakombenkirche ausging. Ihre Besonderheit ist die Nichterwähnung der Obrigkeit im Gottesdienst und die Ablehnung des Prinzips der Registrierung der Geistlichkeit, die letztenendes nichts anderes bedeutet als die Ernennung atheistischer Staatsbeamter.

Wie nicht anders zu erwarten, ist die Wahre Orthodoxe Kirche verboten und ihre Mitglieder, die wie in jeder anderen Untergrundkirche ihre Gebetsversammlungen in größter Heimlichkeit abhalten, werden schwer verfolgt.

Quelle: Levitin-Krasnow

## DEUTSCHE IN RUSSLAND

1763

Kaiserin Katharina II. läßt Deutsche und Schweizer als Kolonisten nach Rußland kommen, die sich am Wolgalauf niederlassen.

1804

Kaiser Alexander I. lädt deutsche Kolonisten in den Süden des russischen Reiches ein (Krim, Schwarzmeerküste).

Um 1900

Die deutschen Kolonien haben es nach schweren Anfängen zu Wohlstand und allgemeiner Anerkennung gebracht. Sie verfügen über ein durchorganisiertes Kirchwesen, über Schulen, die das Abitur ermöglichen, soziale Institutionen wie Waisenhäuser, Altersheime, Anstalten für Taubstumme etc., über Presse, Zeitschriften, Schulbücher, Kalender.

1917

Die kommunistische Oktoberrevolution leitet die Vernichtung des Deutschtums ein. Eine große Zahl von Deutschen wird durch Terrorbanden ermordet. Handel, Gewerbe und Industrie, Kirche, kulturelle und soziale Institutionen werden zerstört.

1929

Die Kollektivierung der Landwirtschaft zerstört das Werk, zu dessen Aufbau die Deutschen seinerzeit nach Rußland geholt worden waren

1936

Es gibt keine evangelische-lutherische Kirche mehr.

1941

Stalin befürchtet, daß die Deutschstämmigen sich mit den herannahenden faschistischen Truppen solidarisieren würden. Er bezichtigt die Rußlanddeutschen des kollektiven Vaterlandsverrats und aberkennt ihnen jegliche Rechtsfähigkeit. Rund 2 Millionen Deutsche werden nach Sibirien und in den Hohen Norden umgesiedelt. Dabei kommen 300 000 von ihnen um. Das Deutschtum in der Sowjetunion scheint gebrochen zu sein.

1953
Stalin stirbt. Überall, wo Deutsche sind, sammeln sie sich und bilden christliche Gemeinden.

1955
Die Wolgadeutschen werden amnestiert.

1964
Die Wolgadeutschen werden rehabilitiert. Der Oberste Sowjet der Sowjetunion stellt fest, daß sie zu Unrecht als Kollektiv der Zusammenarbeit mit den Nationalsozialisten beschuldigt worden waren. Trotzdem dürfen sie nicht in ihr angestammtes Siedlungsgebiet zurückkehren.

1965
Deutsche kämpfen um die Rechte, die ihnen von Gesetzes wegen zustehen. Sie nehmen an der Bürgerrechtsbewegung teil.

1970
Enttäuscht über das Ausbleiben von Resultaten im Kampf um die Bürgerrechte will eine wachsende Zahl von Deutschen aus der Sowjetunion auswandern. Sie wollen in die Heimat ihrer Vorväter zurück und betrachten die Bundesrepublik Deutschland als solche. Kleine Quoten dürfen ausreisen. Die zurückbleibenden Auswanderungswilligen berechnen, daß es bei gleichbleibender Auswanderungsquote 450 Jahre dauern wird, bis alle heute Auswanderungswilligen den Ausreisepass erhalten haben werden.

Heute:
Es leben noch 1 800 000 Menschen in der Sowjetunion, die Deutsch als ihre Muttersprache angeben. Sie kämpfen unter gleichbleibend schwierigen Umständen um ein und dasselbe: sich selber sein und bleiben zu dürfen.

Aus „Glaube in der 2. Welt"


MENNONITEN:
Eine der ältesten protestantischen Glaubensrichtungen.
Die erste Mennonitengemeinde wurde von dem ehemals katholischen Priester Menno Simons (1496–1561) gegründet. Er wirkte in Groningen/Holland, in Emden, am Niederrhein, in Holstein und Preußen. Diese Gruppe, die nach ihrem Lehrer „Mennoniten" genannt wurde, wurde zunächst beschränkt geduldet,

schließlich aber verfolgt. Die durch die Verfolgung verursachten Wanderungen ließen die Mennoniten als erfolgreiche Pioniere unbewohnter Gebiete bekannt werden.

1788 kamen die ersten von ihnen nach Rußland, wo die Zarin Katharina II ihnen großzügige Privilegien anbot. Sie siedelten sich im Gebiet von Dnjepropetrowsk/Ukraine an. Von hier aus verbreiteten sie sich über das europäische und sibirische Rußland. Da sie jedoch Pazifisten (Wehrdienstverweigerer) sind, kam es später zu Konflikten mit der Regierung.

1873–1882 wanderten viele deshalb nach den USA und Kanada aus. Eine zweite Auswanderungswelle war von 1923–1930 nach Kanada, Paraguay, Brasilien und Uruguay.

Während des 2. Weltkrieges benutzten außerdem 35 000 Mennoniten die Zeit der deutschen Besetzung, um das Land zu verlassen.

Im Jahre 1963 schlossen sich die 45 000 in Rußland verbliebenen Mennoniten dem Allunionsrat der Evangeliumschristen-Baptisten an, während ein Teil der immer noch deutschsprachigen Gemeinden weiterhin unregistriert blieb.

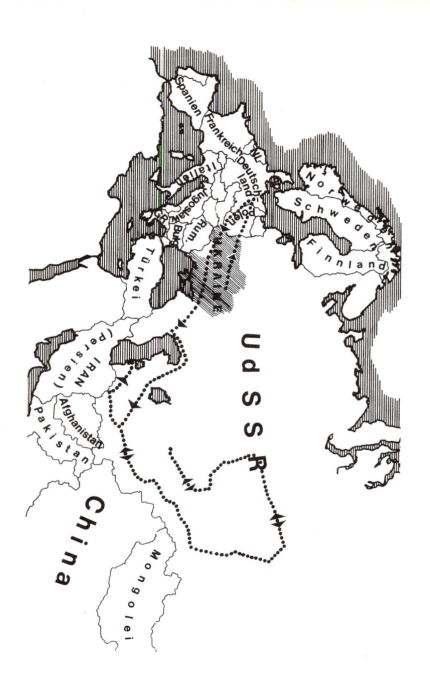

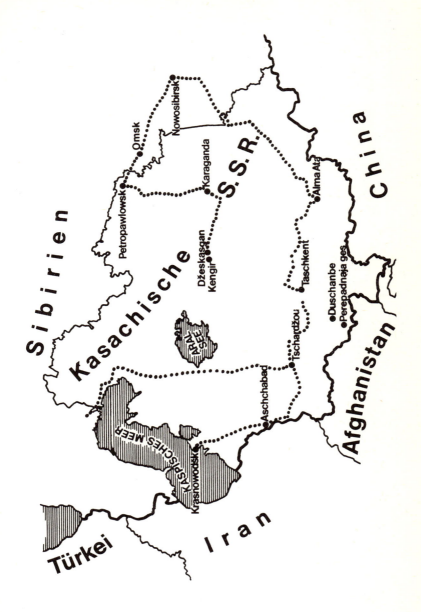

1. MGB-Ministerium für Staatssicherheit.
   Nach Stalins Tod Reorganisation des gesamten Staatssicherheits- und Polizeiapparates, die am 13. März 1954 mit der Schaffung des KGB abgeschlossen wurde.
2. Hölzerne Zither mit 12-14 Saiten; etwas kleiner als eine Gitarre.
3. Der Buchstabe Ž wird ausgesprochen Sch.
4. Junge Pioniere: Kommunistische Jugendorganisation für Kinder zwischen 9 und 15 Jahren.
5. Trotzkist: Gegner des Stalinismus.
6. Ukrainische Sitte, jemanden willkommen zu heißen.
7. Manja – polnische Abwandlung des Namens Maria.
8. Russischer Ausdruck für „Halt! Stehenbleiben!"
9. Mennoniten (siehe Seite 254 und 255).
10. Aus der Geschichte der Wahren Orthodoxen-Kirche.
11. Aus der Geschichte der Orthodoxen-Kirche.
12. Allgemeiner Ausdruck für das Parteibuch.
13. Ein Elektrizitätswerk gab dem Ort seinen Namen.

## Nachwort

Am 15. Dezember 1966 traf Arthur Geßwein (bisher bekannt unter dem Namen „Alexi") in Friedland ein.

Getreu seinem Vorsatz, dem Westen wie dem Osten zu dienen, arbeitet er jetzt in der Christlichen Ostmission. Im Laufe der Zeit sprach er bereits zu Tausenden von Menschen in Europa, den Vereinigten Staaten, Südafrika und Asien.

Überall, wo er hinkam, hinterließ er einen tiefen Eindruck bei seinen Zuhörern und bei vielen den Vorsatz, ihr Verhältnis zu Jesus Christus zu erneuern und zu stärken.

Lesen Sie hier zwei Auszüge aus Briefen, die von der Wirkung seiner Missionsarbeit berichten:

> „...Ihr Besuch an unserer Bibelschule steht noch immer sehr lebendig von unseren Augen. Es hat tief zu unseren Herzen gesprochen, Ihr Zeugnis zu hören...
>
> Holland

> „...Es war an einem März-Sonntagmorgen, als ich Sie in der Kirche von Roggwil sprechen hörte. Ich will es nicht länger aufschieben, Ihnen dafür zu danken, daß Sie so viel Zeit für unseren Herrn Jesus Christus opfern, um in ganz oder halb schlafenden Kirchengemeinden Zeugnis davon zu geben, wie in wirklichen Christen ein Feuer brennt..."
>
> Schweiz

Neben dieser Arbeit ist Bruder Alexei noch im Paketdienst der Christlichen Ostmission tätig, wo er mit einem Team von anderen Deutschrussen auf legalem Wege viele Pakete an bedürftige Familien im Osten schickt.

Diese Pakete haben einen sehr sorgfältig gewählten Inhalt, der für unsere Geschwister eine unschätzbare Hilfe bedeutet.

Alle, die die Verfolgte Kirche mit Bibeln oder Liebesgaben unterstützen wollen, wenden sich bitte an:

Bruder Alexi Märtyrer Hilfsfonds
in Deutschland:
Christliche Ostmission E. V.
Postfach 1410
6360 Friedberg, Hess.
Postscheckkonto Nr. 468 70-604 Frankfurt/Main
Bankverbindung: Deutsche Bank AG, Fil. Frankfurt
Konto Nr. 91/7732

in der Schweiz:
Christliche Ostmission
3001 Bern
Postfach 1312
Postscheckkonto Bern
Konto Nr. 30-6880

# INHALT

1. Wo ist denn dein Gott? . . . . . . . . . 5
2. Glück in Grünwald und Einbruch der Nacht. . . . 10
3. Freiheit, Gleichheit, Brüderlichkeit? . . . . . . 17
4. Neuer Anfang in Malinowka und neuer Anfang mit Gott 24
5. Die Deutschen kommen. . . . . . . . . . 30
6. Menschen ohne Heimat. . . . . . . . . . 37
7. Rußland hat uns wieder . . . . . . . . . 58
8. Olga erzählt. . . . . . . . . . . . . 69
9. Die Erde bebt in Aschabad . . . . . . . . 89
10. Gethsemane . . . . . . . . . . . . . 101
11. Gib Gott auf, und sei frei! . . . . . . . . 122
12. Schicksale . . . . . . . . . . . . . 145
13. Pappaaa! . . . . . . . . . . . . . 156
14. Der Weg nach Norden . . . . . . . . . . 165
15. Stacheldraht in Kasachstan . . . . . . . . 176
16. Licht auf meinem Wege . . . . . . . . . 204
17. Aufstand! . . . . . . . . . . . . . 213
18. In der Kupfermine . . . . . . . . . . . 228
19. Das Tor geht auf . . . . . . . . . . . 237
    Anhang . . . . . . . . . . . . . 250

Im Felsenverlag erschienen – über 2 Millionen Exemplare weltweit verkauft:

## Vergib mir Natascha, Sergei Kourdakov

Jesus Christus kann ein Leben verändern, innerlich sowie äußerlich.

So war es auch bei diesem jungen Russen, Sergei Kourdakov, der als Kommunist und Atheist mehr als 150 Razzien auf Christliche Versammlungen durchführte, bis ihn Gott in Seinen Dienst rief und zu einem Zeugnis Seiner Liebe und Allmacht werden ließ.

Sergei Kourdakov ging einen weiten Umweg, um die Wahrheit zu finden, von einem Zögling in einem mit Haß regierten Waisenhaus, zum Rauschgifthändler, Führer der kommunistischen Jugendliga und Leiter einer brutalen Schlägergruppe, die auf Gläubige eingesetzt war.

Er ist ein Beispiel dafür, daß niemand zu tief in Sünde gesunken sein kann, als daß Gott sich nicht seiner erbarmen und ihn zu sich emporziehen könnte.
Paperback 232 Seiten DM 13,80.

# Schritte über Grenzen
## und andere Geschichten aus Christus dem Osten

Aus der Monatszeitschrift der Christlichen Ostmission „Christus dem Osten" wurden von Günther Lange die besten Artikel der letzten drei Jahre ausgewählt.

Nachfolgend einige Auszüge aus dem ersten Kapitel:
„Der Gottesdienst war alles andere als unauffällig. Die Liebe Gottes und die Freude zu Seiner Gemeinde zu gehören, leuchtete aus allen Gesichtern und ertönte aus allen Kehlen. Er ist auferstanden aus dem Grabe..."

„Im Schutze der Dunkelheit oder noch genauer gesagt, im Schutze des Herrn, suchten wir spät abends einige Gläubige auf und nahmen bei dieser Gelegenheit gleich eine Tasche voll Literatur mit. Die Freude war groß!"

„Er bestätigte außerdem, daß es keine Bibeln oder andere christliche Literatur zu kaufen gäbe und was die Leute an Literatur besäßen, eben aus dem Ausland käme."

„In Prag hatten wir schließlich noch eine einzigartige Gelegenheit, die große Volksfeier des 1. Mai mitzuerleben, die große Parade, die phantastische Schauprozession des Kommunismus. Hier im allgemeinen Getümmel konnte man unauffällig die Gesichter der Menschen beobachten. Vielen sah man an, daß sie dasein mußten, für andere schien es eine willkommene Abwechslung des Alltags zu sein, aber eine recht große Anzahl zeigte auch unverhohlen Enthusiasmus. Bunte Blumen, rote Fahnen, viele Transparente und Hände wurden zu begeistertem Gruß geschwenkt, ein jährlicher, offizieller Tribut dem kommunistischen Gott, Lenin und seinen geistigen Erben."

„Wie sollen sie den aber anrufen, an den sie nicht glauben? Wie sollen sie aber an den glauben, von dem sie nichts gehört haben? Wie sollen sie aber hören ohne Prediger? Wie sollen sie aber predigen wenn sie nicht gesandt werden? Wie denn geschrieben steht: Wie lieblich sind die Füße derer die gute Botschaft verkündigen! (Römer 10, 14-15)".

In weiteren Kapiteln lesen Sie von dem Mut und der Treue der Evangelienboten der Christlichen Ostmission und von dem Segen den sie erhalten, wenn sie ihren schweren Dienst hinter dem Eisernen Vorhang verrichten. Sie lesen von der Verfolgung unserer Geschwister und von der Erweckung und der Glaubensstärke der Kirche Jesu Christi in dem kommunistischen Drittel der Welt.

Paperback  144 Seiten mit vielen Fotos  DM 6,80.